现代公共关系学

MODERN PUBLIC RELATIONS

秦启文　主编

西南師範大學出版社
国家一级出版社　全国百佳图书出版单位

图书在版编目(CIP)数据

现代公共关系学/秦启文主编. —2 版. —重庆：西南师范大学出版社，2012. 9
ISBN 978-7-5621-1235-8

Ⅰ. ①现… Ⅱ. ①秦… Ⅲ. ①公共关系学 Ⅳ. ①C912. 3

中国版本图书馆 CIP 数据核字(2012)第 212706 号

现代公共关系学

秦启文　主编

责任编辑：张浩宇
封面设计：王　煤
出版、发行：西南师范大学出版社
（重庆·北碚　邮编：400715）
网　　址：www. xscbs. com
印　　刷：重庆紫石东南印务有限公司
开　　本：787mm×1092mm　1/16
印　　张：15. 75
字　　数：300 千字
版　　次：2012 年 9 月第 2 版
印　　次：2020 年 9 月第 3 次印刷
书　　号：ISBN 978-7-5621-1235-8

定　　价：55. 00 元

作者简介

秦启文，博士、教授、博士生导师，中国社会学会理事，中国心理学会社会心理学分会副理事长，中国社会科学院客座研究员，中国公共关系协会常务理事，中国管理科学研究院特约研究员，重庆市学术技术带头人，重庆市人民政府决策咨询专家委员会委员，重庆市文化体制改革与发展专家咨询委员会成员，重庆市城市形象营销专家，霍英东教育基金二等奖获得者，中国公共关系教育20年全国“十位杰出人士”之一，重庆市名师，主持、参与了全国数十家企事业单位的公共关系与组织形象设计。

目 录

第一章　导论

第一章　导论

公共关系是社会关系发展中的一个环节或一种表现形式，人们正在逐步揭示它的本质、特征和发展规律。公共关系学是一门以公共关系为研究对象的综合性很强的边缘学科。作为一门有着旺盛生命力的新兴学科，它的理论体系和研究方法正处在不断完善之中。

第一节　公共关系的含义与特征

社会关系总是随着人类文明的发展而不断演化的。公共关系是工业文明时期市场关系的产物。学术界对现代公共关系表现出极大的关注和热情。要理解、掌握、运用好现代公共关系，就必须懂得公共关系的基本特征，遵循公共关系的基本原则。

一、人类社会关系的发展与演变

社会，在本质上就是由人的活动所形成的关系而联结成的网络，是以人为细胞、以人的活动所形成的关系为纽带而连接成的有机整体。

公共关系是社会关系的一种表现形式，是人类在自身关系发展过程中的一个阶段或环节。

人类关系之网，或者说社会这一有机整体，经历了一个由低级到高级、由简单到复杂的进化过程。在这一过程中，旧的关系在不断退化、消亡，新的关系在不断产生、发展。现代公共关系就是随着各种关系的交替演变，在现代市场经济条件下，在工业文明中孕育诞生的一种社会关系。

到目前为止，人类文明大体经历了农业文明、工业文明两个主要阶段，并已经进入信息文明时代。伴随着文明的不断进步、升级，人类经历了血缘家庭关系、氏族关系到国家关系的发展变化。与此同时，人们经历了从乡土社会到城市社会的过渡。

在农业文明时期，即在原始社会、奴隶社会、封建社会时期，以乡土关系为基础的人际关系占主导地位，自给自足的自然经济在相对狭小的社会组织中——主要是封闭或半封闭的家庭、庄园中生存和发展，在自给自足的生产、生活方式中，社会组织和社会成员之间可以鸡犬之声相闻，却老死不相往来。

在这种乡土关系中，家庭、氏族、庄园内的人与人之间有着“不可分割”的血缘关系或人身依附关系。但是，这些组织彼此之间却因各自经济生活的独立性而很少有联系。在这种状况下，社会组织内的人际关系或者说人伦关系主要是靠“礼”、“义”等道德规范来维持的，“君君、臣臣、父父、子子”就是这种关系的典型表现。

在人类还处于乡土关系的农业文明时期，社会组织之间的各种争端是以动用拳头、动用刀枪剑戟等暴力工具来解决的，社会组织之间的经济权力和其他社会权力靠暴力得以维持、扩张或转移。谁拥有暴力，谁能有效地利用暴力，谁就拥有控制本组织、控制其他相关社会组织，直至控制整个民族和国家的权力。因此，农业文明时代在本质上是与现代社会的公共关系无缘的，当然也不可能产生公共关系学。

公共关系产生于西方工业化社会，工业社会给人类社会关系带来了两个巨大的变化。一是用机器进行生产。这样就产生了工厂，形成了很多工人在同一条生产线上操作的劳动关系。这些工人来自不同家庭、不同地区，共同组成了现代工厂和现代城市。无论是在工厂内部还是在工厂之间，由于人们分工不同和对产品支配地位的变化，晚辈对长辈、奴隶对奴隶主、农奴对封建主之间的依赖关系也发生了显著变化，工人的组织观念、纪律观念、他人观念、互助观念不断增强。二是社会组织之间的关系与自然经济状况下的情形也大有不同了。各种工矿（产业）之间因自我选择或社会分工的差异，彼此不得不既相互交换、相互依赖，又相互封闭、相互竞争。工业组织之间如此，工业组织与农业组织之间亦如此。

在工业社会的初期和中期，财富成了左右社会权力的主要砝码。“私有财产神圣不可侵犯”是一切资本主义社会共同遵守的基本经济生活准则。社会关系再不能以暴力来维系，而必然过渡到以财富来缔结。于是，工厂、企业以及其他社会组织以财富为基础，取得了法人的地位。

由农业文明向工业文明的过渡，在某种意义上说，实现了社会关系由以人际关系为主向以市场关系为主的过渡。市场关系的显著表现形式是出现了法人与相关社会组织、相关社会成员的关系，即本门学科所要论及的公共关系。

在市场关系条件下，人对人、组织对组织、组织对个人的关系再不能靠“君臣父子”、“克己复礼”之类的法则来维持，而必须靠法律制度与依法办事即法治来维持，靠权利、义务、合作、互利等制度和观念来维持，靠公共关系的理论法则和实际运行规律来维持。

如果说工业文明实现了社会由乡土人际关系向市场关系的过渡，促进了人由个体依赖为主向组织对组织的依赖为主的过渡，那么后工业文明时代不仅强化了这种过渡、稳定并发展了这一种过渡的成果，而且还表现出两个新的方向：一是表现在宏观上，社会关系发展到国家与国家、地区与地区的主体依赖关系，即跨文化的沟通依赖关系（Cross-culture Communication），把组织对组织的关系推到极端，形成典型的世界性市场关系；二是表现在微观上，社会关系出现了人际关系的回归。由于知识化、信息化的推动，社会分工越来越细，社会生产单位有越来越小的趋势，以个人为单位分散化从事现代化社会生产成为可能。这第二种趋向方兴未艾，似乎正代表着社会关系在一定层面上已经经历了从肯定走向否定再走向否定之否定的螺旋。

与第二个趋向相适应，人类正在经历由财富权力向知识信息权力的过渡。这就是说，在已经开始并行将展开的时代里，暴力、财富已不再是控制社会权力的直接而主要的方式和手段，知识、信息对眼球、注意或注意力的吸引和控制才是驾驭社会权力的基石、鞭子和杠杆；形象，包括个人形象和组织形象，正在成为制约个人与组织发展的共同的基本因素，形象制胜的时代已经来临，“注意力经济”、“眼球经济”、“眼球文化”的时代已经来临。

无论是以上提到的哪一种方向，都为现代公共关系的进一步展开、发展提供了相当广阔的应用空间和领域。

总之，公共关系是人类社会关系发展演变的一种形式或环节。现代社会需要公共关系，公共关系将推动现代社会不断向前发展。

二、对公共关系的界定

我们现在提到的“公共关系”一词，是由英文“Public Relations”翻译过来的。英语常将“Public Relations”简称为“PR”，汉语常将“公共关系”简称为“公关”。

在英文中，“Public”有两种词性。作为形容词，“Public”的含义就是“公共的”，即“属于社会的”、“公有共用的”。当许多个体可同时趋近或使用某一对象事物时，我们常把这个对象事物看做是公共的，如公共食堂、公共厕所、公共浴室、公共汽车等。作为名词，“Public”的含义则主要是“公众”、“大众”。当某一组织必须与许多对象、许多事物发生关系时，我们常说，这些对象事物就是这个组织的公众或大众。

从现代公共关系产生的条件、背景以及现代公共关系学所实际研究的对象、内容来看，“Public Relations”中的“Public”所使用的是它的名词词性。这就是说，将“Public Relations”译成公共关系是不准确的，准确的译法应当是“公众关系”。

我们今天仍然使用"公共关系"这个词或这一概念，是因为它自港澳地区翻译传入大陆后，已经成了理论界和实践界约定俗成的叫法。

还有一点，"Relations"是复数，应当理解为作为公共关系的关系（或活动）不是单一的或一成不变、一蹴而就的，而是众多的、复合的、复杂的、因情而变、与时俱变的。

"公共关系"一词的含义是丰富的，而且随着人们对它的理解和认识的不断拓展、深化，这一概念的内涵有越来越丰富的趋势。

由于现代公共关系是新生事物，加上地域、文化、视角等方面的差异，到目前为止，对于公共关系的含义，人们还没有也不可能有一个统一的或者说公认的理解。这一点突出地表现在对公共关系的"定义"上。

美国公共关系学家哈罗博士声称，他 1976 年就通过查询资料、遍访名家，收集到 472 条关于公共关系的"定义"。又是几十年过去了，公共关系在这些年里，广泛传入世界各地，形成了广泛多元、复杂的理解或界定。特别是在公共关系进入中国内地之后，学者们对它的"定义"之多，更是不胜枚举。

下面列举一些具有代表性的"定义"，作为我们理解现代公共关系的参考。

先来看看国外专家是怎么表述的。

公共关系学的主要奠基人之一、美国的爱德华·伯内斯认为：非法，公共关系是一种处理一个团体与公众或者是决定该团体活力的公众之间关系的职业，公共关系就是投其所好。

美国公共关系学早期专家坎菲尔德认为，公共关系学是一种管理哲学，这种管理哲学在所有决策行动上都以公众利益为本……以期获得公众的谅解和信任。

英国公共关系专家杰弗金斯认为，公共关系就是社会组织通过精心准备，按照计划并持续不断地努力建立并保持和它所面对的公众之间的相互理解。

国际公共关系协会认为，公共关系是一项经营管理，是公司机构的一项经常性和计划性的工作，以保持与相关公众的了解、同情和支持，并使本机构的政策、措施尽量与之配合，再有计划地运用大量资料，争取建设性的合作，获得共同利益。

英国的公共关系协会认为，公共关系是一种积极的、有计划的以及持久的努力，以建立和维护一个机构与其公众之间的相互了解。

我国的公共关系专家们对公共关系的理解也是各不相同的。

居延安先生认为，公共关系是一个社会组织用传播的手段使自己与公众相互了解、相互适应的一种活动或职能。

王乐夫先生认为，公共关系是一种内求团结、外求发展的经营管理艺术，它运用合理的原则和方法，通过有计划而持久的努力，协调和改善组织机构的对内、对外关系，使本组织机构的各项政策和活动符合广大公众的需求，在公众中树立起良好形象，以谋求公众对本组织机构的了解、信任、好感和合作，并获得共同利益。

赵建华等学者认为，公共关系是一个社会组织在运行中为使自己与公众互相了解、相互合作而进行的传播活动和采取的行为规范。

范铨远等学者认为，所谓公共关系，是一个社会组织为了促进相关的公众对它的理解、合作和支持而采取的一系列有计划的努力和活动。

中国社会科学院公共关系课题组认为，所谓公共关系，就是一个企业或组织，为了获得内部社会公众的信任与支持从而为自身事业发展创造最佳的社会关系环境，因而在分析和处理自身面临的各种内部和外部关系时所采取的一系列科学的政策与行动。

到目前为止的各种公共关系"定义"，虽然有的过于冗长，不够精炼；有的过于简单，不够全面；有的有失偏颇，不够准确。但是，这些"定义"都从各个不同的角度，大同小异地在不同程度上揭示了公共关系的本质，为公共关系学的深入研究起到了奠定基础的作用。虽然这些"定义"在形式上差异较大，但在关于"公关"的主体、客体、目的、性质等方面，已经具有较为统一的认识。

总之，到目前为止，关于公共关系本质的理解的确是多种多样的。于是，有这样一种说法：既然公共关系的"定义"都不统一，缺乏学者的一致界定，公共关系以及公共关系学作为一门学科的成立就是一个问题。这种说法是不合适的。科学发展的历史表明，当一门学科的"定义"还不够统一的时候，往往正是这门学科有旺盛生命力的时候，是这门学科具有远大前途的标志；相反，当某门学科的定义已经达了众口一词、没有异议的时候，往往就是这门学科的研究历史临近终结的时候。在这种意义上讲，对公共关系界定的多元化，既表明这是通向一元化的必经阶段，只有百家争鸣、各抒己见的多元化，才会有趋近科学的一元化。同时也表明，有如此众多的专家、学者前赴后继地投身于公共关系的探索与研究，说明公共关系有着巨大的实践需要和美好的理论前途。

国内外专家学者对公共关系的各种“定义”，为我们今天继续研究和探讨公共关系提供了良好的基础条件。今天，我们可以集各家之所长，对公共关系作如下理解：所谓“公共关系”，就是一个社会组织为了推进相关的内外公众对它的知晓、理解、信任、合作与支持，为了塑造组织形象、创造自身发展的最佳社会环境，利用传播、沟通等手段而努力采取的各种行动，以及由此而形成的各种关系。

三、公共关系的特征

所谓公共关系的特征，即公共关系区别于其他社会关系的征象和标志。

(1)公共关系是组织与公众之间的一种社会关系。现代公共关系是这样一种社会关系：它的一端是一个具体的社会组织，这个社会组织可以是一个工厂，也可以是一家商店、一家银行、一所学校、一家饭店、一家医院等；另一端是与这个社会组织机构的生存、发展相关联的公众。公共关系学讲的公众与人们平时所讲的“人民大众”、“人民群众”的概念是有区别的。公共关系学探讨的公众，是指与某一社会组织有着直接或间接利益联系或利害关系的个人、群体或组织。一个组织的公众除了指员工、股东等内部人群或组织外，更主要的是指顾客、社区、政府等与它生存、发展相关的外部组织或人群。

(2)公共关系活动的目的是塑造组织的良好形象。社会组织开展公共关系活动，缔结、拓展与内外公众的关系，是为了扩大组织的知名度，提高组织的美誉度；内求团结、外求发展；塑造组织真、善、美的良好形象；协调组织的内外关系，为组织的发展创造最佳的社会环境。

(3)组织与公众之间的中介是公关人员的传播沟通活动。公关人员通过人际传播、组织传播、大众传播等手段将组织的形象信息传递给广大的相关公众；同时，公关人员又利用人际传播、组织传播、大众传播等手段回收公众对组织形象信息的反馈。传播，特别是大众传播，是现代公共关系产生的基本前提之一，也是现代公共关系活动的重要标志。

(4)公共关系是社会组织自觉、积极、努力开展的一系列社会活动。这些活动是组织为了在公众的心目中塑造自身良好形象，通过成立内部公关机构或到公关公司咨询、聘请公关顾问等方式努力按公共关系的内在规律而开展的活动。这些活动包括既连续又继起地开展调查、制订计划、策动传播、组织实施、总结评估等环节。

(5)公共关系是社会组织特别是组织领导、公关工作人员的一种观念,是公共关系主体在市场经济条件下对自身与公众之间应有关系的一种理解,是社会组织对自身形象的重要性及客体存在、发展、需求合理性的一种意识,是主体对现代社会组织在市场经济条件下运行法则的一种感悟。社会组织如果没有这样的观念、理解、意识和感悟,就不可能构建、维护、拓展真正良好的公共关系。

此外,公共关系产生、发展的基本条件是市场经济。

每一种社会关系都有它产生、发展的特定的社会经济条件或背景。现代公共关系作为工业社会的产物,诞生于20世纪初,兴盛于第二次世界大战以后,与西方的市场经济背景是分不开的。现代公共关系20世纪80年代初才进入中国内地,然后才盛行于大江南北、各行各业,这也是与我国的改革开放、与我们逐步推行社会主义市场经济分不开的。在指令性计划经济条件下,任何社会组织的社会地位、社会功能、社会关系以至社会形象都是由中央或上级主管部门确定的,而且往往几十年一贯制;因此,这种社会组织不可能也没有必要开展公关活动,只要能做到"令行禁止"就可以了。

随着社会主义市场经济制度的建立、完善,现代公共关系事业正在我国迅速普及、提高,必将为中华民族的伟大复兴作出更大贡献。

四、公共关系活动的基本原则

公共关系是现代社会组织通过公共关系工作人员进行的活动,但绝不是一种盲目随意、为所欲为的活动;公共关系要塑造组织形象,但绝不是用通过"拆人家的房屋来煮自己的一个鸡蛋"的方式进行塑造;公共关系需要通过很多的手段去说服公众,但绝不是靠欺世盗名、文过饰非的手段去愚弄公众。任何一个社会组织要成功地开展公共关系活动,科学地建立公共关系纽带,就必须认真遵循以下一些基本原则。

1. 以组织领导和公关工作人员对组织形象重要性的高度自觉为前提

公共关系的发生有赖于公关主体的自觉能动性。公共关系学是当代典型的"软科学"。公共关系工作与很多其他工作的不同点之一在于:其他许多具体工作,如物流、生产、销售工作等能带来直接的经济效益,因而人们很容易看到其重要性。公共关系工作则是在塑造组织形象之后才会在各种具体工作中表现出物质性效果、产生经济效益的,它的实际效益一般是间接的、潜在的,当公关工作产生效益时,由于已经经历了若干中介环节,人们已经很难把功劳记在公共关系的工作之上了。可是，现代社会组织的实际发展状况又告诉我们，组织形象的建树工作绝不是一件可有可无的工作，它在一定条件下对组织的具体工作，对组织的经济效益起着决定作用。世界500强企业，无一例外地重视对公共关系的投入与经营，一切卓有成效的政府机关、非政府组织、事业单位也都特别重视与内外公众的良好关系。这种状况就要求社会组织的经营者具有远见，追求长时效应，时时处处把塑造组织形象放在心上，真正把公共关系看成市场经济条件下社会组织生存、发展的一门艺术。只有这样，才有可能真正地而不是虚假地、有内容地而不是形式主义地开展公关工作。

2. 以公众为对象

在市场经济条件下，与社会组织相关的公众是全方位的、可变的。在计划经济条件下，一个组织所要面对的往往只有上级主管部门、下级机构和直接相关的普通群众，这种上下级关系是人为设置的、不可改变的。在市场经济条件下，在一个组织所面对的公众群中，虽然也有上级领导、政府，但是这种领导一是减少了指令性，二是可以对组织实施调节、管理的部门会相对地增多，除党的政府机构外，法律、财政、金融、文化等部门对组织发展的制约作用会增强。在市场经济条件下，企业，无论是生产型企业还是服务型企业，所面对的其他公众都具有可变性。从内部讲，员工、股东是具有流动性或不稳定性的；从外部讲，客户或者说“上家”、“下家”更富变化性；在数量方面，既可以不断扩展，使很多公众从潜在公众变成现实公众，也可以迅速萎缩，使现实公众变为潜在公众；在质量方面，既可以逐渐产生对组织的信任和依赖，成为积极公众，也可以很快失去对组织的关注、兴趣，成为消极公众。相关组织、群众和个人的多样性及可变性，要求公关工作必须以多种类型的公众为对象。在处理公共关系时，虽然工作要有主次，但情感上不应有亲疏，更不能以主观意志决定其对公众的好恶。

3. 以实事求是和对公众负责为信条

公共关系要吸引公众，广结人缘，靠什么来做到这一点呢？重要的是要靠实事求是，靠对公众的责任感。公共关系要讲究传播手段、沟通技巧，但是，绝对不能够“玩传播”、“玩宣传”，不能通过传播沟通活动文过饰非。不可否认，靠夸夸其谈、欺瞒哄骗也能在一定条件下吸引公众上当受骗，但是，这与现代公共关系的基本精神是相违背的。从长远看，结果也一定是不美妙的。现代公共关系强调组织在塑造自我形象、维护自我利益的同时，必须同时履行自己的社会责任，维护公众的利益。要符合这种科学的公关精神，组织在开展公关活动时就必须从实际出发、实事求是。

4. 以传播沟通为手段

从一定意义上讲，任何时代、任何经济背景下的社会组织都有与其他组织、群体、个人交换、交往、交流的问题。为什么开展公共关系活动到了现代才被有识之士提上日程？主要原因一是因为交换的扩大化与复杂化，组织与公众之间的矛盾、障碍日益增多；二是随着信息化时代的到来，大众传播对组织的生存、发展，对它的社会关系状况起着越来越重要的影响作用。

传播可以分为人际传播、组织传播、大众传播等类型。其中，大众传播由于其在传播信息、影响公众、塑造形象等方面发挥着至关重要的作用，因此，任何现代公关活动都必须认真研究人际传播、组织传播，特别是要研究大众传播的本质和规律，运用传播手段为组织的形象建设服务。

单向的传播不是公关活动，而只是宣传活动。公共关系传播的显著特征是双向沟通、相互作用。公关传播不是目的，只是手段，目的是与公众进行沟通。不能把公众视为只是听取组织宣传说教的消极对象，社会组织必须认真收集公众反馈，听取公众的反映和要求，为了公众的利益协调和修正组织自身才是具有广泛社会意义的行为。

5. 以对公共关系本质和规律的认识和理解，对公共关系的基本原理的掌握和运用为基础

公共关系在发达国家的各种社会组织中享有盛誉，这与这些国家拥有一大批理论素质和实践能力都很强的公关人员是分不开的。与此相比，我国现阶段则有很大差距。例如，在过去很长时间里，在很多人的眼中，公关就是年轻漂亮的小姐迎来送往的活动，有人曾经甚至把公关活动等同于“三陪”活动，这显然是对公共关系的严重误解、歪曲和亵渎。本来，能否从事公关工作是与人的性别、年龄、美丑没有太多关系的。公关工作真正需要的是具有很高的文化知识修养、良好的道德修养、扎实的专业知识修养的人才。

科学的公关活动必须以科学的理论为指导，必须以严谨、严肃的态度去对待，才能取得真正意义上的组织形象建设成果。

6. 以脚踏实地、追求长远为方针

对一个组织而言，公共关系活动不是一项具体的工作任务，而是一系列充满艰难与坎坷的系统工程。每一个具体的公关活动都只能看成是通往组织形象建设的一个环节，完成一项公关任务只能看做是一个里程碑。对于任何一个社会组织而言，公关工作都不会是一蹴而就的，用公共关系塑造组织形象的活动没有终点也没有尽头。

公关工作需要利用宣传、交际等活动形式，但绝不能走向形式主义；公关活动

需要追求美、创造美，但它不能导致走向弄虚作假的“唯美主义”。公关活动中贴近公众、收集舆论、设计方案、疏导公众等工作都需要公关人员付出艰巨的劳动，需要公关人员具备为组织和公众工作奉献的精神。公关人员只有脚踏实地、勤勤恳恳、不怕困难、不畏挫折，才有可能卓有成效地完成组织形象的设计、塑造与维护任务。

第二节　公共关系学的学科性质、研究对象和研究方法

公共关系学是一门综合性很强的、独立的、边缘应用学科。公共关系学的研究内容丰富多样，可以作宏观和微观的划分。要学好、用好公共关系，必须掌握学习和研究公共关系的一些基本方法。

一、公共关系学的学科性质

公共关系学是研究公共关系本质和规律的科学。

关于公共关系学的学科性质和学科归属问题，与公共关系的“定义”一样，国内外尚无公认的定论。目前比较一致的看法是：公共关系学是一门综合性很强的、独立的、边缘应用学科。

1. 公共关系学是一门应用性学科

公共关系有自身独特的理论前提、理论逻辑与理论体系。尽管目前学者们在著书立说时各有表述、各有侧重，但其基本的理论是一致的、大同小异的，都要探讨公共关系的历史、现状、主体、客体、主客体关系、手段、程序等基本范畴，这就使公共关系已然具备了作为一门学科应有的基本属性。同时，公共关系学的理论成果对于各行各业、各个领域的社会组织都有很强的实践指导意义，这一点早已举世公认。在市场经济条件下生存、发展的社会组织，只要灵活运用公共关系学的理论知识去指导自身的公关实践活动，就一定能或直接或间接地产生很好的社会效益或经济效益。国内外接触、运用过公共关系的组织管理者都承认，在公共关系方面作适当的、科学的投入，会得到很高的回报，会形成比其他形式的资本投入更高的投入产出比。

2. 公共关系学是一门边缘学科

公共关系从诞生开始，就由于其特殊的学科性质和社会职能的需要在不断扩

展自己的内涵，不断从许许多多学科理论中吸收养料，与很多学科形成了庞大的远亲、近邻关系。与公共关系关系最密切的学科有管理学、社会学、传播学、市场学等。与公共关系有较大关系的学科有历史唯物论、经济学、社会心理学、伦理学、新闻学、宣传学、逻辑学、法学、统计学等。

因为公共关系学没有晦涩难懂的词语、深奥难解的理论，凡有一定文化程度的人似乎都能读公关著作，所以，自公共关系进入我国国门，很快便形成"一哄而上"之势。一时间，似乎人人都可以搞公关，个个都能成为公关大师。实际上，公共关系学是一门综合性很强的边缘学科，它既需对公关从业者有扎实的专业公关知识，更需要有宽广的知识面以及丰富的生活实践经验。

公共关系学同时又是一门创造性很强的学科，它需要从业者具有较高的悟性思维能力和较强的实践操作能力。没有广博的知识面，没有扎实的知识底蕴，没有一定的实践经验或生活阅历，缺乏悟性，缺乏创造性，是很难学好用好公共关系学的。

3. 公共关系学是一门独立的学科

尽管公共关系学与很多相邻学科关系十分密切，有的内容与其他学科有一定程度的交叉，但是并不能因此否定公共关系学的学科独立性。公共关系学自身也不应当是相邻学科的杂糅。

当今科学领域有两大共同趋势：一是高度分化，很多传统学科已经有多达十个以上层次的分支学科；二是高度综合，边缘学科、交叉学科、横断学科不断出现。公共关系学就是这后一趋势的产物。

目前，学术界对于公共关系学的学科归类问题还有争议。有人认为它应归属于管理学，因为公共关系学要研究社会组织的管理行为、管理职能；有人认为它应归属于社会学，因为公共关系要研究社会主体的活动、社会组织的行为；有人主张把公共关系归属于传播学，因为它要研究传播的基本理论，研究人际传播、组织传播、大众传播的功能和技巧；此外，还有人认为应把公共关系学归属于宣传学、市场学等。应当说，各种探讨都是有益的。一是从分类学的角度讲，有助于明确划出公共关系学的学科归属；二是从公共关系学本身的建设而言，有助于自身从各门学科中汲取营养，受到启发，早日走向成熟和完善。

但是，无论如何不应以学术界在公共关系学的学科归属问题上暂时还没有统一的意见，就怀疑公共关系学自身的独立性。从逻辑上讲，当人们在讨论某件事物的种属关系的时候，这件事物实际上早就存在了。同理，在讨论以公共关系为研究对象的公共关系学的学科归属问题时，实际上也就肯定了这门学科毋庸置疑的独立性。

二、公共关系学的研究对象

公共关系学自20世纪初诞生以来，其研究对象和内容一方面逐渐明确、具体，另一方面范围逐渐扩大。

一般说来，公共关系学的研究对象可以进行宏观和微观的划分。

1. 从宏观上讲，公共关系学的研究对象包括公共关系的历史发展、基本理论、实务运作三大部分

(1)研究公共关系的历史发展

历史唯物论认为，不是人们的社会意识决定人们的社会存在，而是人们的社会存在决定人们的社会意识。公共关系学作为一门学科，是一种完整的社会意识形式，经历了从个体意识到群体意识、从社会心理到社会意识形式的历程，并且正在经历从粗浅的社会意识形式到比较精细的社会意识形式的发展阶段。公共关系学的发展历程虽然很短，在国际上只有一百余年，在中国仅有几十年，但是，它的产生，它能进入中国国门，它在发展中取得的每一个结果都有它必然的、来自社会存在的原因。探讨这些原因、结果以及原因和结果之间的必然联系，不仅是尊重历史，而且有助于公关理论的升华和公关实践的深入。

(2)研究公共关系的基本理论

公共关系的基本理论有两大主要部分：第一部分是公共关系本身的理论体系及其结构，即公共关系的性质、特点、职能、程序、手段、从业者、技巧等方面的理论问题，这部分是公共关系学的主干内容；第二部分是公共关系学的外围学科的基础理论，如心理学、行为科学、新闻学、广告学、传播学、人际关系学、社会学、经济学、哲学等，这一部分的研究成果为公共关系学理论的创立与拓展奠定了坚实的基础。

(3)研究公共关系的应用艺术

公共关系既是一门学问，又是一门技术、一门艺术。由于它具有软科学性，当人们面对具体的公共关系活动和公共关系状态时，常常会出现仁者见仁、智者见智的情况。不同的公关工作人员，虽然可能学的是同一公关理论，面对的是同一组织的公众，却可能出现完全不同的公关工作成就。有的可能挥洒自如、有声有色，作出卓越的公关成就；有的则可能一筹莫展、冷冷清清，出现劳民伤财的负面效应。产生这两种情况之差别的原因显然不在公关理论上，而在于公关工作人员的艺术水准上。

公关的技术和艺术是联结公关理论与公关实践的桥梁和中介，所含的内容很多：如何确定公关目标，如何实施公关调查，如何进行调查结果的分析处理，如何编

制公关计划，如何开展公关策划，如何与传播界打交道，如何实施有效传播，如何说服公众，如何编写公关文书，如何组织公关会议，如何组织社交，如何进行其他实务运作……这是公共关系学的一个相当广阔的研究领域。

2. 从微观上讲，公共关系学的研究对象就是公共关系学的理论体系，特别是公共关系学教科书的理论体系

在这一方面，目前学术界虽然还没有一个公认的模式，但许多研究成果却都为公共关系学教科书现行体系的探索作出了突出的贡献。

我们认为，目前我国的公共关系学的理论体系应由以下内容构成：

(1)公共关系和公共关系学的性质、含义、内容、特征，公共关系学的学科性质、归属关系。

(2)公共关系及公共关系学的简要发展历程和现实状况。

(3)在我国研究、普及、提高公共关系理论和开展公共关系活动，提高公共关系水平的必要性和重要性。

(4)研究探讨公关主体应有的观念系统。开展这一部分的探讨、教育，在我国目前情况下尤其必要。我国的公关工作才刚刚起步，公关工作的基础环境——市场经济，对许多人来说还不是很熟悉，公关工作往往是想当然地一哄而上，难免出现对公共关系的认识误区和实践误区。目前，我国公共关系发展中的问题不在实践方面，而在观念方面，在人们对公共关系的认识方面。探讨公关主体在公关工作中应有的观念系统，对引导我国公关工作的健康发展有着十分重要的意义。

(5)研究公共关系的三大要素。公共关系的三个要素是：公关主体(社会组织)、客体(公众)、中介(传播活动和其他实务活动)。

关于公共关系的主体，除了研究其观念系统外，还应研究其特点和运行方式，研究其公关目标与组织整体目标的关系等。

关于公共关系的客体，主要研究公众的类型、特点、心理倾向与定式，如何通过公关工作与之沟通等。

关于公共关系的中介，一是要研究传播的一般原理，研究人际传播的过程、技巧、类型，研究组织传播的特点、方式、原则，研究大众传播的特点、类别和运用技巧，研究各种传播与公共关系的关系等等；二是要研究一些公关实务活动的运行、操作技巧，其中包括公关广告的特点、要求和制作技巧，公关语言与公关应用文的写作技巧以及公关决策、公关管理、危急事件处理等其他公关实务技巧。

(6)研究公关工作人员。公关工作人员是公关主体的代表，是公关工作得失成败的关键因素。公共关系应当研究公关工作人员的生理、心理、文化、职业道德方面的素质特点，研究公关人员的组织领导能力、社会交际能力、临场应变能力和创

造能力，研究公关工作人员的培养目标、培养方式和途径，研究公关工作人员在公关活动中的常用礼仪等。

(7)研究公关工作机构。研究主体内部建立公关部的重要性，内部公关工作机构的模式、结构和工作方式等；研究公关公司产生和发展的必然性，公关公司的模式、结构、服务方法、收费方式；研究两种公关机构的特点和关系等。

(8)研究公关工作的程序。公关工作既不能临时抱佛脚，也不能指望一蹴而就，更不能盲人骑瞎马。必须比较严格地按照一定的程序进行，才能保证公关工作的成效和质量。公关工作的基本程序一般来说有四个步骤，人称“四步工作法”，即开展公关调查、拟定公关计划、实施公关计划、进行总结评估。

在公共关系四步工作方法中，进行公关策划、拟定公关计划是承上启下的至关重要的一步。公共关系学要认真研究公共关系的战略策划与策略策划的原理、谋略与技巧，为具体的公关工作提供方针和框架指导。

(9)研究部门公共关系。辩证唯物主义认为，矛盾的普遍性总是存在于特殊性之中，共性总是存在于个性之中，共性只是大致地包含个性。因此，仅仅研究公共关系的一般规律是不够的，还应当研究各个具体部门的公共关系，如企业公共关系、事业单位公共关系、政府公共关系以及非政府组织公共关系等。

三、公共关系学的研究方法

1. 唯物辩证法是公共关系学最根本的研究方法

唯物辩证法的方法论原理为公共关系学的研究提供了科学的指导。这些基本方法包括一切从实际出发的方法、矛盾分析法、归纳与演绎辩证统一法、逻辑与历史一致法、分析与综合统一法、从抽象到具体的方法、社会存在背景分析法、生产方式状况分析法、经济基础与上层建筑关系分析法、个人与社会关系分析法、历史动力分析法等。公共关系学应当善于运用这些方法论原理，从纷繁复杂的公共关系现实中抓住本质和规律的东西，形成较高层次的公共关系学的一般原理和工作法则。

2. 个案分析提炼法

公共关系的诞生时间还不长，与很多传统学科相比它还相当年轻。特别是在我国，公共关系学的研究才起步不久，它的很多理论还不成熟。这就要求公关理论研究必须善于从实践中来，把一次次经典的、具体的公关活动作为案例，对其开展的原因、发展的过程、内在的机制、产生的效应等进行定性和定量的总结提炼。这样，一方面可以形成公关工作经验，另一方面可以形成学术理论的水滴，汇入公共关系学的理论海洋中去。

3. 参与实践法

个案分析法主要强调从实践中提炼公关理论;参与实践法则主要是说应当不断地将已取得的公关理论成果放到实践中去接受实践的检验、筛选,在实践中深化和发展理论。由此不断地从实践中来,到实践中去,中国特色的公共关系理论体系的形成就一定会更快、更好。

4. 参考借鉴法

“他山之石,可以攻玉。”公共关系学在其成长过程中,不仅可以学习、借鉴国外的先进经验和研究方法,而且可以从它的邻近学科,如社会学、管理学、传播学、市场学、广告学、宣传学等学科中汲取营养,参考它们的理论成果、研究方法,再加以改造,形成自己的有特色的鲜活的公共关系学理论。

现代公共关系学

MODERN PUBLIC RELATIONS

第二章　公共关系的历史与现状

第二章　公共关系的历史与现状

现代公共关系的产生有着深刻的历史根源和现实根源。第二次世界大战以后，公共关系得到了广泛的普及和应用，很快从欧美辐射到全世界。我国在改革开放的推动下，从国外学习和借鉴公共关系，并将其逐步中国化。社会主义市场经济促使公共关系在我国迅速发展。

第一节 现代公共关系在国外的产生与发展

人类文明的发展为现代公共关系的产生奠定了基础。美国人艾维·李和爱德华·伯内斯等人为现代公共关系的产生作出了杰出的贡献。第二次世界大战以后的公共关系,不仅得到了长足的发展,而且呈现出许多新的特点。

一、公共关系的史前概况

现代公共关系作为一种明确的观念和一门学科产生于20世纪初,但作为一种社会关系,它的孕育时间却相当漫长。

关于国外公共关系的起源,有学者认为,公共关系的最早起源应追溯到古希腊、古罗马时代,认为当时古希腊的王公贵族就开始或利用顺口溜、诗歌等形式来赞美自己,或培训专门的游说者到平民中游说,从而形成有利于自己的社会舆论。恺撒曾经将自己的报告美化以后让人到罗马广场当众诵读,于是有了传播的起源和萌芽,有了形象意识,这就是一种原始的“政府公共关系”。亚里士多德在他的《修辞学》一书中,要求人们使用语言要动感情,要有可信性;于是,有的学者认为,这部书是最早的“公关语言艺术专著”。我们认为,这类观点在肯定舆论、语言、修辞这些因素的起源和作用方面是有一定道理的,但仅以此认定这些就是公共关系的起源未免有些牵强。虽然今天的公关活动不可能没有宣传,不可能不利用舆论,不可能不进行语言修辞,但是,仅以此认定这些就是公共关系起源的标志还是不恰当的。这就正如我们不能因为现代公共关系活动中要使用文字,我们就把文字的起源看成是公共关系的起源一样。

另外有学者认为,公共关系起源于美国的独立战争。认为当时的塞缪尔·亚当斯、本杰明·富兰克林、亚历山大·汉密尔顿等人是公共关系的创始人。持这种观点的人的依据是塞缪尔·亚当斯为了攻击英国、塑造美国的形象,于1750～1783年间出版了1500多种小册子广为散发,利用这些“现代传播手段”反对英国的殖民统治,为美国革命制造舆论。本杰明·富兰克林是“自我宣传的伟大信奉者”。在他任美国第一任驻法大使期间,发挥自己的个人特性,用炫耀、夸张、摆阔等手段在法国人面前显示了美国的神圣与强大,使法国人很快改变了对美国人的看法,不仅认为富兰克林本人是一个富有教养的外交官,而且认为美国也是一个相当富有的国家。亚历山大·汉密尔顿作为美国历史上的第一位政治专栏专家，创编了《联邦制者论文集》和《1787～1788 年的美国北部联邦同盟文件》，有效地引导了当时的公共舆论，为美国实现联邦制铺平了道路。美国历史学家阿伦·内文斯认为，汉密尔顿利用舆论争取美国 1789 年宪法获得批准这一事件，是迄今为止美国公共关系领域所取得的最大成果。

以上提到的几位美国人为现代公共关系起源所作的铺垫、所留下的启示、所作出的贡献是毋庸置疑的，但如果因此就把他们看成是现代公共关系的创始人未免还是有过誉之嫌。

判断公共关系作为一门学科真正起源的标志，不在于过去的人们是否做过类似今天公共关系活动的事情、工作，不能由今天的人去提炼其中的公共关系因素，而要看其中是否有比较明确的公共关系观念，如“公众”观念、“互利”观念、“传播”观念、“形象”观念、“沟通”观念等；要看是否比较完整地具备了现代公共关系所涉及的要素、性质、目的等。如果以这样的标准来判断，以上两种公关起源所列举的思想和实践活动还不应当被看做是公共关系的真正起源，而只能说是为人类的公共关系观念和实践的产生作出了一定的准备和贡献。

中国的古人在公共关系思想观念的孕育过程中，也曾作出过杰出的贡献。

例如，中国人长期注意“礼”，既讲究以“礼”待人，也讲究以“礼”治邦。“礼”与“仁”、“义”等观念一起被看成是封建统治者治国安邦的重要基石。管仲曾把“礼、义、廉、耻”看成维持国家的四根支柱。他说：“礼、义、廉、耻，国之四维，四维不张，国乃灭亡。”在这些思想中，不能不说已经具有“形象意识”、“公众意识”的萌芽。

又如，中国人历来讲“和”，注重“和为贵”，“和”作为个人社交、组织交往的哲学思想，实际上既含有“公众”观念，又含有“互利”观念等等。在天时、地利、人和这三大成事条件中，“和为贵”的思想与现代公共关系中的“内求团结、外求发展”的观念具有一致之处。

再如，西周末年的周厉王曾提出“防民之口，甚于防川”的观念，实际上从反面肯定了“舆论”的重要性。孟子的“君轻民重”的观点，无疑是对“公众”的重视。明末李自成的农民起义能取得胜利，与起义军注意用“舆论”引导“公众”是分不开的，起义军每到一地，都要张贴“开大门，迎闯王，闯王来了不纳粮”一类的标语、口号，争取群众的支持和拥护。

这样的例子是很多很多的。研究这些例子所反映的思想观念对于我们今天建构现代有中国特色的公共关系学说无疑具有十分重要的价值。

二、现代公共关系的产生及发展演变

现代意义上的公共关系观念到底产生于何时呢？虽然在1807年的《韦氏新大学词典》中已有“Public relations”一词，但远远没有现代公共关系的内涵。

从比较严格的意义上讲，现代公共关系产生于19世纪末20世纪初的美国，这与美国当时的社会经济、政治、文化条件是分不开的。

（一）美国产生公共关系观念的经济、政治和科学文化背景

1. 美国产生公共关系观念的经济背景

19世纪下半叶，美国经济的发展速度很快，生产方式正在从自由竞争向集中垄断过渡。南北战争以后，北方的工业经济与南方的种植园经济在政府的统一管理下迅速发展。市场经济的高度发达，促成社会形成国内与国际都极其活跃、开放的网络。一方面，少数控制国家经济命脉的行业垄断寡头企图封锁舆论，控制市场，以获得高额垄断利润；另一方面，支配着资本主义市场经济运行发展的基本法则越来越发挥着重要的作用。这一法则就是：分散决策、自愿交换、自由选择、互利互惠。与这两个方面相对应，一是垄断寡头们企图控制国家经济命脉，无视公众，例如，当时的铁路大王范德·比尔特就曾使用过一句“名言”。“去他妈的‘公众’。”一是公众通过新闻媒介揭露寡头们的丑恶行径，形成声势浩大的揭丑运动，俗称“扒粪运动”，仅1903～1912年各大报刊的揭丑文章就有2000多篇。“扒粪运动”使一些大公司名誉扫地，形象丑陋不堪。面对“扒粪运动”的冲击，企业界不得不开始学习从正面重视报刊舆论传播的巨大作用。许多人被迫意识到这样一条真理：企业要生存发展，就必须考虑公众的需要，就必须塑造自身的良好形象。

2. 美国产生公共关系观念的政治背景

美国是世界上少有的移民国家，几乎没有历史传统的包袱，国民中的平等观念、群体意识等都比较好。加上经济、文化等其他条件，美国成了世界上资本主义世界民主政治的典范。在独立战争、南北战争以后，美国建立起比较完备的以“三权分立”为标志的民主政治体制。因此，美国的民主气氛比其他资本主义国家都要浓厚。在这种政治氛围下，企业主会以更加实际的态度去对待社会公众，公众也会更大胆地去正视、要求、接受属于自己的社会经济利益、文化利益和政治利益。

3. 美国形成公共关系观念的科学文化背景

形成现代公共关系的重要物质条件是传播技术和与传播有关的信息通讯技术、控制技术的出现和发展。这些技术以及这些技术的基础——电子技术恰恰是在20世纪上半叶形成的。有了电子技术，才能在20世纪前后两半叶之交产生电子

计算机技术，才有公共关系大众传播活动的全方位形成和公共关系事业的长足发展。

美国在以下这些科学技术领域中的许多方面均走在世界的前列。1906 年，美国发明家 L. D. 福莱斯特发明了真空三极管。科技界认为，三极管的出现是无线电传播技术发展的一个划时代标志。同年，美国物理学家 R. H. 费森登研制出世界上第一台高频无线电发射机，并于这年圣诞节前夕，成功地完成了通过无线电波收听别人在遥远的距离之外发送的声音，从此才有了现代意义上的无线电广播等电子传播技术。从 19 世纪末开始，电子技术被应用于计算机的研究。早在 1884 年，美国人 H. 豪列利茨就首次解决了用电机为机械式计算机提供动力的难题，设计制造出一台统计计算机，并于 1890 年成功地应用于美国的人口普查，初次显示了计算机贮存、处理大量信息方面的强大威力。

同时，由于美国有移民国家这一属性，国民的基本文化素养普遍较好。为了适应在“新大陆”的发展需要，这些移民还十分注重自身文化水准的提高，注重培养子孙后代的文化素养。这样的文化教育背景，十分有利于现代公共关系观念的形成。

（二）现代公共关系观念在欧美的发展

1. 艾维·李是现代公共关系的创始人

1903 年，美国人艾维·李在美国开办了世界上第一家“宣传咨询事务所”，成为第一位为客户提供现代公共关系咨询并收取费用的职业公共关系人员。艾维·李于是被世人看做现代“公共关系之父”。他的公关实践活动以及他在 1906 年发表的《原则宣言》被看做是现代公共关系的历史开端。

艾维·李出生于佐治亚州，其父是一个牧师。艾维·李从普林斯顿大学毕业以后，曾做过五年报社记者。他的《原则宣言》的核心内容就是向公众讲真话。《原则宣言》说：“这不是一个秘密的新闻机构，我们所做的一切都是公开的。这不是一个广告事务所，而是旨在提供新闻……任何一位编辑都将十分愉快地在证实事实方面得到我们的帮助……简而言之，我们的计划是坦白和公开地代表企业及公众组织，对于公众有影响且为公众喜闻乐见的话题，向报界和公众提供迅速而准确的消息……我们认为，对公众有益的，从长远来看对企业也同样是有益的。”艾维·李认为，企业唯有将其真实情况告诉公众，才能赢得好声誉。正是这种向公众讲真话和公众第一、从长远出发的思想，用真相为企业赢得好声誉的思想，为现代公共关系学说的形成与发展打下了良好的观念基础。

艾维·李不仅有自己独特的公共关系观念和理论观点，而且身体力行，用自己的实践向世人证明现代公关观念的合理性、正确性，使公共关系在社会上引起了强烈反响。他曾先后为被“扒粪运动”揭丑而陷入窘境的洛克菲勒财团，为企图塑造自身形象的美国电话电报公司、公平人寿公司、铁路公司等充当过公关顾问或公关代理人。正是因为艾维·李在理论和实践方面的卓越建树,所以公关界的多数人才把他看成是现代公共关系的鼻祖。

2. 爱德华·伯内斯的贡献

艾维·李作为公共关系的创始人,虽然提出了一系列独创的思想观点或观念,但是,由于当时历史条件的限制和个人精力的局限,还没有形成比较系统严密的公共关系理论。为完成公共关系理论体系奠基任务的是美国著名的公共关系顾问爱德华·伯内斯。

爱德华·伯内斯是美籍奥地利人,著名心理学家弗洛伊德的外甥,曾于1913年就任美国福特汽车公司的公关部经理,为塑造福特公司在公众心目中的形象,促进福特公司的扩张、发展立下了汗马功劳。第一次世界大战期间,他曾在威尔逊总统成立的官方公关机构"克里尔委员会"担任委员,负责向国外新闻机构提供美国参战的有关情况。"一战"以后,他和夫人在纽约开办了一家公共关系公司,并开始致力于公共关系的理论研究。1923年,出版了他的第一本公共关系学专著《舆论明鉴》。书中不仅明确提出了"公共关系咨询"这一概念,而且还解释了它的作用:公共关系咨询能帮助企业执行合乎社会要求的行为政策,能为企业赢得公众的好感和支持。就在这一年,他第一次在纽约大学开始讲授公共关系学课程。1925年,伯内斯总结了自己的实践经验和教学成果,写成了《公共关系学》教材。1928年,又出版了一本公关新著《舆论》。至此,伯内斯的公共关系理论逐渐趋于成熟和完善。

爱德华·伯内斯对现代公共关系的重要贡献主要表现在:使公共关系活动职业化;使公共关系摆脱了对新闻界的从属性;使公共关系的技巧、方法现代化;初步建立了现代公共关系的理论体系;强调了舆论以及通过投其所好的方法和通过宣传引导公众舆论的重要性,"投公众所好"是公共关系的立足点,使公共关系观念有了科学的含义;主张获得公众的谅解与合作应当成为企业公共关系的基本信条。

爱德华·伯内斯的以上贡献,使他享有"公共关系先驱者"的美誉。

3. 公共关系在欧美的迅速发展

自艾维·李和爱德华·伯内斯之后,公共关系首先在英、美等国得到了发展。第二次世界大战之后,公共关系很快发展到整个欧洲。

斯蒂芬·特伦茨是英国公共关系的拓荒者,英国"公共关系之父"。斯蒂芬·特伦茨很佩服艾维·李。在他1926年担任英国政府的公关机构——"帝国市场委员会"秘书长期间,通过传播手段支持英国首相"卖英国货"等,使英国政府得到了公众的广泛支持。

现代公共关系的迅速发展，是与现代传播技术，特别是音像传播技术分不开的。在英国，英国广播公司(BBC)于1935年第一次在世界上装配电视广播电子系统。第二次世界大战期间，军事的需要推动了电子技术、超短波技术、雷达技术等的迅速发展，从而推动了广播电视系统的继续改进。第二次世界大战以后，电视在欧美进入大规模应用和普及阶段。美国在1953年就建立起了黑白—彩色兼容性电视广播系统。1953年，美国著名的贝尔实验室采用扩散技术与合金工艺结合，制成了世界上第一支高频晶体管，半导体技术初步成型。

电视的产生和广播系统的革命性变革，不仅满足了第二次世界大战后国际经济、技术和劳务合作日趋频繁和紧密的需要，同时也为企业和其他社会组织更大规模、更高质量地传播信息，为它们在更大范围内塑造组织形象创造了良好条件。20世纪50年代以后，现代公共关系的理论研究和实践活动都进入了一个全新的发展时期。“二战”期间，《公共关系季刊》、《公共关系杂志》、《公共关系新闻》等期刊相继出版。1947年，美国的波士顿大学开办了世界上第一所公共关系学院。1947年底，美国成立了公共关系协会，并制定了公关人员职业规范守则，成为公共关系的“行业法律”。英国也于1948年成立了全国性的公共关系协会。

美国公共关系专家卡特利普和森特，于1952年出版了他们的一系列公共关系专著，并提出了著名的“双向对称型”或者“双向传播”理论。这一理论认为，一个社会组织必须同时顾及自身与公众的利益，保持双向沟通与对称平衡，一方面，组织应把自身的想法和信息传播给公众；另一方面，组织又应接纳来自公众的想法和信息。只有这样，组织才能获得最佳生存环境。

英国公共关系专家弗兰克·杰弗金斯也为现代公共关系的发展作出了重要贡献。他著述颇丰，被誉为“世界上公共关系著述最多的人”。他是英国公共关系学院教授、著名的公共关系教育家，曾先后到世界上数十个国家进行公关学术指导和交流。

1946年，法国也出现了职业性公共关系机构，公关活动在法国迅速普及。

1948年前后，加拿大、联邦德国、意大利、比利时、芬兰、挪威、瑞典等国的公关协会也相继成立。

与此同时，公共关系的实践活动在“二战”后的欧美也得到了迅猛发展，各种企业内部纷纷设立公关机构，公关顾问公司的生意也十分火爆。国际公共关系事业得到了长足发展，出现了不断走向繁荣的博雅、伟达、希尔—诺顿等大型跨国公关公司。

三、国际公共关系的现状、发展原因及特点

到20世纪90年代中期,美国作为公共关系的发源地,公关事业仍然最为兴旺。全国共有400多所高校开设有公共关系课程,60多所大学设置了公关本科专业,37所大学培养公关硕士学位研究生,13所大学培养公关博士学位研究生。全国数千家各种类型的公关公司在为经济、政治、文化、科学等各个领域的社会组织提供调查、咨询、传播等方面的公关服务,仅美国联邦政府就雇用了1.2万名公关工作人员,其经费开支达10多亿美元。一位日本金融巨头指出:"公共关系的学问发源于美国,回顾当初的美国,所谓公共关系还只是企业界手中的小玩具,后来就发展成为企业家所必须采用的政策及变成企业家的重要哲学。"

第二次世界大战后,公共关系在欧美快速发展的同时,也逐渐传入世界各地。

1959年,美国和大多数拉美国家代表出席了墨西哥公共关系协会在墨西哥城召开的"泛美公共关系大会"。由巴西、秘鲁、墨西哥等国参加的泛美公共关系协会于1960年成立。从此,拉丁美洲的公共关系活动一直十分活跃,并得到稳步发展。

日本人最早开展公关工作是在1947年,是以"二战"后盟军用命令的方式在日本政府设立公共关系室而开始的。不过,正如日本的公关专家福田亮太所说,1950～1960年才是日本真正的公共关系启蒙阶段,1961年以后才进入公共关系实践发展期。到90年代,日本90%以上的企业都设有正规的公共关系部门(日本人称作"广报课")。

1967年,"泛亚公共关系协会"在香港成立,其会员主要来自中国香港、台湾地区和东南亚各国。1968年,国际公共关系协会第四届大会在伊朗举行。1982年,第九届世界公共关系大会在印度孟买举行。从此,亚洲的公共关系逐渐进入到一个热火朝天的阶段,特别是在中国实行改革开放、公共关系进入中国国门之后,其发展规模和速度更是十分惊人。

非洲一些主要国家如毛里求斯、肯尼亚、尼日利亚等国,也在20世纪50年代后期,伴随欧美跨国公司开拓海外业务的影响和国际公关大潮的冲击,开始实行具有地区特色的公共关系活动。1975年,全非第一届公共关系工作会议在非洲举行。不过,由于较落后的经济环境的限制,非洲的公共关系无论在理论研究上,还是在实践水平上都相对要差一些。

分析公共关系"二战"以后在世界范围内广泛发展的现实,我们不难发现其中的主要原因,除了全球经济、政治等因素的变化发展以外,以下三点因素也是很重要的。

第一,第二次世界大战后,世界进入了一个相对和平的发展时期。在这一时期,各国抓紧时机普及国民教育,提高国民素质。国民知识素质的提高,推动了各国平等观念、民主观念的发展。这为公共关系的“理解”、“沟通”意识的形成或被接受提供了良好的前提条件。

第二,科学技术的发展为公共关系开辟了广阔的用武之地。电子技术、信息技术、计算机技术在“二战”以后突飞猛进,使传播手段日臻完善,促进了社会组织与公众的联系,世界的整体性日益明显,地球“变得越来越小”,世界已然成了一个“地球村”。公众的群体交流、组织的交流、无组织的组织的交流以及这些主体的相互交流,日渐活跃、广泛和深入。组织与公众交往的稳定性和不稳定性、直接性和间接性、无序性和有序性、紧密性和松散性同时发展。这种情况既为各种社会组织的发展带来了机遇,但同时也带来了挑战。以公共关系的基本观念为指导,吸引、组织和控制公众的眼球或注意力,引导公众的行动,处理组织与公众的关系,成为现代社会组织的最佳选择。

第三,伴随各种现代文明和现代观念的刺激,公众的自我独立意识、自主决策意识越来越强。谁要赢得公众,谁就必须首先尊重公众,变单向传播为双向沟通。尤其是在市场相对活跃、产品相对丰富、买方市场占主导地位时,这种要求就会更高。于是,企业以及其他社会组织就会更加自觉地或是被迫地需要接受公共关系的理论指导。

世界公共关系发展到今天,已明显具有以下特点:

第一,有较成熟的理论基础。公共关系已由艾维·李等人的个别的个人意识,逐渐发展成为比较成熟的以“公共关系学”为标志的社会意识形式。在经历了大约四代人的不懈探索之后,公共关系的学术基础已经基本趋于成熟。公共关系活动已不再是一种自发的社会行为,而是一种有理论指导的社会组织的自觉行动。不仅如此,公共关系的职业准则、职业内容等正在趋于标准化、统一化和国际化。

第二,公关工作人员已经职业化。公共关系由最早的个别新闻工作者或其他职业者的“兼职”活动,逐渐发展成为一种热门职业。各国以此为职业的人数迅速增长。组织内部的或社会上的独立的公关机构也越来越多。

第三,公关主体逐渐社会化。公共关系的主体最早仅限于企业,甚至仅限于企业中的工商企业,后来逐渐扩展到政府。现在,公共关系已经扩展到事业单位、群团组织、军队、宗教机构、非政府组织等一切有社会组织存在的领域,使公关的主体实现了多元化、全方位化、社会化。

第四,手段越来越先进,技巧越来越高超。公共关系已经成了现代传播、信息、控制等技术革新的实验场。在战争年代,这些领域的发展、应用主要受军事的影响和制约。和平发展时期，公共关系为这些领域提供了良好的发展机遇。同时，它们也为公共关系的发展创造了必不可少的条件。随着公关从业人员的增多，公关领域内的竞争日趋激烈，公关机构已经成了人才聚集之地。为了组织的形象，为了自身的生存与发展，激烈的竞争促使公关人员高招频出，技巧运用日臻成熟，公共关系活动的有效率或成功率大大提高。

第二节　公共关系在我国的兴起与发展

现代公共关系进入我国有着深刻的历史必然性。经济体制改革和政治体制改革需要公共关系，公共关系推动了我国改革开放的发展，推动了我国的物质文明、精神文明、政治文明和生态文明的建设。有中国特色的公共关系正在走向成熟。

一、公共关系在我国兴起的客观必然性

（一）改革开放是我国引进公共关系的根本原因

现代公共关系在20世纪初就在美国产生了，第二次世界大战以后更是流行于欧美及世界其他地方。为何80年代以前公共关系的春风迟迟不度“玉门关”，不在中国得到发展呢？根本的原因是在此之前中国还未改革开放。

1979年底，中国共产党第十一届三中全会在北京召开。从此，中国进入进行社会主义现代化建设的新的历史时期。改革开放成了这一历史时期的基调和主旋律。首先，中国的改革从经济到政治，从教育到整个思想文化领域逐渐地全面展开。在改革是发展生产力又是解放生产力的思想指导下，各种新生事物不断涌现。与此同时，中国的国门也逐渐向外敞开。在这样的历史背景下，公共关系随着国外的先进技术、管理经验等一起于20世纪80年代初进入我国内地，并由南向北、自东向西迅速在我国普及和推广开来。究其原因，是因为经济改革和政治改革与公共关系有着共同的契合点：改革着的经济、政治、社会呼唤公共关系，公共关系在我国新的经济、政治、社会中有着良好的发展环境。

首先，经济制度改革需要公共关系。改革之前，我国的经济体制以指令性计划经济为特征，从中央到地方，条块分割，管得过死。地方经济组织，例如企业，不分产业、行业，统统在上级、在中央的指令性经济计划下“统一行动”，企业不需要考虑原料来源、产品销路、发展方向；流通领域内只有凝固不变的一级批发、二级批发、

三级批发和零售商店。彼此之间谁也难以发挥主观能动性，也不需要发挥主观能动性，因为在平均主义、“大锅饭”的分配模式下，一切创造性的劳动成果都很难与社会组织或个人利益联系起来。同时，在社会组织内部只有上下级关系，没有公共关系，上下级成员之间的关系一般是不会变动的。不要说不同所有制经济组织之间，就是相同所有制组织内的人事调动也是非常困难的。由于个人与领导者之间的关系不构成公共关系，因此，下级和上级之间的利益也常常是脱节的。

经济制度改革打破了原有的经济模式，特别是社会主义市场经济制度的确立，改变了企业和其他社会组织的社会经济角色，从而改变了旧有的经济关系，以企业为主体的许多社会组织被推入市场。这些社会组织不得不遵循市场经济的自愿交换、自愿合作、自由选择和分散化决策等基本法则。企业面对市场经济条件下客观而无情的竞争，不得不认真对待内外公众，认真利用传播媒介收集公众信息、环境信息、市场信息，同时向公众传播组织自身的各种信息，并在双向传播、双向沟通中实现对称平衡，以改善组织内部的经营管理，提高组织的决策能力，塑造自身的良好形象。

其次，政治体制改革需要公共关系。经济制度的转型要求政治制度作相应的改革。随着我国社会主义市场经济体制的逐步建立和不断完善，必须建立与之相应的社会主义民主政治体制，以肯定、维护、坚持在市场经济中形成的新的社会组织关系、社会群体关系和社会个体关系，把以前组织之间或组织内外的条块分割关系、上下级关系、领导与被领导关系、指挥与服从的关系认同为民主、科学、合作的公共关系。只有这样才能维护、协调新经济体制确立的社会经济关系。各种社会组织必须学会利用公共关系的原理、法则，运用沟通技巧，履行民主责任，在尊重他人民主的同时，维护自身的民主权利。从政府的角度讲，新的经济、政治体制要求把基层的群众当做公众，而不是当做一群只能服从、只能听命的生物个体。公众是有自身独特利益的，他们的利益与政府的利益休戚相关，不尊重公众的利益，就是不尊重政府自身。从公共关系的角度看，只有真正意义上的民主政府才可能真正成为真正意义上的社会主义政府。

十一届三中全会后的对外开放政策，使公共关系在我国由可能变为现实。邓小平说：“社会主义要赢得与资本主义相比较的优势，就必须大胆地吸收和借鉴人类社会创造的一切文明成果，吸收和借鉴当今世界各国包括资本主义发达国家的一切反映现代社会化生产规律的先进经营方式、管理方法。”公共关系就是这种吸收和借鉴的最好成果。对外开放之前，虽然我国已经开始进入工业文明的时代，但中国的社会关系大多仍停留在乡土关系的水平。由于没有法人的存在和公众观念，改革开放前的社会关系还没有真正意义上的市场关系。但开放的确使国人大开眼界，我们真正看到，在这个地球上生存的不同文化的人越来越分不开了。因此，只有在相互尊重、相互接触中才能求生存、求发展。于是，我们不仅研究国家内部的组织与公众应怎样相处，而且开始研究不同的文化之间如何实现跨文化沟通(Cross-culture Communication)。同时，需要研究如何从乡土关系进到国家关系，进到地球村关系，进到市场关系，进到跨文化关系(Cross-culture Relations)；由以礼为主维持的人际关系推进到以法为主维持的公共关系。

(二)社会主义市场经济促使公共关系得以广泛发展

公共关系是人类社会在商品经济发展到一定历史阶段的产物，是市场经济制度完备条件下的产物。这一历史事实说明，今天，公共关系只有在商品社会、市场经济条件下，才有其生长发育的土壤。1984 年，中国共产党十二届三中全会作出了关于经济体制改革的决定。在这个决定中，明确提出要下放过于集中的权力，扩大企业的自主权，增强企业活力，使企业逐渐成为相对独立的经济主体。这个决定为我国市场经济体制的建立打下了良好的基础。1992 年，党的第十四次全国代表大会明确提出建立社会主义市场经济体制。此后，随着我国市场经济体制的孕育和发展，企业和其他社会组织开始以独立的法人资格走向市场，它们更加注意协调组织与内部职工、股东的关系，组织与其他相关公众，如原材料供应者、产品消费者、政府、新闻传媒的关系，以便在激烈的市场竞争中立于不败之地。

社会主义市场经济不是传统的指令性计划经济，其运行规则和方法同资本主义市场经济具有一定的共性。邓小平说，社会主义的市场经济方法上基本和资本主义相似。这种共性或相似性主要表现在以下几点：第一，承认个人和企业等市场主体的独立性，它们自主决策，并独立承担经济风险；第二，具有竞争性的市场体系，价格随市场供求关系而变化，由市场决定生产要求和商品的流动，让市场在调控资源配置方面发挥主要作用；第三，具有有效的宏观经济调控机制，对市场起导向和监控作用；第四，具有与一定时期经济状况相一致的较完备的经济法规，确保经济运行的法制化；第五，遵循国际经济交往中通行的规则和惯例。市场经济的这些共同特征，要求个人和企业等市场主体认真处理好组织内外的各种关系，用公共关系去增强自身的凝聚力和吸引力，使组织的发展与公众利益和社会整体利益基本一致，随市场关系的发展变化，找准组织所在的方位，并以此作为塑造自身形象的依据，提高其知名度和美誉度。

二、公共关系在我国的历程

20 世纪 60 年代，欧、美、日的一些跨国公司开始在香港、台湾地区的一些大公司内设立公共关系机构，从而推动了这些大公司生产和商贸业务的发展；20 世纪 70 年代，公共关系在香港地区迅速发展；到了 20 世纪 80 年代，香港地区的公共关系专业公司已达 20 多家，此外还有许多兼营公司，企业公共关系已得到普及。

在改革开放政策作用下，1980 年我国开始在深圳、珠海、汕头试办经济特区。1981 年，公共关系部作为企业经营管理的艺术手段在深圳的一些中外合资企业中出现。不过，这些合资企业主要还限于宾馆、酒家，公关工作的从业者几乎全是外表漂亮的女性。这种现象通过传媒介绍到内地后，人们一是感到新鲜新奇，二是由此形成了一系列先入为主的对公共关系的错误印象和错误观念，如“公关无学问”、“从业者一定要外表美丽”，甚至“公关就是女人攻男人的关”、“公关就是三陪”等。这类观念的影响是深远的，时至今日，仍然有人有这类观念。

1984 年 9 月，我国第一家国有企业公关部——广州白云山制药厂公共关系部正式成立。

从 20 世纪 80 年代初开始，我国从事人文社会科学研究教学的专家学者，开始从理论上系统研究公共关系，开始利用翻译资料、举办讲座等手段陆续把别国的公关理论和实践经验介绍到国内。1985 年，深圳大学传播系创办了国内高校的第一个公共关系专业，并开始招收公关专业的大专学生。

随着我国对外开放步伐的加快，国外许多有名的公关公司也开始看好中国的公关市场。1984 年 10 月，美国的希尔—诺顿公司在北京设立了办事处。1985 年，两家世界上最有影响的公关公司——伟达公司和博雅公司先后进入我国。其中，博雅公司与中国新闻发展公司达成协议，成立了我国第一家专业公关公司——中国环球公共关系公司。

回顾公共关系在我国的初期发展，既有“拿来主义”的影响，有照搬照抄的现象，也有人家主动上门现身说法的因素；既有对公共关系的新奇意识和探索精神，也有不求甚解、“盲人摸象”的情形。

在 1986～1989 年期间，我国呈现了第一个“公关潮”，其标志是公共关系的理论研究十分活跃，理论成果十分丰富，专著、教材、论文形式的理论成果已经遍及全国各地。公共关系专业期刊开始出现，各种培训班、学术讲座广泛开办，许多大专院校先后开办了公共关系选修课或必修课。许多国有大中型企业领导成为地方“公共关系协会”或“公共关系俱乐部”成员，并在企业内部设立公共关系部。1986 年 12 月，上海成立了全国第一家省级公共关系协会。1987 年 5 月，中国公共关系协会在北京正式成立。在此前后，全国各省、直辖市、自治区以及若干大中城市相继成立了地方性公共关系协会或学会。许多企业内部的公关机构刚刚开始工作，就取得了较大的实践成果。例如，“健力宝”等公司的公关活动就在全国范围内产生了轰动效应。此外，在此期间，国际著名公关公司抢先登陆中国市场。美国之音曾报道说“中国是一块肥沃的公关市场”，这对世界上的大型公关公司无疑是一个振奋人心的好消息。捷足先登的是世界上最早诞生(1927年)也是当今世界第二大公关公司的希尔一诺顿公关公司，1984年率先在北京设立了办事处。1985年8月，世界上最大的公共关系公司博雅(1930年)和中国新华社下属的中国新闻发展公司联手成立了中国第一家公共关系公司——中国环球公共关系公司。他们带来的新思路及新的国际操作规范都极大地催生了我们本地公关公司的出现和成长。

在第一次“公关潮”期间，虽然有机械模仿、层次较低、良莠不齐、鱼龙混杂等情况，但是，理论上和实践上的“百家争鸣、百花齐放”局面却为后来公共关系的发展打下了较好的基础。

20世纪90年代，可以说是中国的第二次“公关潮”。这次公关潮到来的标志有四个。第一，中国的公共关系得到党和国家领导人的关注。例如，1991年5月，当中国公共关系协会在北京召开全国公共关系工作会议时，李瑞环、薄一波分别为大会写了贺词。李瑞环在贺词中说：“中国公共关系事业的发展，是中国改革开放的必然趋势，它以新型的管理科学，协调社会各方面的关系，密切党和群众的联系，调动各种积极因素，维护安定团结，促进社会主义建设。”薄一波的贺词中希望中国的公共关系事业能“总结经验，纠正缺点，坚持真理，为建设有中国特色的社会主义公共关系继续奋斗”。第二，公共关系的实践活动从自发走向自为，从盲目走向自觉，从照搬照抄走向自主创造，出现了当时以郑州亚细亚商场、广东太阳神集团公司、杭州娃哈哈集团公司等为代表的一大批公关工作成就显著的社会组织。第三，公共关系的理论研究日趋成熟，专业人才培养开始发力。到1995年为止，我国公开出版的公共关系专著、教材、译著、工具书等已达500多种，其中具有代表性的有全国通用教材《公共关系学》、《中国公共关系教程》、《中国公共关系大辞典》等。1990年，中国公共关系学会在河北主持召开了全国第一届公共关系理论研讨会。1991年和1992年又先后在上海、福建召开了第二届、第三届公共关系理论研讨会。这几次会议分别讨论了“公共关系与社会发展”、“公共关系与改革开放”、“公共关系与经济建设”等问题，第四届、第五届全国研讨会分别讨论了“公共关系与市场文化”、“公共关系策划”等主题。另外，全国许多高校开始招收公共关系专业的专科生、本科生。1995年，原西南师范大学在全国率先招收公共关系方向的硕士研究生；到1998年前后，复旦大学等高校开始招收公共关系方向的博士研究生。第四，在学习、借鉴国外先进公关理论、公关技巧的基础上，以“洋为中用、推陈出新”为指导，理论界、实践界对逐步形成中国特色的公共关系理论达成了基本的共识。这种共识简单地说就是以马克思主义、毛泽东思想为指导，坚持党的基本路线，为建设社会主义的物质文明和精神文明服务，不断随实践发展扩展公共关系的内涵和服务领域、服务方式；树立新时代公关人才观，老中青年相结合，最大限度挖掘公关人才的潜力；理顺社会主义市场经济条件下的国家、社会组织、公众之间的利益关系，以求互利互惠、共同发展；本着真诚服务的精神，为推动公益事业和促进社会整体发展多作贡献；注意公关人才培养，提高职业道德水平，提高服务层次，增进服务效益，从服务中谋求自身效益，塑造自身形象；继承我国的优秀文化传统，学习国外的先进经验；坚持“古为今用、洋为中用”，坚持理论和实践相结合的原则；公共关系的实践操作者和理论研究者互相学习，互相帮助，不断总结，升华实践经验，探索公共关系发展规律；扩展、加强和改进大专院校的公共关系教学和研究，坚持开展全国性、地方性、行业性的公关经验交流和理论研讨，以保证公共关系理论和实践活动的健康发展。

进入 21 世纪，我国公共关系的发展呈现以下特点：

第一，中国的公关市场开始初步成型。目前，在中国大陆注册的公关公司 3000 余家。各种形式、层次的公共关系组织纷纷成立，其中以中国公共关系协会、中国国际公关协会 CIPRA 为最大、最有影响力的组织。这些组织和机构每年都举办定期和不定期的业界盛会，邀请国内外公关教育界、实业界及新闻媒体的朋友参加，进行各种奖项的评比、举行研讨会、相互沟通信息等。经过多年的发展，许多公关组织与机构的运作渐渐开始走向专业化、市场化、职业化，服务开始系统化、立体化。

第二，公关教育经过多年的风风雨雨，目前基本形成立体多维的学历和非学历交叉并存的局面。从低级到高级，公关教育的具体种类有业余培训、函授教育、全日制普通高中职业教育、专科教育、全日制本科教育以及最高层次的公共关系专业方向的硕士研究生和博士研究生的培养。

第三，公关从业人员的职业身份得到正式确认。国家劳动和社会保障部于 1997 年 11 月 15 日成立了中国公共关系职业审定委员会。该委员会首先为公关职业定下了“公关员”的职业名称，并正式列入了《中国职业大典》，这标志着国家已正式承认公共关系这一职业；二是制定了公关人员的国家职业标准和考核规范；三是正式编撰出版了权威性的培训教材，《公关员职业培训和鉴定教材》；四是于 2000 年 12 月 3 日，在全国范围内举行第一次公关员职业资格上岗全国统考。这标志着我国的公共关系开始真正走上职业化和行业化的道路，真正意义上的职业公关人才将不断涌现。这不仅推进了公关职业的成熟发展，并极大地推进了中国公关业进入国际化运作轨道，同时必将为中国经济真正融入全球化发挥巨大作用。

回顾公共关系在我国走过的道路，我们不难发现，公共关系对我国现代化建设事业的推动作用是重大的、全方位的。

在经济建设方面，虽然是改革开放和经济建设的需要将公共关系迎进国门的，但是，公共关系对我国市场经济制度的创立和发展的推动作用却是相当巨大的。具体说来，即是公共关系对于促进人们由指令性计划经济向市场经济的过渡在观念上起了推动作用。例如，公共关系的“公众”观念帮助人们开阔了市场眼界，开阔了社会组织向外扩展市场的视野；CIS（企业形象战略）理论使许多企业开始全方位追求自己的形象，公共关系的传播理论与技巧使这种追求成为可能。在许许多多著名企业集团的成长史上，甚至在2008年北京奥运会、2010年上海世博会的成功申办与主办上等都可以明显地看到公共关系的重大推动作用。

在精神文明建设方面，以社会主义市场经济为基础的道德建设和思想文化建设都与传统的精神文明建设有许多不相同之处，许多东西都需要人们转换观念，转换思维方式，克服传统的思维定式，形成与社会主义市场经济的本质和规律基本一致的价值观、道德伦理观，而公共关系的互利观念、长远观念、真诚观念等有助于这种转换的实现。如果人们仅仅是停留在市场经济交换、竞争的表面，那就很容易在观念上对它产生误解，产生巧取豪夺、尔虞我诈、“今朝有酒今朝醉”、“他人即是地狱”、“人对人是狼”等错误观念。受这些观念的引导，人们很容易用短期行为追求短时效应，甚至采取为达目的不择手段、进行坑蒙拐骗等不道德行为。公共关系倡导的公众观念、合作观念、沟通观念、长远观念等无疑有助于纠正人们的认识偏差。

公共关系在促进市场经济体制建立的同时，直接或间接地创造了大量的物质财富。公共关系是一种软科学，它的主要作用是在塑造组织形象的同时，为社会组织创造无形资产和有形财富奠定坚实的基础和提供坚强的后盾。权威人士打过一个比方：假如世界著名软饮料可口可乐公司遍及全球的工厂在一夜之间全部被烧光，那么，第二天全世界主要报刊的头条新闻就将是“各国金融巨头争先恐后向它贷款”。这就是企业形象的魅力，这就是公共关系的价值。公共关系虽然进入我国的时间不长，我们也还没有系统的形象评估制度，但是，近年来，许许多多街头小店一跃成为全国闻名的商贸集团，不少乡镇小厂、街道小微企业很快成为大企业、成为跨国公司的实例，无不凝结着公共关系的功劳，无不依靠着企业形象的先导作用。

第三章 现代公共关系观念系统

第三章　现代公共关系观念系统

公共关系是现代社会组织在一定的观念指导下开展的活动。要在我国借鉴和运用现代公共关系使其能健康、持久、科学地发展下去，首要的任务是通过各种途径修正、普及和提高人们的公共关系观念。公共关系观念是一个系统，由关于主体的观念、关于客体的观念、关于主客体关系的观念三个子系统构成。

第一节　关于主体的观念

观念，即看法、思想，是理性认识的成果。公共关系观念，即人们对公共关系的本质、特点、运行措施和目的等的看法和认识。所谓关于公关主体的观念，指的是公关主体对从事公关活动的自我认识，包括自我观念、形象观念、质量观念、服务观念、真诚观念等。

一、主体的含义与类型

公共关系既是一个由活动构成的过程，又是一个由各种因素构成的系统。如果从系统的角度对它进行分解，我们会发现，它是由三大要素构成的，即主体（社会组织）、客体（公众）和中介（传播）。

公共关系的主体是指通过传播活动影响其他社会组织、群体和个人，以求塑造自身形象的社会组织。

从以上这个界定可以看出，公共关系的主体是社会组织。社会组织是人们有目的、有计划地建立起来的一种有领导、有分工、有工作制度的社会机构。这种社会机构可能是企业，也可能是学校、医院、政府、部队等等。

作为公共关系主体的社会组织的工作目标是塑造自身的完美形象。衡量组织形象的基本指标有两个：一个是知名度，另一个是美誉度。

公关主体影响公众、塑造自身形象的主要手段和途径是传播。

公共关系的主体可以按照不同的标准进行分类：

以是否用公共关系的观念为指导，是否自觉按照公共关系的原则和方法进行运作为标准，可以将其划分为潜在的公共关系主体和现实的公共关系主体。一切健全的市场组织在市场经济条件下，都拥有成为公共关系主体的资格，拥有成为公共关系主体的基本条件。问题只是我国的市场经济制度才建立不久，许多组织还没有意识到这种资格和条件，没有意识到通过传播影响公众、塑造自身良好形象的重要性。因此，我国目前面临一项重要任务，就是要普及公共关系知识，让更多的社会组织成为现实的公关主体。

以对公共关系的认识和运作水准来划分，可以将公共关系的主体分为自发的公共关系主体和自觉的公共关系主体。那些公关人员素质不高，工作能力不强，对公共关系有一定了解但了解还不够深入甚至有些片面的公关主体，是自发的公关主体；那些公关人员素质高、能力强，对公共关系有正确而深刻理解的公关主体，是自觉的公关主体。我国公关界目前面临的另一重要任务是提高公关人员的素质和能力，使他们真正懂得公共关系的基本原理、基本规律、操作技巧等；使更多的社会组织能科学合理地运用公共关系为自身服务，成为自觉自为的公关主体。

以我国目前公关主体所承担的职能，以是否赢利为标准，可以将我国的公关主体划分为企业型公关主体、事业单位型公关主体和政府型公关主体。

以社会组织的主要活动方式为标准，可以将公共关系主体划分为生产型公关主体、管理型公关主体、服务型公关主体等。

以社会组织的发展状况为标准，可以将公共关系主体划分为维系型公关主体和开拓型公关主体。

需要说明的是，以上划分是按不同标准对相同社会组织的划分，而不是按相同标准对不同社会组织的划分。

划分公共关系主体类型的意义在于：当公关人员在面对一个社会组织时，能比较准确地判断其公共关系的现状、性质和主要任务，使社会组织管理者能比较清醒地把握住目前组织自身属于什么类型的主体、公关工作处于什么状态，为今后的公关工作寻找进一步策划、运作的依据。

二、“自我”观念

社会组织生存发展的环境有两个：一个是自然界，一个是社会。历史发展到今天，人类不仅需要结成一定的组织与自然作斗争从中获取物质财富，而且还需学会协调之关系。从某种意义上说，公共关系学实际上就是一门分析、探讨如何为组织的形象定位，如何驾驭组织与组织、组织与个人之关系的学问。

在一定意义上，每一个公关主体都是一个独立的“自我”，其他相关组织和个人是它生存发展的社会环境。如何认识“自我”，如何在与自然和社会的关系中把握“自我”，是每一个希望塑造自身形象的组织必须认真考虑的问题。

公关主体应当看到“自我”的相对性。“自我”与社会环境的关系，实际上是一个“私”与“公”的关系、“小我”与“大我”的关系。

在现代社会，由于分工和协作关系的演化，“公”与“私”、“小我”与“大我”的差别是细微的、相对的，完全取决于一项事业或一项业务的大小。例如，在企业，虽然我们可以把某一分公司的利益看作是私，总公司的利益看作是公，但是，如果我们站在集团公司的角度来讲，集团公司的利益是“公”，总公司的利益又是“私”了。如果将这种关系再扩展到其他行业、民族、国家呢？情况就更为复杂。了解“公”与“私”、“环境”与“自我”的正确关系，以便在考虑“小我”的同时勿忘“大我”，在考虑“私”的时候勿忘“公”的存在，这对于社会组织更高、更远、更宽阔地树立“自我”形象观念，合理安排组织的形象定位是颇有益处的。

组织的“自我”地位不仅有空间上的相对性，在时间上也有相对性。受国家宏观调控、市场竞争状况、组织内部管理等因素的影响，组织的兴衰状况有时会变幻不定、难以预测。此时是一个大机构，彼时可能成为一个小团队；一个街道小厂，几年后可能成为跨国公司。这种状况要求公关主体充分看清“自我”的发展变化，既应看到“自我”的昨天和今天，更应看到组织的明天和后天，以便注意在形象设计、形象定位时留有充分的余地。

公关主体在确立“自我”观念时还应看到“自我”与“环境”间的相互渗透性。在市场经济条件下，特别是在有限责任股份制社会组织中，其成员、资产等因素往往是相互渗透、相互依赖、你中有我、我中有你的。譬如，一家股份制汽车公司，可能被某一物资公司控有20%的股份；同时，这家汽车公司自身也可能控有某一钢铁公司10%的股份；这家汽车公司的职工，可能持有其他企业的股票，因而又是其他企业的股东；其他企业的成员，也可能购有该汽车公司的股票，是该公司的股东。这种所有权关系、员工关系的错综复杂、变化不定的状况是组织在进行自我形象规划时必须清醒地意识到的。

物质世界的各种事物是相互联系的，社会是由人和以人为具体的社会组织结成的复杂的网，每一网线或网上纽结都不可能脱离其他的网线和纽结而单独存在，每一组成部分都不能脱离整体而单独存在。社会组织只有树立科学的“自我观念”，随时注意根据变化着的情况调整自己的形象定位，才可能有效地在市场竞争中使自己的形象由小到大、由弱到强。

三、形象观念

任何事物都有内容和形式两个方面，内容和形式的关系是辩证统一的。没有无内容的空洞形式，也没有无形式的纯粹内容；如果事物的内容是丰富多样的，则形式也应是绚丽多彩的。我们知道，内容决定形式，应当反对形式主义；但形式也绝不是无关紧要的，相反，形式对内容有巨大的反作用，它可能保护内容，促进内容的发展，也可能破坏内容，阻碍内容的发展。

组织形象，是公众对组织的总体印象或评价，是公众对社会组织由其内在特点所决定的外在表现的总体印象或评价。组织形象既有内容的因素，也有形式的因素，是公众对一个组织机构的整体即总和的评价，是公众对一个社会组织的内容和形式的整体反映。

在一定程度上我们可以这么说，社会组织形象的内在要素包括组织的设备、融资、人员素质、文化特征、组织风格、服务质量等；社会组织形象的外在要素包括职工外在形象、产品外观形象以及名称、徽标、门面、笺封等。内在要素与外在要素是不可分割的，社会组织应当树立全面的形象观念。

社会组织的完整形象 CIS(Corporate Identity System)也可以看做是由理念识别系统 MI(Mind Identity)、行为识别系统 BI(Behavior Identity)、视觉识别系统 VI(Visual Identity)的综合体。台湾 CI 专家林磐耸先生认为，这个综合体好比是一个人，MI 是心，BI 是手和脚，VI 是脸。从里到外，心(MI)是求真的，手和脚(BI)是求善的，脸(VI)是求美的，是要把自己最美的一面表现出来让人喜欢的。总体来说，组织形象应是真、善、美的统一，是要把自己的内在精神理念透过具体的行为活动展现出最美的效果。

在一个相当长的时间内，我国的一些社会组织不太注重形象，缺乏形象观念。原因主要有以下三个方面。一是受中国传统文化的影响。与西方文化相比，东方文化，特别是华夏文化更注重内在修养，注重“内省”。虽然也有“秀外慧中”之说，但“慧中”是第一位的，甚至是压倒一切的。二是自近代以来，一直到新中国成立以前，中国一直处于积贫积弱的状态。新中国成立以后的消费文化必须提倡艰苦朴素。例如，在服饰上，“新三年，旧三年，缝缝补补再三年”被看成是一种崇高的美德。这种个体文化观念辐射到组织文化、商品文化上，就有了只注重内在品质、特别轻视外在形式，注重经久耐用、忽视外在包装的内在观念和外在行为。20 世纪 80 年代以前，我国大多数产品在国际市场上一直是“一流产品、二流包装、三流价钱”的事实恰好说明了这一点。三是在指令性计划经济条件下，中国的所有国营、集体企业在一定程度上都是封闭的整体。企业与企业、企业与社会之间没有竞争、没有选择、没有自主意识，任何一个组织生产的产品在某种意义上都具有“皇帝的女儿不愁嫁”的优势，因而也就无需具有形象观念。企业的这种状况在其他社会组织内也不同程度地存在着，导致了整个社会形象观念的淡薄。

自改革开放以来，中国逐渐以大胆、坦诚的态度面对整个世界，中国人民的物质文化生活水平和精神文化生活水平有了显著的改变。以服饰文化、家居文化为代表，中国人开始注重个人的仪表形象，注重个人的独特气质和口味。同时，由于社会主义市场经济正在把企业和其他社会组织推下市场之“海”，在市场上，公众的选择余地在逐渐扩大，本地区、本行业甚至全球性的竞争十分激烈，社会组织靠什么作为生存下去、发展下去的依托？主要是靠组织的 CIS，即组织形象战略或组织形象识别系统。从这种意义上说,形象也是生产力,良好的形象是社会组织生存发展的动力。

在商店里,商品虽然琳琅满目,令人眼花缭乱,但理性的顾客会比较容易地发现自己中意的品牌;采购员虽然面对各种广告、征订单的诱惑,但正直的采购员会毫不犹豫地选择质量、服务都信得过的产品;一家银行信用为AAA的企业,虽然也可能因国家紧缩银根、企业产品滞销或扩展规模而产生融资紧缺的状况,但很快会得到银行的理解和支持;一所医院服务态度好,病人治愈率高,就会有人千里求医;一所学校培养的学生学业优秀、行为典雅、气质出众、道德高尚,就会引来很多用人单位"抢购学生",家长们就会争先恐后,甚至不惜代价地把自己的子女送进这样的学校;一家小微企业,只要有"出世"的产品、精美的包装、完善的服务,又善于利用现代传媒,它就很可能迅速占领地方市场、全国市场以至国际市场。

一个组织的形象不是一成不变的,知名度与美誉度也并不一定是成正比的。一个一时名声大噪的商品品牌,可能很快因为市场上有更新、更好、更美的品牌出现而被公众遗忘;一个组织的名气大,如果不注重形象维护,其"臭名远扬"的可能性也就大。这就要求社会组织在公共关系活动中树立形象危机观念,科学地应对突发事件与形象危机,随时准备抓住因市场变化给组织带来的形象发展机遇,迎接市场发展给组织形象带来的挑战。

四、质量观念

质量是组织生存发展的命根子。在企业,产品质量和服务质量是命根子。质量低劣的组织是无所谓形象高大的。生产型企业的产品质量在影响其销路的同时,也在左右着购买该产品的公众心目中的形象。使用过劣质产品的顾客所憎恨的常常不是产品本身,而是生产这种产品的企业,而且,他们还极有可能在邻里、同行中营造与该产品、该企业有关的恶性舆论。"好事不出门,坏事传千里。"顾客这种一传十、十传百的人际传播,最终必将导致产品滞销,甚至毫无销路,企业也必然因此而遭受经济损失。服务型企业的服务质量对组织也有类似的影响。顾客的消费观念在不断变化。在我国,绝大多数城乡顾客已由数量消费过渡到质量消费乃至形象消费,即由单纯地追求商品数量的满足而发展到讲究商品质量和商品形象。大量城市顾客已经由质量消费过渡到感性消费和感情消费阶段,即要求商品内在质量、外在质量与服务质量的统一;人们希望在消费保质保量的物品的同时,消费一种高层次、高品位的文化。

在人们的消费观念由数量消费到质量消费再到感性、感情消费、形象消费的过渡过程中,质量始终是中介。如果一家商贸公司总是销售劣质产品,是不可能有长久的生命力的。管理型社会组织(如政府)的管理质量也同样影响着自身的生存状况。下属或选民如果能享受到高质量的管理服务,这样的管理组织就能赢得广泛支持和拥戴,就会充满生机与活力。相反,如果管理型组织不能为公众提供高质量的管理服务,如果政策、法令不得人心,管理者素质低下、态度蛮横,这样的管理组织的领导十有八九会被群众赶下台。

由此可见,质量是公关的基础。只有其产品或服务具有高质量、高品位的组织才有形象塑造的基础可言。质量是公关的基础,质量是公关的本体,质量是支撑公关工作的永恒的基本内容。

质量是内求团结的基础。高质量的组织能使员工获得荣誉感、自豪感,不仅能使内部职工形成凝聚力,而且能增加对外部人才的吸引力;质量低劣的组织往往人心涣散,对外部人才更无吸引力。质量也是外求发展的基础。只有高质量的组织才能赢得外部公众,才有现实的发展条件,才有远大的发展前程;低质量的企业是很难得到外部公众的合作、理解与支持的,即使得到了也会很快失去。

公共关系的质量观念应当聚焦在以下方面:

第一,产品质量。即产品的真实性、内在品质、耐久性、安全性等。每一个组织,无论是营利型组织还是非营利型组织,都在通过自己的劳动成果,有形或无形地为社会、为公众提供产品。高质量产品是良好形象的基石和核心。

第二,服务质量。即为公众、为社会公益事业服务的服务态度、服务技能、服务责任的水准。每个组织都在为社会提供服务,公共关系工作的主要目标就是通过为公众提供高质量的社会服务,赢得公众的理解、信任、合作和支持,赢得组织形象。

第三,职工质量。即职工的文化水准、道德风貌、精神状态、礼仪水准等。公众既通过产品、服务知觉组织形象,也通过其职工形象了解组织。职工素质高,组织在公众心目中的形象就高大;职工素质低,组织在公众心目中的形象就渺小。

第四,组织的外显事物的质量。即组织的名称、徽标、商标、代表包、门面装饰、名片、签封等的雅俗美丑等。组织外显事物的品味高、质量好,很容易留给公众良好的第一印象,为公众接受组织的其他形象要素打下基础。

第五,公关工作本身的质量,特别是传播的质量。即传播内容、传播工具、传播形式的质量。要尽量使公共传播工作做到公众喜闻乐见、赏心悦目,让高质量的传播工作把组织形象完整、准确、艺术地推入公众的心中。

五、服务观念

社会是一个有机联系的整体，每一个组织都不可能孤立地存在。社会整体性的一个显著特征是社会组织“细胞”之间的相互依存、相互服务。我国虽然允许一部分人先富起来，允许一些组织在市场竞争中获得更多更好的机遇和发展条件，但在本质上是反对“寄生”的。每一个社会组织都应清醒地意识到，作为公关主体所从事的一切活动，其根本目的都应当是为社会提供优良的服务。

一方面，市场经济中个人与组织分散化决策容易使人产生封闭的自我观念；另一方面，任何个人和组织如果希望在市场经济条件下开拓发展，就必须有崇高的服务意识。从形式上看，这是一对矛盾。但从内容上看，两者又必须统一起来。在市场经济条件下，每一个社会组织既是目的，又是手段，是目的和手段的统一。一个组织只有作为其他组织和公众的手段，才有可能实现自己的价值。组织实现自己的目的的过程也就是充当公众的手段的过程。组织只有为社会提供了优质服务，社会才会以效益的形式给组织以报偿。企业界有一句格言：“效益是社会对企业的服务和质量所给予的奖励。”这句话具有广泛的适用性。

公共关系主体通过传播媒介在公众面前塑造形象，应当被看成是一个为公众提供优质服务的过程。通过扩大知名度，把自己的产品和服务介绍给需要这种产品和服务的公众；通过提高美誉度，以反映组织为公众服务的水平和程度。在这种意义上讲，公关就是服务。

公共关系本身需要很多技术和艺术的东西，需要很多塑造形象的手段，这些东西或手段既可以用做客观介绍组织产品、真诚为公众服务的工具，也可以用做自吹自擂、对公众进行坑蒙拐骗的工具。社会组织只有彻底认清包括传播技术在内的其他公关手段的两重性，正确利用这些手段为公众服务，才可能真正实现“内求团结、外求发展”。

六、真诚观念

真诚是公关人员的基本信条。组织形象的好坏说到底不是由公关人员说了算，而是取决于公众的评判。公众期望与之打交道的社会组织能对自己以诚相待。组织在货真价实、质高价优的同时，对待公众真诚、坦诚、诚恳，就能赢得公众的好感。即使在组织的产品略有微瑕、服务稍有不周时，如能对公众以诚相告，也容易赢得他们的理解。相反，如果组织在公众面前以假乱真、以次充好、文过饰非、虚情假意，势必会引起公众的反感与憎恶；即使一时骗得公众的信任，当真相被揭露之后，组织必然面临灾难性的后果。

许多组织因真诚而赢得了公众的称道，赢得了自身的价值。一次，英国航空公司的一架波音747客机在东京起飞前，因机械故障，不得不向已购买该机机票飞往伦敦的191位乘客发出通知：008号航班将推迟20小时才能起飞，请各位旅客换乘其他航班。随后，其中190位乘客经劝说都乘别的航班走了，唯有一位叫大竹秀子的日本乘客对008号班机"情有独钟"，非008号班机不乘。在此情况下，008号班机在排除故障后，有353个座位的008号班机，只好载着大竹秀子一人开始了从东京到伦敦的1.3万千米的13小时长途飞行。大竹秀子被请到头等舱，6部电影和各式精美食品供她挑选；15名客舱服务员和6名机组人员热忱为她服务。英国航空公司在这个事件上表现出的诚实守信作风被传播媒介报道后，其顾客至上的形象一夜之间在航空界传为美谈，使千千万万乘客为之惊讶、赞叹，并以有机会乘上英航班机而自豪。

真诚还表现在处理与对手的关系上。对手与组织自身利益既是对立的，又是统一的。没有对手，也就没有服务对象、没有竞争和进取的外在动力。一个组织的对手主要有两类：一类是其产品或服务的使用者、享有者；另一类是为社会提供与本组织相同的产品或服务的组织。无论哪一种对手，与组织利益的对立都是明显的。一切社会组织都需要获利，消费者都希望少付钱；你的组织想提价销售，同行组织却可能搞薄利多销。一些组织的经营者或公关人员，过多地看到组织与对手利益对立的一面，很少看到彼此统一的一面。于是有的组织便利用产品或服务的虚假性、虚伪性，借助传媒去蒙骗公众获得暴利，这种行为与公关的宗旨是相违背的，其错误的后果也一定是严重的。

公关需要真诚，是因为组织的长远利益需要真诚，需要对消费者、对同行竞争对手以真诚待之。没有消费者，哪有生产者；没有产品使用者的利益，哪有生产厂家的利益；没有同行竞争对手的竞争，哪有市场的繁荣与活跃；没有市场的繁荣与活跃，哪有本组织发展的广阔前景？

虚假的东西可以获利，但只能获取一时一事的蝇头小利；虚伪的作风可以在一定条件下骗人，但绝不可能持久。

公关工作的真诚观念主要表现在以下方面：公关人员为公众服务的态度应真诚；要让公众感觉到可信、可亲、可敬；公关传播的内容要真诚，特别对组织的产品或服务的弱点、缺点、禁忌等要真心诚意地、明白无误地、直截了当地告知公众；要真诚地接受公众的意见、投诉和抱怨。

真诚并不等于没有秘密。每一个组织在市场竞争中要立于不败之地，就必须创造性地产生一些智力成果，这些成果在其他组织特别是同行竞争对手还不能取得的时候,就是一个组织的秘密。秘密的种类可能很多,有技术方面的,也有工艺方面的,有管理方面的,也有谋略方面的。在不损害公众利益的前提下,每一个组织都有保守自己秘密的权力;每个组织都有不蓄意刺探其他组织秘密的责任。

第二节 关于客体的观念

所谓关于客体的观念,是指公关主体在从事公关活动时,对于公众的认识和看法,其中应包括公众观念、社会整体观念、客体利益需求具有合理性的观念、差异观念等。

一、公众观念

公共关系的客体即公共关系的对象,也就是公众。

公众,在不同学科领域中的含义有一定的区别。在社会学中,公众是指与某一社会、某一地区、某一事件、某一问题相关的大多数人,与大众同义。在公共关系学中,公众是指与某一社会组织有一定利益联系或利害关系的群体和个人。所谓主体应具有公众观念,是说组织在谋取自身利益、塑造自身形象时,应当考虑到公众的利益,任何社会组织都应该对公众履行自己的社会责任。

主体之所以应具备公众观念,首先是因为公众是社会组织存在发展的基础和条件。有无公众,是有无组织存在的标志;没有公众,也就无所谓组织。公众的多少,是组织规模的标志。公众多,组织规模则可能较大;公众少,组织规模则可能较小。公众的舆论性质,是组织形象的标志。舆论认为组织不错,可靠可信,则组织的形象自然高大;反之,舆论认为组织可憎可恶,则组织形象必然渺小。公众对组织的向背,是组织能否获利的标志。公众向心于组织,主动获取组织的服务,使用组织的产品,则组织获利必然丰厚;反之,公众不愿享用组织的服务或产品,则组织获利必然微薄。

主体之所以需要有公众观念,还在于公众在公共关系中并不是消极被动的,而是具有相对的独立性和能动的反作用的,具体表现在公关活动对客体作用的结果常常是不以主体的意志为转移的。公关主体发出的信息,公众可以关注,也可以不关注;可以积极反应,也可以消极观望,还可以反其道而行之。主体的价值期待、利益期求,客体可以主动满足,也可以不予考虑。从科学把握主体和客体的关系角度讲，每一个社会组织都应当具备自觉的公众观念，科学地引导客体的相对独立性和能动反作用使之为主体服务。

首先，公众观念的核心问题是公众的利益。是尊重公众的利益、主动满足公众的利益，还是无视公众的利益、侵占公众的利益，这是有无公众观念的根本区别。有的组织在公众面前贪得无厌、唯利是图，最后势必触怒公众，引起公众的反感与排斥。这样的组织是不可能有什么长远利益和高大形象的。相反，有的组织视公众为"上帝"，或把公众当做"衣食父母"、"兄弟姐妹"，想公众之所想，急公众之所急，把产品和服务能满足公众的利益需求看成是自己的第一需要。这种社会组织不仅能在公众心目中树立起良好的整体印象和评价，而且也一定会获得公众长久的利益回馈。

其次，公众观念还有个价值取向的问题。在社会组织如何对待不同公众的问题上，什么是科学的价值取向呢？应当是对各种类型的公众一视同仁。面对不同的公众，在情感上给予相同的尊重，在利益上用相同的尺度予以满足。有的组织不能做到这一点，认人唯"钱"，认众唯"利"，对有钱、钱多或位高权重的公众或无权无势的普通老百姓阿谀奉承、百般殷勤，对无钱、钱少的公众或无权无势的普通老百姓则恶语相伤、百般刁难，这类组织没有事物的变化发展观念，看不到市场经济条件下瞬息万变的公众状况，他们头脑中的公众观念是偏颇的，因而也不会有健全的、经久不衰的组织形象。这种公众观念在很大程度上是指令性计划经济体制或官本位政治体制的后遗症，在政府组织或事业型社会组织中比较多见。在社会主义市场经济条件下，如果这样的组织不转变观念，不主动适应新情况、新问题，其形象的发展也是会受到影响的。

二、社会整体观念

所谓社会整体观念，是指公关主体对社会的整体性、客体的整体性、主体在社会整体中的地位和作用的有限性和变动性的认识和理念。

主体是否具有社会整体观念，对组织形象的建立和发展有着重要影响。首先，社会整体性观念是组织运筹和策划其形象的主要前提。组织的形象是相对于社会整体而言的，没有其他社会组织的存在作比较，也就无所谓某一组织的形象。其次，社会整体性观念的状况决定组织形象的状况。一般说来，社会整体性观念越强，组织形象的发展动力就越大，前景就越广阔；社会整体观念越弱，甚至没有整体观念、夜郎自大、唯我独尊，就缺乏塑造组织形象的内在动力，也不可能真正扩大组织的知名度，提高其美誉度。

树立社会整体观念，需要尊重社会的整体利益，把社会整体利益的实现看成是组织自身利益实现的前提条件，把公众利益和社会整体利益放在组织自身利益之上，让组织利益服从公众利益和社会整体利益。

树立社会整体观念，很重要的一点，就是需要社会组织充分认识客体——公众的整体性。公众虽然有群体与个体之分，有各种类型之别，有层次的差异，还有利益需求之不同，但是，他们对组织形象的认识和评价尺度在本质上都具有一致性，他们的舆论对组织所在社会环境的影响具有一致性，各种公众对社会环境的作用也是相互渗透的。

树立社会整体观念还需要社会组织认清自身与社会整体的关系，认清本组织在社会整体中的地位。每一社会组织与整个社会的关系都是局部与整体的关系，社会虽是由局部构成的，但局部绝对离不开整体；特别是在整个社会的向心力很强，社会发展十分稳定的时候更是如此。在这种情况下，如果某一局部想脱离整体的轨道而发展，就会受到社会法律和其他社会机构、制度的约束和制裁。社会是一张巨大的网，每一个组织都是这张网上的一个纽结。找准自己的方位，坚守自己的纽结，发挥其应有的作用，既是社会的要求，更应成为组织的自觉行动。妄自尊大或妄自菲薄，都可能影响组织形象的塑造和组织功能的发挥。

三、利益需求合理性的观念

在公关主体与公关客体之间，存在着许多矛盾。在各种复杂的矛盾背后，有一对矛盾始终居于根本性地位，那就是主体与客体之间的利益矛盾。

正确认识和处理主客体之间的利益矛盾、承认客体利益需求的合理性，有着重要的公关意义。

首先，是否承认和尊重客体利益需求的合理性，是主体对公共关系认识水平的标志。公共关系无论是塑造形象，还是内求团结、外求发展，都有一个满足公众的客观需要的问题。公众需要的内容很多，层次很复杂，但无论什么层次的什么需要，都包含着利益在内，都属于利益需求。抓住了公众的利益需求这一根本点，再通过公关的过程和技巧给予恰当的满足，就是抓住了公共关系的关键。否则，逆公众利益而上、不尊重和满足公众利益，就是与公共关系的内在本质背道而驰。

其次，承认和尊重公众利益需求的合理性，创造性地满足公众需要，便可创造性地完成公关任务。一个公众利益至上的组织，其知名度会随人际传播不胫而走，会不断形成大众传播媒介机构的“新闻眼”而受到广泛关注，组织的美誉度自然也会随之提高。

最后，承认和尊重公众利益要求的合理性是抓公关工作主要矛盾的需要。公关工作在很大程度上就是做公众的工作。用什么作指导去与公众打交道，去宣传公众、引导公众？靠什么去赢得公众的理解、信任、合作和支持？最好的办法莫过于去研究和满足公众的利益需要。抓住这一点就是抓住了要害、抓住了关键、抓住了主要矛盾。抓住并合理处理组织自身利益需求与公众需求的矛盾，必要时牺牲组织利益以满足公众的利益，就没有做不好的公关工作，没有完不成的公关任务。

怎样形成和信守公众需求合理性观念呢？

首先，需要明确公众需求与组织需求的正确关系：既要看到它们彼此对立的一面，更应看到它们统一的一面；既要看到因满足公众需要而需组织作出利益让步的一面，更应看到满足了公众利益，公众从总体上或长时期内就有可能给予组织物质利益和组织形象回馈的一面。

其次，需要正确认识满足公众利益需求的重要公共关系价值，看到尊重和满足公众合理的利益而自然形成的公关效应。

最后，在公关实践中把公众利益放在第一位。在对某一公关项目进行策划时，首先就应想到组织通过这一公关项目的策划能给公众带去什么利益。当某一公关计划处在执行过程中，应随时检查是否损害公众的合理利益需求；当进行公关总结评估时，应当回顾全部公关过程给公众到底办了哪些好事、实事，下一步的公关工作还能进一步为公众满足哪些利益需求。

四、差异观念

所谓主体关于客体的差异观念，是说社会组织的公关工作人员在公关活动中应当努力把握不同公众在认识水平、价值取向、兴趣偏好、思维方式、行为特点、利益要求等方面，由于年龄、性别、社会地位、周围环境的区别而形成的差别和不同，公关人员不能用同一思维方式、服务方式、工作方式去对待不同的公众。

公关人员的公众差异观念具有重要意义。首先，懂得了公众的差异性，公关人员就会主动考虑不同公众的不同特点，给予不同的公众以恰如其分的尊重，避免公关工作的盲目性，增强主动性，使公关工作的展开能更加顺利；其次，公关人员能自觉地在不同的公众面前调控自己的仪表仪态、言行举止，调整自己的思维方式和行为方式，准确地满足公众的精神需求，圆满完成公关任务。

怎样才能形成公众差异观念呢？首先，应当熟悉和了解矛盾普遍性和特殊性的相互关系原理。世界虽然统一于物质，但物质的形态却是千差万别的。用唯物辩证法的观点来看，世界上没有两片完全相同的树叶，每一滴露水在阳光的照耀下都反射出无穷无尽的色彩。公关人员应当从这种矛盾学说中得到启发，确立科学的公众差异观念。其次，应当懂得公众的差异是公关工作生机与活力的源泉。如果公众没有差别、完全同一，千人一面、万众一腔，就完全没有公关工作存在的必要。最后，公关人员在公关实践中应当认真去观察、分析、对待不同特点的公众，设身处地、推己及人地为公众想问题、谋利益，逐渐培养用不同的方式去满足不同公众客观需要的行为特征。

第三节　关于主客体关系的观念

所谓关于主客体关系的观念，是指公关主体把握、处理自我与公众间的关系的认识和思想，其中应包括互利观念、沟通观念、主客体关系不断发展变化的观念等。建立科学的公共关系观念系统，探索和开拓有中国特色的本土化的公共关系之路，是中国公共关系工作者的重要任务。

一、互利观念

公关主体与公关客体的关系是辩证的，它们既互相对抗，互相排斥，主体和客体都有自身的利益，有不同的期望；同时，它们又相互依存，相互贯通，主体之中有客体，客体中也有主体的因素。主体和客体缺一不可，双方都能为对方提供机会，主体和客体都能在正常的关系中从对方得到利益的满足。正确认识和把握主客体关系，需要有科学的主客体关系观念作指导。

所谓互利观念，是指主体在公关活动中，所应当具备的正确认识和处理客体关系，摆正彼此的利益关系，正确处理舍得关系，先舍后得；在利他中利己，在利己时不忘利他的思想观念。

公关主体应当认识到，主客体之间的关系从长远说来应当是一种双赢(Win-win)关系，也只能是一种双赢关系。无论是从宏观上还是从微观上，无论是组织的整体公关战略还是某一具体公关活动，只有客体赢得了组织的尊重，从组织的产品或服务中获得了物质和精神的满足，组织才有可能获得公众的良好口碑，获得公众的关注和赞誉；百姓只有在政府为百姓办了好事、实事，得到实惠的时候，才有可能信任和爱戴政府。

正确认识互利观念对组织开展公关活动的意义在于：首先，找到了公关工作的真正出发点——用满足公众的利益要求去赢得组织高大的形象;其次,互利观念是公关活动健康发展的准绳,是保证公关活动不偏离正轨的指南;最后,互利观念是评价公关活动效果的重要依据,主客体双方利益满足愈充分,公关活动的成果愈丰硕。

怎样才能形成关于主客体之间的互利观念呢?首先,需要正确认识主客体之间利益关系的客观性、贯通性。利益关系是一般社会关系的基础,任何组织与组织之间、组织与个人之间的交往,都存在着或明或暗、或显著或不显著、或这样或那样的利益关系。每一组织或个人的利益都与其他组织或个人的利益有着密切联系,组织和个人在社会交往中实现利益的平衡或互补。这种互需互补的利益关系可以用"你中有我,我中有你"来概括。其次,需要正确对待和处理公关活动中公众提出的功利需求,并对其合理部分尽量予以满足。一时缺少某些条件的,应在说明情况之后,努力创造条件给予满足;即使是完全不合情理的需求,也应站在公众的立场上考虑一下,耐心细致地向公众进行解释、说明,求得他们的理解、信任与合作;对于公众没有主动提出而组织又应当且能满足的需求,组织的公关人员如能主动给予满足,则对于培养互利观念,增强公关活动的效果更是意义重大。

互利并不一定是以物易物,也不是半斤对八两的"等价交换"。情感互悦,物质互惠,精神互助固然是互利;一方提供物质,另一方奉献情感也可能是互利;一方付出辛劳,另一方捧出敬意也可能是互利。问题的关键是双方在一定条件下各自需要什么。在马斯洛的需要层次框架内,相同层次的需要互换是互利,不同层次的需要互换也是互利。

二、沟通观念

主客体之间出现障碍或对立是难免的,解决障碍或对立的途径是沟通。公关工作在一定程度上说就是从事组织与公众之间的沟通工作。

主客体之间的利益差异是经常的、客观的,既可能有物质利益的差异,也可能有精神需求的差异,还可能有物质与精神相互之间的差异;有大利益的不同,也有小利益的区别。这些利益差异如果协调不好、处理不当,就有可能造成组织与公众之间的对立和冲突。

公共关系的重要职能之一就是要通过公关人员的努力,通过传播沟通,通过寻求公众的理解、合作与支持来协调和解决组织与公众的利益矛盾,引导这种矛盾朝健康、有序的方向发展,使其不要走向尖锐的对立和冲突。

公关主体之所以需要具备沟通观念,是因为:第一,组织与公众之间确有因利益差异而形成的障碍，这种障碍很可能演化成组织形象的破坏因素。第二，沟通是公关人员的重要职责，没有沟通任务就不需要公关人员；善于做组织与公众间的沟通工作，是公关人员忠于职守、尽职尽责的表现。第三，组织与公众之间的有些关系障碍，可能是因为彼此的误解而造成的，如果公关人员能及时在沟通观念指导下展开工作，就有可能及时清除误解，理清关系。第四，沟通观念也是公关人员完成本职工作的重要保证，具备沟通观念的公关人员，就能及时发现组织与公众之间的矛盾，思考解决矛盾的方法，找出解决矛盾的措施；如果没有沟通观念，就有可能盲目乐观、无所事事，或面对问题束手无策、不知所措。第五，沟通观念能在组织与公众出现矛盾时“大事化小，小事化了”，能有效地推进组织与公众间的关系和谐发展。

沟通观念中应当包含沟通的方式。沟通的方式很多，既可以通过大众传播进行沟通，也可以通过组织传播、人际传播进行沟通；既可以用广而告之的方式进行沟通，也可以用个别访谈的方式进行沟通；既可以“走出去”沟通，也可以“请进来”沟通。

怎样才能形成公关工作所需要的沟通观念呢？首先，应当具备唯物辩证法的矛盾普遍性观念，懂得矛盾“无处不在，无时不有”的道理；懂得矛盾的双方由差异可能转化为激烈的冲突，也可能转化为共荣共长的道理，形成对组织与公众间的不和谐状况的科学认知。其次，应当明确组织与公众间利益需求差异的客观性和发展规律。第三，公关人员要培养以心换心，推己及人，“己所不欲，勿施于人”的思想品格。

三、主客体关系不断发展变化的观念

所谓主客体关系不断变化发展的观念，是指公关主体应当具备的、主体与客体之间的关系会随时间条件的改变而不断变化发展，并适时采取相应措施的思想观念。

和世界上的任何关系一样，公关主体与客体的关系是不断变化发展的。在市场经济条件下，这种主客体关系改变的速度往往更快。主客体关系改变的原因是多方面的：既有主体主动性方面的原因，即根据主体的意愿缔结或解除与客体的关系；也有客体主动性方面的原因，即客体主动要求与主体缔结某种关系或主动解除某种关系。主客体关系的形成、发展、演变还有可能是第三者的作用引起的，如政府的法律、法令，经纪人的穿针引线，人际传播的客观作用等，都可能影响主客体关系的变化。

主体具备主客体关系不断发展变化的观念具有重要意义。首先，这种观念能指导主体自觉地去缔结与组织形象、经济利益有关的各种公众关系，不断扩大组织知名度。其次，这种观念能引导主体居安思危，用脑、用心、用感情地维护和发展与各类公众已经缔结的各种良好关系，维护组织的既有形象地位，保护组织的美誉度。最后，能使主体合理应对相关公众与组织的关系在地位和作用方面的不断变化，不轻视“小公众”，不鄙弃弱公众，不排挤“暂时无用的公众”；在各种复杂的公众关系中，以公众利益和组织自身的形象为标准，不断打破公众关系的旧的平衡，追求更高层次、更高质量的新的平衡。

形成主客体关系不断发展变化的观念，首先，需要具备辩证唯物主义关于物质世界永恒运动、变化、发展的理论常识，懂得“万物皆流，万物皆变，无物常驻”的唯物辩证法的基本观点。其次，要在公关实践中，培养自己对各种现有主客体关系细微变化的观察力、识别力和判断力，学会见微知著，预测各种关系发展变化的基本趋势和方向。最后，要培养公关人员处变不惊的心理素质。当各种变化发生时，尤其是各种重大关系突然改变时，当组织面临公关或形象危机时，能沉着冷静、泰然自若地采取应对措施。特别是在公众关系出现恶变时，能挽狂澜于既倒，扶大厦于将倾，使危机关系化险为夷、转“危”为“机”，即将危险转化为机遇。

当然，主客体关系的变化虽然是绝对的、不以人的意志为转移的，但也不是毫无稳定性的，不是永远捉摸不定的。在各种复杂的变化后面，总是蕴含着必然的客观规律，这种客观规律只要公关人员能认真探索和分析，是能够认识和掌握的。

四、探索和开拓有中国特色的公共关系之路

虽然公共关系是现代市场经济社会的必然产物，是人类社会关系发展的必然环节，但是，由于历史的原因，当代中国属于转型社会，公共关系毕竟是“舶来品”、“进口货”。现代公共关系的基本原理和规律一方面有着广泛适用的共性，另一方面又要面对各个地区、国家特殊的个性。在中国发展公共关系，必须首先研究和考察中国的地域环境、历史沿革、传统文化、社会制度的个性或特殊性；既要注意公共关系反映现代化生产方式的客观要求这一面，更要重视中国市场经济的具体特征。每个国家的基础不同，历史不同，所处的环境不同，左邻右舍不同，还有其他许多不同，别人的经验可以参考，但是不能照搬，中国的事情要按照中国的情况来办。

中国特色的公共关系，除了“公共关系”的共有特征外，主要应探索、实践的是“中国特色”。

公共关系事业的中国特色主要应当包含两个方面的含义：一是中国的民族文化传统特色，二是中国的社会主义特色。

首先,中国的公共关系必须吸收中国传统文化和我国人民社会交往、社会沟通实践中的精华。

值得现代中国公共关系吸收、继承的传统文化是十分丰富的,举例如下:

(1)孔孟的行"仁"为本思想

行"仁"重"义"是中国古代创立的伦理思想和人生哲学思想,其历史相当悠久,影响相当广泛。这种思想对于当代中国开展公共关系活动仍有十分重要的现实意义。

"仁"是孔子伦理思想的核心,其宗旨是"己欲立而立人,己欲达而达人",即自强不息,善为人谋,成己成人。"仁"是治国安邦的基础。"己所不欲,勿施于人"是"仁"的主要表现,是为人处世的基本原则。这一基本原则不仅对今天的中国人经营自己的组织仍有影响,而且被欧洲商界许多人奉为经商、立信的黄金法则。

孟子在孔子"仁"的学说基础上,提出了"性善论"。他认为人生来就有向善的可能。因为,"恻隐之心,人皆有之;羞恶之心,人皆有之;恭敬之心,人皆有之;是非之心,人皆有之。恻隐之心,仁也;羞恶之心,义也;恭敬之心,礼也;是非之心,智也。"他把孔子的"仁"与"义"结合起来,主张在社会交往中要奉行仁义。他说:"仁,人心也;义,人路也。"人应当以仁义为准则,不断地"思诚"、"养气",使行为建立在"诚"的基础上。毫无疑问,孔孟的行"仁"为本、追求至诚的思想,对于今天的中国公共关系从业人员形成诚实、诚意的良好道德品行,对于社会组织塑造"克己爱人"的形象有着重要的借鉴意义。

(2)墨翟的"兼爱互利"观念

墨翟在中国的人际交往理论中最早提出功利主义观念,其理论表现就是"兼爱"。"兼爱"是墨翟伦理思想的核心。他主张人应当"兼爱互利"。他追求、倡导的理想人格是"有力以劳人,有财以分人,有道以教人",主张"爱人犹己"。他倡导功利,但不是一己私利,主张"兴天下之利,除天下之害"。墨子还在伦理观上提出了动机和效果统一论,主张关心百姓疾苦,反对个人享乐。学习和借鉴墨翟的这些思想对于社会组织形成"互利观念"、"公众需求合理性观念"、"社会整体观念"等,有着十分重要的作用。

(3)讲"礼"重"信"

"礼"是古代儒家思想的重要内容。所谓"礼",从礼节、礼貌的含义说,主要强调待人以恭敬、平等、谦和、友爱。孔子说:"不知礼,无以立。""上好礼,民易使。"荀况更把"礼"看做是人生的根本目的和社会交往的最高理想。他说:"礼者,人道之极也。"他认为"礼"既是人追求的目标、理想,又是人的行为过程,"人无礼则不生,事无礼则不成,国无礼则不宁。"

所谓“信”，即信义、信用，强调待人要言而有信，言行一致。孔子说：“民无信不立。”诚实守信、重情讲义是社会交往的准则；有教养的人在交往中应把社会道德和公共利益放在首位。应当重义轻利，而不应当把金钱、财富放在首位。“君子喻于义，小人喻于利。”“君子谋财，取之有道。”“富贵是人之所欲也，不以其道得之，不处也。”

中国古代的讲礼重信思想，后来被视为中华民族的传统美德。其内在的真谛与现代公共关系个人讲究礼仪、组织追求美誉的原则是一致的，仍然符合中国当代公共关系的基本精神。

(4)人和、中庸

“和”即和睦、和谐。“人和”是儒家思想的重要组成部分。孔子强调：“天下事，和为贵。”孟子说：“天时不如地利，地利不如人和。”自那以后，“人和”思想逐渐扩展到社会关系的各个方面。在经商理财中，古人特别强调“和气生财”；在治理国家时，不忘“人和国安”，力求“平章百姓，协和万邦”。

古人的这种“人和”观念对于社会组织内求团结、外求发展，构建和谐公众关系具有重要意义。

中庸，是中国古代哲学中一个含义丰富、内容深奥的哲学概念。中庸在社会关系方面的含义，简单地说，就是中和、适度，一种无过、无不及的状态，即“不偏之，谓之中，不易之，谓之庸。”中庸是许许多多中国人固守的行为准则。持中庸态度的人不走极端、居安中和、恰如其分、注重适度。这种态度固然有求稳怕乱、封闭保守、回避矛盾的倾向，但是，中庸的基本观念对于当代公共关系事业要注重分寸、掌握适度是很有积极意义的。

其次，当代中国的公共关系是社会主义性质的公共关系。

公共关系的社会主义性质，主要表现在以下几个方面：

(1)以马克思主义、毛泽东思想为指导。马克思主义是当代科学的世界观和方法论，是关于现代社会的本质和发展规律的科学。中国曾以马克思主义为指导，结合自身革命的具体实践，成功地在半殖民地半封建的社会基础上建立起社会主义新中国。今天，我们发展公共关系事业，必须继续坚持以马克思主义、毛泽东思想以及中国特色社会主义理论为指导，坚持理论与实践相结合，用马克思主义的立场、观点和方法，实事求是地分析和解决公共关系实践活动中可能出现的各种矛盾问题，建立符合中国历史和现实的公共关系理论体系。

(2)以社会主义市场经济制度为基础和背景。在社会主义市场经济制度条件下，组织与组织，个人与个人，个人与组织，个人、集体与社会有着共同的经济利益和共同的奋斗目标，尽管也存在着许多这样那样的矛盾，但这些矛盾在利益上不是根本对立的。这种矛盾一般不会表现为激烈的对抗,不会造成对社会财富的巨大破坏,而是可以通过国家宏观调控和社会组织、群众、个人的相互协调沟通来解决的。

(3)塑造组织形象是为了发展经济、满足人民群众不断增长的物质文化生活需要。社会主义的根本任务是解放和发展生产力。塑造组织形象的根本目的也是为了解放和发展社会生产力。社会主义发展生产力的根本目的是满足人民群众不断增长的物质生活和文化生活的需要,不断提高人民群众的物质文化生活的水平。因此,社会主义社会的社会组织塑造自身形象,不能以哄骗公众、牺牲公众利益为前提,而应当努力实现自身利益与公众利益的基本一致。在个人、集体、国家利益的关系出现矛盾时,应当力求使几方面的利益相结合,以大局为重,使局部利益服从整体利益,组织利益服从国家利益。

(4)使用大众传播手段时应客观公正,符合当今时代的道德准则。社会主义大众传播是我国政治、经济、文化的重要工具,具有严肃性和很高的可信度。公共关系在利用其塑造组织形象时,应力求做到实事求是,对公众负责。虚假的信息不仅对社会组织不利,会引起公众的反感,而且有损国家的形象。因此,"有偿新闻"、言过其实的广告等都应在杜绝之列。

(5)要从中国共产党正确处理各种关系的实践经验和理论学说中汲取营养。中国共产党是我国国内最大的政治组织,它的从小到大、由弱到强的成长历程是靠其正确的思想路线,靠其以此为指导正确地处理各种复杂的内外关系,靠其不懈地通过各种努力塑造维护自己的形象的。这些都是我们的公共关系事业应当认真研究、学习和应用的。

党在过去几十年中,所积累的这方面的实践经验和理论成果很多。

第一,一切从实际出发、实事求是的思想路线。这条思想路线无疑也应成为公共关系工作的思想路线。只有一切从实际出发、实事求是,才能真正赢得公众的理解和信任。在具体的公关活动中,坚持从实际出发、实事求是也许在某些时候、某些场合会陷于被动,甚至失利。但是,从长远来说,组织一定会从实事求是中赢得长远的利益。

第二,从群众中来,到群众中去的根本政治路线和组织路线。公共关系工作要取得成效,获得公众的合作与支持,就必须坚持在严肃、认真、细致的公关调查的基础上制订公关计划,并在实施计划的过程中不断收集公众的反应,形成及时准确的信息反馈,以便及时修改和调整公关计划。只要我们坚持"从公众中来,到公众中去",我们的公关工作就一定能取得预期的成效。

第三,自力更生、艰苦奋斗的优良传统和作风。我国还是发展中国家,我们的许多社会组织还并不十分富裕。因此，要在组织内部建立庞大的公关机构，要事事花巨资聘请公关顾问，要在公关活动中讲排场、摆阔气，显然不合时宜。因此，公关工作应以自力更生、艰苦奋斗的精神为依托，发挥现有人才的公关智慧和才能，立足组织内部，精打细算地进行公关策划和组织公关计划的实施。

第四，自我批评的作风。自我批评是党团结组织成员、优化内部结构、防微杜渐、吐故纳新的法宝，也是党维护自身形象、赢得广大人民群众理解和支持的重要法宝。今天的各种社会组织在各种公共关系活动中对于组织内部的缺点、不足一定不要遮掩，要敢于揭自己的短，敢于在公众面前暴露自己的产品、服务的弱点，敢于接受公众的批评与监督，诚恳地让组织"吃一堑，长一智"，使失败、失误真正成为成功、正确之母。

公共关系在加速我国市场经济的建设，发展社会生产力方面将大有用武之地。为了保障我国经济体制改革的成果，反映和服务社会主义市场经济的现实，我国的政治体制改革正在逐步走向深入，我国的社会主义法制建设正在逐步走向完备。我国社会主义民主政治体制的进步和完善必将为中国公共关系事业的发展提供强大的政治保障。

近年来，在经济全球化加速发展的新形势下，我们必须借鉴其他国家的经验和做法。在全方位、最大限度地加强对外合作、学习外国的先进经验、促进经济发展的过程中，我国的公共关系事业也必将获得新的突破。

我国历来十分重视精神文明建设。公共关系与精神文明的建设是密切相关的。一方面，在现代公共关系中通行的观念系统、工作准则对于市场经济条件下的精神文明建设必将起到一定的促进作用；另一方面，社会主义精神文明建设也有助于全体公关从业人员提高思想认识和道德水平，在公关工作中增强道德、法律意识，反对拜金主义、享乐主义和极端个人主义价值观。有社会主义精神文明作保障的社会主义公共关系事业一定会充满生机和活力。

第四章 公共关系的基本职能

第四章　公共关系的基本职能

公共关系的基本职能是指公共关系对社会组织及对个人、对整个社会所担负的基本职责和所发挥的作用。公共关系的基本职能是由其工作性质和目的所决定的。这就是通过科学的、有计划的、有步骤的公共关系活动，树立良好的组织形象，协调组织的内外关系。公共关系之所以能在现代组织中发展起来，除了有适合它生存的社会背景之外，根本的原因是它自身的基本职能对组织的生存和发展有着极为重要的价值。公共关系的基本职能主要有塑造形象和协调关系两个方面。了解公共关系的基本职能，将有助于我们明确公共关系的本质，更科学而有效地开展公共关系活动。

第一节 塑造形象

各种现代社会组织既互相依赖，又彼此激烈竞争。与此同时，各类组织的产品和服务日益同质化，如何形成对公众的吸引力，如何组织公众的注意，如何形成组织魅力，是每个社会组织都必须认真思考和努力探索的问题。良好的组织形象对于一个社会组织来说是无形的财富，它可以为社会组织的各种服务和产品创造出优良的营销环境，可以为社会组织吸引人才，集聚人才提供优越的环境条件；也有助于社会组织寻求可靠的原材料和合作伙伴，增加投资者信心，求得稳定而优惠的经销渠道，增进周围社区对组织的理解。

一、组织形象的含义与构成要素

"形象"一词的本意是指人与物的形态、相貌、外观等。公共关系中的组织形象，是指组织由其内在特点所决定的外在表现在公众心目中的整体印象或评价。组织形象是由丰富的内容和多样的形式构成的，因而需要从不同的方面去塑造和维护。组织形象的外在构成要素主要有产品形象、经营形象、员工形象、领导形象、环境形象、文化符号形象、标志形象等。

产品形象，是指通过组织的产品所反映出来的组织形象。除生产型企业的产品以外，餐馆的菜肴、出版社的书籍、电视台的节目、学校培养的学生等，都是特定组织的产品。产品形象是组织形象的基本要素。公众直接通过产品了解一个组织，组织通过产品去争取公众。产品形象是整个组织形象的主要物质载体。产品形象包括产品的质量、性能、包装、商标等方面的形象。

经营形象，是指通过组织的经营管理活动所展现的形象，它与组织各方面的行为有关，如经营作风和管理效率、财务资信和履行合同的信用、技术开发和市场拓展的业绩以及人事制度、就业条件、职工福利、价格策略、售后服务等等。

员工形象，是指通过组织成员所展现出来的形象，包括组织拥有的人才阵容以及各类人员的品行、素质、作风、能力、态度、仪表等。

环境形象，是指通过与组织相关的环境设施所展现的形象。包括组织的门面、招牌、楼宇、展览室、会客室、办公室、生产场地以及橱窗的陈设等。

文化符号形象，是指通过组织外在文化符号展现出来的形象。组织的特定文化符号体现着组织的特定风格。文化符号形象包括以组织理念为核心的组织口号、训诫、歌曲、旗帜、服饰、各种宣传品等方面的形象。

标志形象，是指通过标志及其应用系统所展现的组织形象。它能够帮助公众识别和记忆组织的形象。标志形象包括组织的名称、产品的商标、徽章或徽标、广告主题词和典型音乐、特定的字体和色彩、包装的设计、宣传品的格调等方面的形象。

以上组织形象的要素，还可以进一步从内涵和外显两个方面去理解。如质量和性能是产品形象的内涵，外观和包装是产品形象的外显；素质、能力等是员工形象的内涵，作风、仪表等是员工形象的外显；情调、风格、含义等是标志形象的内涵，商标、徽章等文字和图案设计是标志形象的外显等。

二、塑造组织形象的原则与方法

（一）塑造组织形象的原则

一个社会组织要在公众中树立起良好的形象不是一件容易的事。在塑造组织形象的过程中，一般来讲，应遵循下列基本原则：

1. 以优质产品和优良服务为基础的原则

一个社会组织不开展广泛的公共关系活动，不进行必要的对外宣传，不被社会公众所了解和认识，是不可能在社会公众中塑造起良好形象的。但是，任何一个社会组织在社会公众中树立起良好的形象，必须以优质产品和优良服务为基础。如果靠虚假的宣传来掩盖自己的缺点，把不符合公众利益的情形标榜、吹嘘为符合公众利益的东西，其结果只会适得其反，严重损害组织形象，给组织造成不可弥补的损失。例如，政府部门必须以为人民服务、为经济建设服务、为政清廉、办事效率高等为基础；旅游服务行业必须以提供充实的花色齐全的商品，开发优秀的旅游资源，建立对游客具有吸引力的旅游景点，提供多种服务项目、优良的服务设施和服务态度为基础；交通运输行业必须以提供安全、快捷、舒适、方便的交通工具和优良的服务态度为基础；生产型企业则必须以提供优质产品，不断开发新产品和严格遵守合同为基础，坚持“信誉第一、质量第一”的方针，以质量求生存，以质量求发展。质量关系组织的存亡，产品或服务的质量不好，必然影响组织的声誉，损害组织的形象，导致失去社会公众，失去市场，从而丧失经济效益或社会效益。所以，任何形象高大的社会组织总是非常重视服务和产品的质量，以提供优质产品和优良服务作为组织塑造良好形象的前提条件。

2. 有效性和长期性原则

公共关系活动是组织生存和发展的一种策略，其目标是促进组织的发展。因此，在塑造组织形象的过程中，必须努力贯彻和坚持有效性的原则。开展公共关系活动之前，要有周密的调查，制订具有实效性的计划；在方法上要讲求实效，不搞形式主义、不走过场、不搞花架子；要努力提高公共关系活动的效率，要使公众在与组织的互动过程中形成良好的态度，并不断“顺向强化”。

同时，塑造组织形象是社会组织的持久性战略目标，任何组织良好形象的建立都是长期努力的结果。社会组织在开展公共关系活动时，总是着眼于未来，以长远的目光来确定目标，制定战略和策略。随着社会经济、政治、文化的发展，公众的素质、价值观和实际需求也必然发生相应的变化，他们对组织形象的评价标准也会随之不断变化，期望值也只会越来越高。因此，社会组织必须适应公众变化着的评价标准和期望值，不断地改造和更新自身的形象。

3. 总体性和统一性原则

总体性是指把组织不自觉的、分散的、不连续的组织形象要素系统化、整体化和科学化。组织要对全体员工进行公共关系的基本知识、基础理论教育，要使全体职工自觉地意识到，组织形象在公众心目中都是整体的。每个职工都在不同程度上代表着组织的形象；每个职工自身形象的好坏，都或多或少地影响着组织的形象。要在职工中树立起每个人都与组织的形象休戚相关、都与组织的发展荣辱与共的意识。

现代组织要树立自己的形象，还必须制定统一的公共关系战略和策略，以统一和协调组织的全部公共关系活动，改变组织形象要素分散杂乱、相关部门各自为政的局面，尽量做到统一观念、全面规划、协调行动。一个组织的公共关系活动是一种全方位的活动。大量的公共关系工作，不可能全由公共关系部门来开展，还需要依靠其他职能部门分头进行，各职能部门面对的公众是不相同的，它们的活动方式也各有区别。

以企业来讲，供应部门对原材料供应者，销售部门对顾客和经销商，人力资源部门对职工，财务部门对金融、税收等机构，运输部门对交通部门等等，这些部门都要有公众意识，都要尽力开展公共关系活动。但是，如果这些职能部门都局限于本部门的眼光和要求，就难免会与企业内部其他部门的公关活动相抵触。这就需要通过公共关系部门把各职能部门分头进行的公共关系活动加以统一协调，使各部门工作相互促进、相互配合；当某一职能部门的活动与整体的活动相冲突时，就要设法使该部门的活动服从全企业的活动。

同时，在塑造组织形象、设计公共关系活动所追求的工作目标时也要注意统一和协调。例如，知名度和美誉度的统一，知名度要以美誉度为基础，才能充分显示其社会价值；公众利益与组织利益的统一，满足公众利益，是满足组织利益的前提；

创名牌产品与创名牌企业相统一，创名牌产品只是创名牌企业的基础，创名牌企业，使组织立于不败之地才是公共关系工作的真正目的；总体形象和特殊形象的统一，一方面，组织形象应该是统一的，要讲究整体效果和系列组合，使之能够适应公众的整体要求；另一方面，组织形象又应该有鲜明的个性特征，对公众要有鲜明的针对性，既要突出本组织在首要公众心目中的特殊形象，又要尽量适应其他公众的不同需求和不同视角，使组织形象具有特殊的指向性。

4. 竞争性和新奇性原则

在激烈的社会竞争中，社会组织通过及时采集其他组织的有关信息，比较分析彼此整体形象的优劣及其原因，再博采众长，为我所用，力争赶上和超过竞争对手，力求形成自己独特的竞争优势。社会组织要使自己的形象在同业者中“捷足先登”，必须积极地寻找并抓住各种机遇，敢于和善于参与竞争，主动地进行自我传播，在竞争中求得自我升华。

同时，组织形象的设计和塑造要防止类化倾向，要努力使自己的形象独树一帜，富于新奇和魅力，从而引起公众的注意和兴趣，增加吸引力。为此，就必须在掌握环境信息的基础上，经常与其他组织的形象建设进行广泛的比较分析；要善于把握组织形象的展示方式与出现频率，通过巧妙传播、反复刺激相关公众，使组织的美好形象储存在公众的大脑中，从而提高组织的美誉度。

（二）塑造组织形象的方法

要树立良好的组织形象，从公共关系的角度来讲，其方法在总体上主要是把握两个方面的内容：一是扩大组织的知名度，二是提高组织的美誉度。

组织的知名度是组织的机构、产品或服务为公众所知晓的程度。一个新的社会组织在没有与社会各界建立广泛联系时，几乎没有知名度。一个组织的知名度太低，公众不了解它或了解得很少时，该组织要推广自己的产品和服务，要求得组织的生存与发展是十分困难的。因此，知名度是组织开展各项活动的前提。

公共关系工作必须根据组织的发展目标和特定公众，制订出完整的计划，实施有效的传播活动，加强组织与社会各界相关公众的联系，扩大组织的影响，提高组织的知名度。

扩大知名度的方式包括扩大产品或服务的知名度、扩大组织机构的知名度和扩大领导者的知名度等等。扩大产品的知名度，要把重点放在对产品或服务形象的宣传上，利用各种传播媒介和机会，宣传其质量、功能和特点，使之“家喻户晓”；扩大组织机构的知名度，应利用各种媒介和手段使组织的类型、性质、功用为公众所知晓；扩大组织领导者的知名度，主要是通过宣传组织领导者的特点、专长、杰出技能、模范事迹等，使公众通过了解熟悉组织的领导者而了解熟悉组织的形象。

组织的美誉度是社会公众对某一组织的信任和赞许的程度，它表明的是社会组织在公众心目中的地位和信誉情况。组织的知名度仅仅反映出公众对组织的了解程度和组织的影响范围。对于一个组织而言，名既可以是美名，也可以是恶名。因此，扩大组织的知名度只是扩大组织影响的第一步，更为重要的是提高组织的美誉度。

组织的美誉度是社会组织最宝贵的无形财富。一个组织有较高的美誉度就可以在困难时得到公众的帮助和支持，在失误时得到公众的原谅和理解，在取得发展时得到公众的赞赏和认可。因此，美誉度是组织生存和发展的重要基础。在现代社会的激烈竞争背景下，公共关系工作应将提高组织的美誉度作为其根本任务。

提高组织的美誉度包括提高产品或服务的美誉度、提高组织整体美誉度和及时消除"形象危机"三个方面，尤其重要的是提高组织的整体美誉度。

提高组织的美誉度，最基本的方式是提供优质产品和优质服务。一个组织在公众心目中的地位和信誉，首先是由它的产品质量和服务质量决定的。产品和服务的质量是社会组织最直接、最基本的美誉基础。

组织的整体美誉度则涉及更广泛的公众，它代表的是组织整体在社会公众心目中的地位和作用，反映组织履行社会职责的整体状况，它需要在更复杂的社会交往过程中建立，是一种较高层次的美誉度。公共关系工作应努力将提高组织的美誉度由低层次向较高层次发展，重点是放在提高组织的整体美誉度上面。

提高组织的美誉度还要做到及时消除形象危机。天有不测风云，由于社会的复杂性和事物的可变性，任何组织在其发展过程中，都难免因主观或客观的原因而出现差错和失误。当差错和失误的后果危及公众的利益、损害到组织形象时，公共关系人员应及时进行补救，通过危机公关积极采取具体的调整和改进措施，使事件的不良影响降到最低；并且通过认真而巧妙的努力，化危险为机遇，借此传播和提升组织形象。

塑造组织形象的具体方法是多种多样的。不同类型的组织机构，或一个组织在其不同的发展阶段，或在同一阶段针对不同类型的公众，或不同的公共关系任务，其运用方法都会有所不同。因此，成功的公共关系方法必须对症下药、有的放矢；必须根据组织的特点和组织发展的特定要求，社会环境所提供的具体条件以及公众的不同类型、不同要求，选用有针对性的方式方法。根据工作方式的特点可将塑造组织形象的具体方法归结为以下几种：

1. 优质服务

这种方法是以提供各种优质而实惠的服务为主要手段来获取公众的了解与好

评，从而建立自己良好组织形象的方法。其具体方式如工业企业的售后服务、免费保修，服务企业的各种消费教育与培训指导，公用事业单位提供优质而完善的服务，政府部门为基层组织和民众热情而周到的服务等等。任何一种类型的组织都能够以自己独特的方式为公众提供必要的服务。服务的目的在于满足公众需要，塑造和维持良好的组织形象。公共关系需要以行动来证实诚意，无数事实证明，优质服务的方法是最容易打动公众、密切组织与公众之间关系的方法。

2. 加强传播

这种方法是组织以各种传播媒介为工具，围绕组织的总体目标或者某个特定主题向公众有意识地传播相关信息；是向公众介绍自己、表白自身，以加强社会公众对组织机构的了解，从而创造于己有利的社会舆论环境的方法。社会组织应当综合运用各种传播方式。例如，召开新闻发布会，发布公共关系广告，制作墙报，发表演讲，举行记者招待会、新产品展览会、经验或技术交流会、信息发布会，实施社会赞助，印刷发行公共关系刊物和制作各种视听资料等等。

3. 提供咨询

这种方法是指公关人员以采集信息、舆论调查、民意测验等为主要手段收集信息，为组织机构的管理决策提供参谋，从而为组织的经营者、决策者提供组织形象决策咨询的方法。运用这种方法能起到“智囊”的作用，能为组织发展出谋献策。随着现代组织决策科学化的不断发展，提供咨询在组织与社会中的影响及地位正日益重要和显著。其主要形式有开办各种咨询业务、建立来信来访制度、成立相应的接待机构、开展有奖测验活动、制作调查问卷收集用户意见、开通消费者专线电话以接受和处理投诉等。

反映公众意愿、按公众的意愿办事是公共关系的天职。在咨询活动中，公共关系人员作为组织机构和公众之间的中介者，应以民意代表的姿态出现，成为组织和公众的耳目，及时、广泛、准确地采集和制作一切有关组织形象的建议和意见，为决策做参谋。

4. 公益赞助

这种方法是以组织举办或承办各种社会性、文化性、公益性赞助活动为主要手段，塑造组织的文化形象和社区公民形象，从而提高组织整体美誉度的方法。具体形式诸如赞助文化、教育、体育、卫生等事业，支持社区福利事业和社会慈善事业，扶持新生事物，参与国家、社区重大活动并提供费用。一个组织的形象是多方面的，公共关系人员必须导演好组织在社会舞台上扮演的不同角色，使组织具备较完整的社会形象。

5. 增进社交

这种方法是以无媒介的人际交往为主要手段，通过人和人的直接接触，从而为组织建立广泛的社会关系网络的方法。其方式包括社团交际和个人交际，诸如各式各样的招待会、座谈会、宴会、茶话会、接待应酬以及电话沟通、亲笔信函、短信息、电子邮件、微博等社交形式。我们民族自古以来重视人与人之间的往来和关系，特别在意人情味。社交是一种很常见又很实用的交往方式，社会组织的很多信息都可以在人与人的接触和交谈中交换和传播；不仅政府机构可以如此，服务性行业可以如此，而且工业企业亦可以如此。

6. 处理危机

这种方法是指在组织的公共关系遭遇突发性严重文件、组织形象受到严重损害的时候，公共关系部门采取一系列有效措施，做好善后处理工作，配合组织其他部门改造被损害的形象、挽回组织声誉、重建组织形象的方法。

公关危机的原因一般有两种。一是由于外在的某种误解、谣言或者人为的破坏，严重危及组织的形象。面对这种情况，公共关系部门应该迅速查清原因，公布真相，澄清事实，配合法律部门及舆论部门采取措施，纠正或消除损害组织形象的因素；同时也表明组织自身的某些不周到之处，恳求公众谅解，并进一步表明本组织对公众的诚意与合作精神。二是由组织内在的责任造成的。例如，因产品质量下降、服务不周、工作失误、污染环境、管理失控等而引起公众对组织的不满甚至愤怒。面对这种情况，公共关系部门应主动出面承担责任，向有关公众讲明真相，赔礼道歉，同时尽量控制影响面，迅速地将外界舆论反馈给决策层和有关部门，准确分析公共关系失调的原因和影响，提出纠正的措施，协助有关部门真心诚意地解决实际问题，并利用各种公共关系方式，通过有效的传播活动向相关公众公布事件的进展情况和本组织真诚纠正自己错误的具体措施，争取尽可能快地平息风波，恢复公众信任。

三、组织形象的重要性

对于任何一个社会组织来说，在市场经济激烈竞争的条件下，良好的形象是最重要的无形资产，它关系着社会组织的发展与生存。一个组织要在市场竞争中站稳脚跟，就必须提高自己的名望和信誉，树立良好的组织形象。良好的组织形象将使社会组织受益无穷。

首先，良好的组织形象能使社会组织得到公众的肯定和支持，使公众对组织的产品和服务产生好感和信任感。由于科学技术的进步，随着商品经济的发展，商品更新换代非常迅速，昔日走俏一时的商品，今天可能变得无人问津；而对新产品的性能、质量等，消费者又往往心存疑虑。因此，一个组织仅仅凭借其一成不变的产品和服务在激烈竞争的市场中很难立于不败之地。而一个树立起了良好形象的社会组织，当它向市场推出新产品和提供新服务时，公众会更愿意选择该组织的产品和服务；当众多的组织也相继推出同一种产品和服务时，公众也会更容易继续接受和选择该组织的产品和服务。

其次，良好的组织形象可以使社会组织获得更多更好的投资条件和其他支持。在现代社会，组织的社会关系日益复杂，社会组织的相互联系和协调不断增强。组织作为社会整体中的一个基本单位，在经营和发展过程中，必然要与整个社会发生千丝万缕的联系。有了良好的组织形象，不仅会使银行、财团或政府乐意向组织提供优惠贷款和财政支持，使股东愿意购买该组织的股票，保险公司乐意担保，而且能使供应和销售渠道稳定、畅通，从而在竞争中占据优势和得到实在和长久的支持。

再次，良好的组织形象能够增加职工的向心力和归属感，增强组织对人才的吸引力。良好的组织形象为保留和吸引人才创造了优越的条件。职工往往会为自己在一个优越的组织中工作而感到满意和自豪，其他的人才也会慕名而来，使组织招揽到更多的优秀人才。

最后，良好的组织形象能使组织获得社区的好感、谅解和政府的帮助与扶持。由于社会分工和社会地位的不同，组织在复杂的社会关系网络中不可避免地会与其他社会组织形成横向或纵向的联系，并互依互存、互为补充。面对众多的公众群体，组织必须谨慎地处理各种社会关系和利益关系，而良好的组织形象将会使社区把组织当成好邻居、好朋友，从而减少、避免许多不必要的摩擦和纠葛，使组织得到所在社区的配合。同时，它还能争取到政府对组织的赞许和扶持，使组织在遇到形象危机时能迅速渡过难关，求得发展。

总之，一个社会组织有良好的形象，就能得到公众的信任和支持，提高生存能力、发展能力和竞争能力，从而兴旺发达。所以社会上有“百金买名，千金买誉”之说。公共关系工作的基本职能之一就是树立和维护组织的良好声誉，而公共关系人员就是组织形象的设计师、塑造师和保养师。

第二节 协调关系

协调关系是公共关系的基本职能之一。现代组织是一个个内部信息密集,同时又与环境发生物质、能量和信息交流的系统。任何组织都必然面临众多复杂的社会矛盾和发展障碍。这些矛盾和障碍对于组织的发展均有一定的影响和约束力,并且各种矛盾和障碍总是处在不断的变化之中。为此,现代组织必须开展广泛多样的社会交往活动,处理好各种关系,增进与公众之间的感情,创造一个宽松、融洽、友爱的环境,减少产生误会的可能性。即使发生矛盾,由于双方原来有比较融洽的关系,也容易使矛盾得到比较妥善的解决。因此,现代公共关系学应当研究揭示组织内外关系形成、发展的规律,研究改善关系和协调关系的方法、原则、内容及技巧。

一、协调关系的含义与内容

所谓协调,就是"协"与"调"的统一。协者,协商也,即遇事不能一方说了算,要相关双方或多方坐下来协商讨论一番,以寻求一致的利益。调者,调和也,即坚持互惠互利原则,相关双方或多方都放弃一部分属于自己的利益。协调关系就是在沟通的基础上,经过调整,达到组织与公众互惠互利的目的。协调关系分为广义协调和狭义协调。广义协调不仅包括组织内部的协调,而且包括组织对外的协调,即组织与环境的协调,如组织与政府、社区、消费者等的协调活动。狭义协调主要是指组织内部的协调,如组织内部上下级之间的关系协调,组织内部同一层次中的各部门、各单位之间的关系协调等等。

协调关系作为公共关系的基本职能,应该从广义上理解。它一方面包括创造一个亲密合作、团结一致的内部环境;另一方面包括争取一个共同发展的外部环境,使组织与它面临的内部和外部公众之间的关系处于一个和谐的状态,让组织在与公众的沟通中建立和发展良好的形象。

公共关系协调关系的内容主要包括以下几个方面:

1. 协调组织领导与群众的关系

在组织内部,领导与群众的根本利益应该是一致的。但是,由于领导和群众工作分工、生活方式、文化素质、价值观念等方面的差异,难免会产生一些意见分歧或误解，如果处理不好，势必影响组织内部的团结和群众的积极性，给正常的工作带来消极影响，甚至产生内耗现象。因此，公共关系在这里必须努力发挥上情下达、下情上达的作用。一方面，公共关系工作人员要经常向领导者反映下级员工的情绪、意见和要求，并提出如何根据下级员工的实际情况及调动其积极性的建议，从而使上级领导不断地了解和把握下级员工的实际情况，及时地调整自己与下级员工之间的关系。另一方面，公共关系工作人员要积极做好上情下达的工作，要及时向组织的员工介绍、宣传组织的目标和方针政策，传达、解释领导层的意见和决定，消除可能产生的误会，使上级领导的意向和组织的现状、发展方向能随时为广大群众所了解，使他们自觉地与上级领导搞好配合，维护领导与群众关系的和谐状态。

2. 协调组织内部各部门之间的关系

一个有一定规模的组织，总是由若干个职能部门控制或管理的，如生产部门、销售部门、人事部门等。各部门的关系配合是否默契对组织的工作效率具有极大的影响。组织内部各部门只有在协调一致的基础上，才能使整个组织发挥其整体效应。但是，由于组织的各部门工作内容不同、出发点不同，互相不了解情况，在工作中往往从局部利益出发，不能照顾全局或其他部门的工作，这样就有可能造成工作步调不一致的状况。如果顺其发展，会影响组织内部的团结，产生内耗，危及整个组织的正常运行。因此，公共关系人员应积极地提供有利于各部门协调合作的信息，促进部门间互相联系与了解，增强组织的凝聚力，努力营造一个充满理解、信任、团结、合作的内部环境。

3. 协调组织与外部公众的关系

社会组织是一个开放的系统，它在自己的运行过程中，必然要与许多外部因素发生关系，与各种相关公众发生联系。社会组织的生命力不仅在于拥有广泛的外部公众，而且还在于与外部公众的关系随时处于良好状态。社会组织的外部公众主要包括上级主管部门、政府部门、新闻媒介、业务往来单位、社区、竞争者、顾客等等。在组织与外部公众之间，常因各自的利益不同、心理需要不同等原因，出现误解或矛盾。公共关系人员应尽量做好协调工作，避免误解和矛盾的发生。一旦发生就应及时了解情况，进行沟通协调，在互相理解的基础上缓解矛盾，为组织广结良缘、发展关系创造良好的外部环境。

二、协调内外关系的重要性

现代社会组织高度分化、高度融通和整合发展的趋势，使社会关系网络中的各个组织之间和人与人之间都存在着互为条件、互为因果的功能耦合关系。一个社会组织如果没有良好的内外关系，得不到其他组织和个人的支持与合作，就无以生存和发展。因此，一个组织的生存和发展，与其能否处理好与组织内外公众的关系休戚相关。因此，国外有些学者认为，公共关系就是一种“内求团结、外求发展”的管理艺术。

“内求团结”就是创造组织内部团结和谐的气氛，使整个组织的员工互相协作，共同奋斗。在现代社会里，一个具有强大竞争力的组织的形成，不仅仅依靠组织中各种要素的数量递增，更重要的是依靠组织内部全体成员目标一致的共同努力。员工的团结协作是一个组织取得出色成就和理想效益的坚实基础。

组织的功能是通过全体内部公众协调一致的行动而实现的。在组织的内部，又有各个部门、岗位，从而形成错综复杂的分工、协作关系。组织目标的实现有赖于众多的部门、环节、岗位的人们相互协作和共同努力。组织风气好，风正气顺，团体意识强，员工协作配合好，不仅能产生较高的工作效率，保质保量完成工作任务，减少事故，而且能更好地实现组织目标，提高组织在市场竞争中的生存发展能力。反过来，如果员工之间矛盾冲突太多，不能很好协作配合，遇事推诿扯皮，不仅要影响工作效率，而且会影响组织目标的实现，甚至危及组织的生存。

公共关系部门在组织内扮演着“中间人”角色。一般来说，它超然于管理阶层和被管理阶层之外，超然于各部门的业务矛盾之外，超然于各部门的人事和个人矛盾之外，也应超然于人际矛盾和个人纠纷之外。因此，它可以利用自己这一“中间人”地位，当好组织内部的协调者，在组织内部开展广泛的公共关系活动，活跃组织的民主气氛，提高管理的民主化程度。

“外求发展”就是通过积极开展对外传播沟通活动，促进组织与外界的密切联系和广泛合作，为组织的生存与发展创造良好的外部环境。在现代社会，任何一个社会组织的活动都不可能是封闭的，都具有全球化属性，必然要与整个社会甚至整个世界发生千丝万缕的联系。在这些外部关系中，有的公众为组织提供资金，有的提供原料，有的提供信息，另外一些则接受组织的服务和产品。组织必须面对包括消费者、供应者、协作者、投资者、经销者以及社区、新闻界和教育界在内的众多社会公众。组织不过是社会活动链条上的有机一环而已。组织活动状态的好坏与这种外部联系是休戚相关的。当组织与外部关系处于良好状态时，外部关系就能为组织提供方便和支持，给予合作和谅解，组织的运行就有可能达到最佳状态，从而更好地生存发展；反过来，当组织与外部关系处于对立、紧张状态时，不论哪一环节出现问题，组织的困难和窘境都是可想而知的。因此，外部公众的理解和支持是组织发展的重要条件。

三、协调关系的原则与方法

(一)协调关系的原则

1. 利益原则

利益原则是指公共关系人员在处理组织与公众关系时应坚持组织与公众利益的一致性。组织在制订计划与确定目标、谋求利益和协调关系的活动中,必须以公众利益为出发点,在实现组织利益的同时,努力满足公众利益,增进社会整体效益。

利益原则所涉及的一个根本问题是如何摆正组织利益与公众利益的关系。解决利益纠纷的基本要求是协调要求关系,使利益均沾,各得其所。

利益原则不仅要求组织在处理与公众关系的一切活动中尊重公众利益,它还要求组织承担社会责任。组织在完成自身计划,满足公众和市场需要时,还必须关注组织计划实施过程中可能引起的问题。如果这些问题有害于公众,有害于其他组织,就应努力加以克服和解决。保持环境和谐,注意生态平衡,应当成为组织不可推卸的责任。此外,支持科学、教育、文化事业,赞助社会福利事业,也是组织通过表现社会责任感来塑造组织形象的明智行为。

2. 及时原则

及时原则是指组织的领导者和公共关系人员要能及时发现和解决组织之间、部门之间、人员之间、组织与其他公众之间的矛盾和问题。因为这样既能防止组织与公众之间矛盾激化,也便于解决问题。

如果公关机构和公关工作人员对出现的问题和矛盾视而不见、听而不闻,或拖延解决的时间,造成严重后果才着手处理,不仅会扩大组织的损失,而且各种问题也可能变得复杂化,增加解决矛盾和问题的难度。因此,及时原则要求公共关系人员要具有较强的收集和处理信息的能力,要及时、准确、科学地发现问题和解决问题,为组织科学决策提供咨询建议和事实依据。

3. 平等原则

平等原则是指公共关系部门对组织与公众关系的协调要公平合理。在组织与公众关系失调的时候,如果不平等,所产生的副作用是突出的,如竞争的不平等、参与的不平等、物质利益的不平等,这些都会形成消极作用,影响组织与公众的正常关系。

平等原则当然不是平均原则。平等原则要求公关工作者坚持组织利益与公众利益在同等的原则下参与协调。公共关系部门只要能在这一原则指导下工作,就一定能协调好各方面的关系。

4. 公开原则

公开原则是指组织要公开接受社会监督，使自己的利益追求为公众所了解。在造成组织与公众关系紧张的诸因素中，神秘性、封闭性与随意性是主要因素。

为了增加协调关系的透明度，遵循公开性原则是极为重要的。对内部公众而言，公开性原则通常要求人事制度公开，组织权限、管理程序、决策政策等的公开。公开性是减少猜疑与内耗的有效办法。当然，公开性并不意味着什么都公开，如组织的财务状况、技术情报、商业机密等就需要保守秘密。

（二）协调关系的方法

公共关系的协调工作主要是依赖信息传播来增进组织与公众的了解和感情，以建立起相互信任与合作的融洽关系。在社会组织的运用中，由于各种关系状态不同，公共关系要沟通协调的重点和运用方法也不一样。

(1)当双方关系处于和谐状态时，沟通协调的重点就应当是通过不断传播社会组织方面的业绩来保持和强化公众方面的良好印象。及时、适度地传播组织业绩有着比较好的社会认同基础，因此，如果开展得法，持续一贯地进行下去，往往能取得事半功倍的关系协调效果。不少声誉卓著的社会组织都深谙此道，常常开展诸如周年纪念、联谊会等活动来加强自己的形象地位。

(2)当双方关系处于不和谐状态时，沟通协调的重点首先应该是解剖组织自己，反省自己的表现和责任，严于律己，实行自我监督，发现问题自行纠正；然后才是客观地分析双方关系的状态，并提出改进关系的具体意见和措施。

与公众的关系不和，一般由内外两方面的原因造成。内部原因一般是由于组织自身工作没有做好，危及公众利益。这当然首先要自责，然后根据关系状态的现状，改进自身的运行机制，同时把自己的改进情况尽力向社会作出通报，以期扭转被动局面。外部原因往往是由于公众的误解或他人的谣言、陷害等造成对组织形象的损害。面对这样的情况，社会组织也应当首先检查自己哪些方面的工作存在不足，然后向公众进行必要的解释以澄清误会，或对他人的谣言中伤、有意陷害加以公开揭露。

(3)当双方关系处于不明状态时，沟通协调的原则首先是用善意的态度表达自己的明确主张，竭力使对方消除紧张戒备等负面心理倾向，为双方的信息交流创造正常的、平衡的积极心理条件，这样就可以避免发生误会和偏见。

在此基础上，还应当把双方关系格局中含有的双方利益关系交代清楚，使双方对关系状态的实质有个“预存立场”，做到心中有数，这样就有可能减少问题出现后的摩擦。总之，在这种关系状态下，作为公共关系主体的社会组织，一要向公众(客体)交心,二要向公众交底,努力使公众明了双方关系的基础和未来前景,以利于往后关系的进一步深化和发展。

四、公共关系实现基本职能的途径

社会组织围绕实现塑造形象和协调关系的两大基本职能,必然产生一系列的具体公共关系活动,这实际上就构成了实现公共关系基本职能的途径。它具体包括以下几个方面的环节和方式:

(一)收集信息

任何组织都是在与一定的公众交互作用中存在和活动的。只有及时准确地收集信息、了解组织生存发展的内外环境,才能使组织了解问题、获得反馈和评价成果、进行决策,才有助于组织塑造形象和协调关系,保持组织的生存和发展。公共关系所收集的信息主要是与组织塑造形象和协调关系有关的各种消息。它至少应该包括这样一些内容:

1. 组织形象、组织管理及人员状况信息

公众对社会组织在运行中所显示的行为特征和精神面貌的反应就是组织形象信息。组织管理及人员状况信息是组织形象信息中较为重要的一部分,它一般包括这样一些具体内容:

第一,公众对组织领导机构的评价,如领导能力、创新意识、办事效率以及组织机构的设置是否合理、完善,运转是否灵活等;

第二,公众对管理水平的评价,如决策经营是否符合社会实际情况,工作节奏是否紧凑,内部分工是否合理,对市场的预测、变化是否准确和灵敏等;

第三,公众对组织人员素质的评价,如他们的工作能力、道德修养、文化程度等的整体水平如何;

第四,公众对组织服务质量的评价,在企业,它不仅包括企业的销前、售后服务及其项目,还包括企业服务设施的先进性、科学性,更重要的是服务态度,对客户的责任感。

2. 产品形象信息

这方面的信息一般包括消费公众对产品和服务的价格、性能、质量和用途等主要指标的反应,同时也包括对产品的优点和缺点两个方面的反应和建议。产品和服务与社会组织的命运直接相关,因此,在实现公共关系基本职能的过程中必须最优先地注意这一方面信息的收集。

3. 组织运行状态及其发展趋势信息

这类信息包括内外两个方面:就内部来说,主要是指组织自身运行情况及其与组织预定总目标的要求之间的距离以及它可能发展的趋势;就外部而言,包括所有对社会组织运行及其发展趋势发生或将要发生影响的情况。这类信息反映的是组织运行状况和将来状况,对于组织及时调整运行机制极为重要,是社会组织形象建设的主要依据材料。

收集信息必须通过多种渠道和运用各种传播媒介。首先,应当加强社会调查,重视公众的反应。公共关系人员要运用科学的手段和方法,对有关社会现象进行有目的、有系统的考察,采用田野调查、分层随机抽样等方法收集大量资料,并对这些资料进行定性和定量分析。同时,还要注意直接听取公众的反映,主要有接待来访者和投诉者、现场面谈、专题采访、追踪调查等形式。其次,借助传播媒介重视新闻媒介的社会舆论,注意听取有关专家、政府有关机构、上级有关部门及同行的建议和意见。最后,要充分利用各种活动、会议,如利用新闻发布会、学术交流会、演讲会、展览会、纪念会、重大庆典、座谈会、宴会、参观考察等会议与活动收集信息。尤其应当注意的是,在收集信息时一要注意信息的完整准确,不能支离破碎或含糊不清;二是要注意鉴别和剔除虚假信息,保证信息的信度和质量。

(二)咨询建议

现代组织管理是一项极复杂的科学和艺术,需要各方面的专业人员来为组织领导的决策提供情况咨询和决策建议。公共关系咨询建议,就是指公共关系专业人员向领导提供有关公众方面的可靠情况和说明意见,从而为实现塑造形象和协调关系的基本职能服务。咨询建议是实现公共关系基本职能的一个重要环节。

公共关系工作部门的工作性质有别于组织的其他部门,受组织的具体业务和利润指标的影响较小,比其他部门更关注公众利益。因此,公关部门在领导决策时提供公众需要、心理和舆论方面的信息及相关见解和意见,敦促领导关注公众利益,是公关部门为塑造组织形象和协调关系服务的主要方式。公共关系部门由于工作需要,广泛接触内外公众,必然掌握和积累了大量有关公众的信息,比较清楚组织面临的公众问题,比较了解公众的愿望和要求;为了帮助领导全面掌握情况,充分利用这些信息为领导提供咨询和建议就能够有效地促进组织形象决策的科学化,促进组织形象的提升,让组织与公众的关系更加和谐、健康。

收集信息是咨询建议的前提。没有足够的信息,一切咨询建议都只能是空谈;收集的信息只有通过咨询建议被组织的管理者采纳,才能发挥其功能,实现其价值。

为了完成咨询建议的任务,公共关系人员必须对收集来的信息进行处理,即整理、选择、分类、归档，建立信息库。信息处理既是信息收集的结尾工作，又是咨询建议的准备工作。咨询建议实际上是公共关系人员有选择、有分析地向社会组织的领导层传送有关公众信息的过程。

公共关系为领导层和各主管部门提供的咨询信息不应该是原始的、粗糙的，而应是经过分类整理和分析处理过的，最好是在此基础上，提出多种可供领导和主管部门选择的方案和建议。

公关部门的咨询建议通常包括以下三个方面：

1.组织与公众关系的一般情况

这类咨询主要提供社会组织与公众关系状态的说明。如内部员工的归属感、本组织在社会上的一般印象、消费公众对组织产品或服务的反应、新闻媒介对本组织的社会舆论、同行竞争者对本组织的评价等。

根据不同需要，这类咨询可以是定期的，也可以是不定期的；目的是要让社会组织的领导及时了解和掌握公众的一般情况，以便适时调节本组织的公关策略或战略，为实现塑造形象和协调关系的基本职能创造有利条件。

2.公众的专门性情况

这类咨询通常是在社会组织围绕实现塑造形象和协调关系的基本职能而意欲举办某个专题活动为背景的情况下出现的。

公共关系人员提供与该活动直接相关的情况说明和意见，是为了使本组织的专题活动能更有效地开展，更完满地达到目的。例如，某一组织拟举办新闻发布会，公共关系为业人员就应当为此提供关于新闻事件的背景材料、各类媒体对本新闻的关注程度等情况。

3.公众心理变化及其趋势咨询。这类咨询是公关人员将其在长期观察和积累的基础上形成的对公众心理变化及其发展趋势的分析，结合社会组织的中长期规划，向决策层所作的通报。

公众的心理变化对于社会组织的运行影响极大，如果在公众的心理已经发生变化的情况下，社会组织仍照旧的模式运行，那就会破坏组织与公众的关系，损害组织形象。因此，公共关系人员必须在对公众信息长期收集和积累的基础上，对公众的心理变化及时进行分析、作出预测，并向组织的决策层通报。这类咨询常常能为社会组织较长时期地保持良好形象以及成功地协调关系提供可靠的根据。

（三）参与决策

决策是社会组织对自身条件和外界环境经过缜密考虑、比较后作出的决定性选择。在社会组织的决策过程中，公共关系的参与是理所当然的，并且它在这里还发挥着相对独立的作用。公共关系直接参与决策的价值表现主要有三个方面：

1. 为决策提供信息服务

公共关系部门利用它与内外部各界广泛联系的优势，充分完善各种公众咨询渠道，畅谈各种信息来源，包括广泛的外源信息和及时的内源信息，并根据决策目标将各种信息整理、归类、分析、概括，提供给最高管理层或各个专业部门作为决策的客观依据，从而促进决策的科学化、民主化，使组织的目标更符合公众的利益。

2. 帮助组织确定决策目标

决策的第一步是确立决策目标。公共关系参与决策的作用突出地表现在为制订决策目标提供帮助。这种帮助就是以一种相对超脱的、客观的角度，即从公众的角度去评价决策目标的社会制约因素和社会影响效果，努力使决策目标与公众利益和环境因素相协同。

现代组织的决策日益复杂化，整体的目标往往会分解成各个职能部门的专门目标，如在企业就会有生产目标、技术开发目标、财务目标、市场营销目标等。各职能部门的决策人员往往把决策的焦点高度集中在本部门的专业目标上，容易忽视从全局和社会的角度去考虑决策可能导致的社会效果，使本部门的决策目标与整体决策目标产生偏移。因此，公共关系部门可以站在公众和社会的立场上，对各职能部门的决策目标进行综合评估，建议和忠告有关部门或决策者，依据公众需要和社会价值，及时修正可能导致不良社会后果、有损组织形象和公众关系的决策目标，使组织的决策目标既反映组织发展的需要，又反映社会公众的需求和利益。

3. 协助组织拟定和选择决策方案

公共关系参与决策的作用还表现在运用各种公关手段为决策者拟定、选择和协助实施与公共关系有关的决策方案，特别是关注这些决策方案在经济效益和社会效益方面的统一与协调，促使决策者重视决策行为的社会影响和社会效果。

4. 从公众关系的角度评价决策效果

公共关系要求本社会组织在决策中必须考虑公众利益，必须在决策方案中反映公众的利益需求，从而有效地避免本组织决策中单纯只顾自身利益的片面性倾向。因此，公共关系参与决策还表现在分析、评价决策实施的公众影响和社会后果，以及这种后果对决策目标的制约作用；充分运用公众网络和其他公共关系渠道，对那些付诸于实施的决策方案进行追踪和反馈，使组织能够及时发现问题，并根据公众反馈的情况调整决策目标，完善决策方案。

（四）传播沟通

塑造形象和协调关系是公共关系的基本职能，也是一个组织追求的长期目标。

社会组织要在公众中树立良好的形象，就必须努力创造和提高组织的信誉。珍视信誉，就是保护和美化组织形象。无论任何组织，要协调好内外关系，在公众中树立良好的形象，促进事业的发展，就必须与内外公众保持良好的信息沟通。一方面要及时、全面地收集信息，为改善组织的决策和行动提供依据；另一方面还要迅速、有效地把组织各方面的信息传播给相关公众，争取公众的知晓、理解和支持。

（五）策划专题活动

在社会组织运行过程中，常常会出现需要社会组织来安排某种非日常事务类的专门活动来达到一定目的的情况，这种专门活动在公共关系中就是专题活动。利用和策划专题活动也是实现塑造形象和协调关系基本职能的有效途径。专题活动的种类很多，如各种庆典活动、推销活动、信息发布活动、联谊活动等。

现代公共关系学

MODERN PUBLIC RELATIONS

第五章 公共关系工作人员

第五章　公共关系工作人员

公共关系工作人员有广义和狭义之分。公共关系工作人员是公共关系工作的组织者、倡导者或实施者。由于开展公共关系工作是科学而严肃的，常常需要创造性，因此，公共关系工作人员必须具备较好的心理素质、文化知识素质和道德素质，必须具备比较完备的专业工作能力，必须熟悉和掌握一定的社交常识。

第一节 公共关系工作人员的素质

公共关系工作人员的基本素质主要包括生理素质、心理素质、文化知识素质、职业道德素质等。从事日常接待任务的公关人员的素质，应有一定的外貌要求。但是，真正高层次、高水准公关人员的素质，应当是各种基本素质的高度综合。

一、公共关系工作人员的含义

公共关系工作人员有广义和狭义之分。狭义的公共关系工作人员是指在公共关系部或公共关系公司从业的公共关系专业人员；广义的公共关系工作人员是指社会组织中一切事实上承担着内求团结、外求发展任务，其思想和行动对组织形象有直接或间接影响的工作人员，如组织的领导者、管理者、各种办公室工作人员、商务工作人员等。

在我国，"公共关系专业人员"主要是指狭义的。目前，这部分公关人员的素质相对来说还不够高，社会组织内合格的公关专业人员还相当缺乏，个别组织甚至只有迎来送往、陪吃陪喝的"公关小姐"或"公关先生"。这些公关人员除容貌不错外，一般都缺乏公关人员应有的素质。

从公共关系的本质和任务看，公共关系工作人员的含义应当是广义的。一个现代组织的形象单靠几个公关专业人员是难以真正塑造出来的，它需要组织内部各个部门和众多工作人员的共同努力与协作。

中国的公共关系要普及、要上台阶，就应当广泛提倡和培养广义的公关人员的公关意识和公关素质，既不能只是培养一些有名无实的"公关小姐"、"公关先生"，也不能把塑造组织形象的艰巨任务放在少数专业人员身上。

二、公共关系工作人员的生理素质、心理素质和道德素质

素质是个人身心条件的综合表现，是个人生理、心理结构及其机能特点的总和。除身高、容貌、健康状况等生理因素外，主要是指个人的性格、气质、情感、意志、品德、知识、能力等。在人的素质中，有先天遗传的一面，但最主要的是来自于后天的社会生活实践。

(一)公关人员的生理素质

就生理素质而言，主要是指人的身高、体型、仪表仪态等因素。公共关系对公关人员生理素质的要求并不像许多人所理解的那样，一定要容貌姣好、仪表潇洒。诚然，公关人员适中的体型、漂亮的脸蛋、白皙的肌肤、迷人的身段确实能够吸引公众的注意，对在与公众交往中形成良好的第一印象有一定的作用。但是，仅有这些是不够的。因为，任何真正的公共关系工作不可能是“一锤子买卖”，良好的组织形象也不能只是一只纸老虎，公关活动的谋略也不是只有一个“美人计”。正如有的学者所言：“让外在条件太好的人搞公关，有时容易引起公众的非分之想，结果只能与组织公关活动的愿望相反。”因此，那些形体一般、相貌一般而身体素质、心理素质、文化知识素质和各方面能力俱佳的人，才是公共关系专业人员的最佳人选。在某些从事娱乐休闲服务的社会组织中，适当安排一两个形象特殊(如身材特别矮小或特别高大的)人员，对于吸引公众、塑造良好的组织形象也是颇有益处的。总之，公关人员生理素质共同的基本要求应当是身体健康、仪表端庄、精力旺盛、头脑清醒，至于外在体型、容貌的状况如何，则应取决于组织的性质、公关活动的目标和任务等。

(二)公关人员的道德素质和政策水平

1. 道德素质

道德是调整人们之间及个人同社会之间关系的行为规范的总和，是一种依靠社会舆论，依靠人们的传统、习惯、信念、教育来起作用的精神力量。

对公关人员来说，最基本的道德素质就是要诚实守信、实事求是。公共关系是一项以实事求是为原则去树立形象、维护信誉、改善管理的活动，必须从实际出发、实事求是。首先，公关人员在公众面前表达问题、阐述观点时，可以运用一定的方法和策略，可以在一定条件下讲述事情对组织有利的一面，但所讲述的内容必须是真实的，有时甚至要敢于大胆向公众坦言组织的产品和服务中对组织不利的一面。要严格遵守、履行对公众的承诺，做到言必信，行必果，绝不轻诺寡信。对于公众已经发现和指出的组织和个人的缺点和错误，要敢于正视，不回避躲闪。其次，对所在组织应实事求是，不逃避和推卸责任，能大胆承担自己力所能及的工作，对自己的工作成果能做到既报喜又报忧。最后，对通过公关调查等方式收集到的各种信息、意见、材料等的处理要实事求是，努力做到不唯书、不唯上，只唯实。

2. 政策水平

任何社会组织都是在一定时期，某一国家、某一社会制度下生存和发展的。组织形象的产生与评价都要受社会制度的影响，受法规、政策等的限制。从此一时一地的法规政策去看，某一组织的形象是高大的，而从彼一时一地的法规政策去判断，这个组织的形象很可能就是渺小的。因此，组织在塑造自我形象前，其公关工作人员就应有尽可能高一些的政策水平，就应对国家的政策法规有敏锐的洞察力、透彻的分析力、深刻的理解力、准确灵活的运用力。一个思想觉悟低、政策水平低的人，不仅很难为领导者的决策提供高质量的政策法规咨询，而且也很难在形象塑造过程中不误入歧途，很难不犯错误。

（三）公关人员的心理素质

1. 处世个性

组织的形象是受公众舆论影响的。公众的舆论在很大程度上是受公关人员的形象影响的。由于公关工作人员与个体公众打交道的机会相对其他工作人员而言要多一些，公关人员以什么样的处世个性与公众打交道就显得很重要。有人讲，公关人员的处世个性最好是外向型的。其实，这并不全面。公关人员的良好处世个性应当尽量符合豁达、开朗、热忱、自尊、谦和、诚恳、理智、机敏、幽默、善解人意等这样一些特征。

至于公关人员的性格外向还是内向，这本身并不重要。在不同的公众面前，外向也好，内向也罢，只要发挥得当，都可能收到很好的效果。公关人员的个性在“外向”与“内向”的性格倾向方面，最值得提倡的是具有较强的可塑性。当需要“外向”的场合（如主持仪式活动），最好是尽量“外向”一些；需要“内向”的场合（如听人说话），最好是尽量“内向”一些。

2. 吃苦耐劳的精神

公关人员塑造组织形象是一种多层次的复杂的创造性工作，并非只是“西装革履”、“浓妆艳抹”地吃吃喝喝，迎来送往。在组织发展的时候，特别是在组织处于创立时期或遭遇危机的时候，更需要公关人员有敢于吃苦、虽苦犹乐的精神；要善于做别人不太愿意做，但对组织却有重要意义的小事；在困难、曲折、打击、屈辱面前能以组织的利益为重，坚韧不拔、百折不挠地维护和发展组织形象。

3. 善于捕捉机遇

公共关系工作人员应在广博的知识基础上，具有对新问题、新情况、新事物的敏锐识别力和捕捉力，并予以充分引导、运用。公共关系活动需要不断地进行创新策划。在公关市场上，谁能率先捕捉到新机遇，谁就有可能出奇制胜，突破旧形象，推出新形象。

4. 富于想象

任何一个公关方案的诞生都是离不开想象的。公关人员要敢于不断打破思维定势，要敢于在一定的主客观条件的基础上突发奇想，形成新招数、新点子，并在实践中检验、运用，追求公关的新成果。

5.广泛的兴趣爱好

公关人员要面对各种不同的公众，要与多种人物在多种场合打交道，在与对方培养感情、发展友谊的过程中，如果能在兴趣、爱好方面找到彼此的共同点，无疑有助于公关人员与公众产生“认同感”、“亲近感”，有助于公关活动的展开。因此，公关人员应在琴、棋、书、画、球、牌、舞、歌、文学、影视、旅游等方面尽可能广泛地发展自己的兴趣爱好，虽然不一定样样都是行家，但应力求样样都不是“盲家”。

6.乐观的情绪

公关人员在公众面前最重要的个人形象就是沉着冷静，面带微笑。微笑是与个人快乐的心境分不开的，快乐的心境又是与个人快乐健康的情绪相关联的。乐观的情绪、真诚的微笑是与公众交往的法宝。在组织形象高大时，公关人员的情绪要好；在组织形象处于危机状态时，公关人员的乐观情绪就显得更加重要。乐观的情绪不但可以感染公众，而且也可以使自己泰然自若地应付各种复杂局面和艰难事务。消极悲观的情绪会令公众不安和窘迫，不仅有损害公关人员自身形象的事情发生，也会影响公众对组织的评价。

7.顽强的意志

意志是人们为了实现预定目的，在困难、挫折面前不断调控自己行为的心理品质和心理过程。公关人员要能对自己所从事的事业和具体工作的目的、意义等有充分自觉的认识。既不要轻易受别人的暗示，又不一意孤行、刚愎自用。要善于根据具体情况的发展变化，围绕工作目的对自己的行动迅速作出正确而果断的选择；要有正视困难、排除障碍、不达目的誓不罢休的坚毅性格；要善于克制因自己的情绪和冲动，克服一切困难，执行已采取的正确决定。

8.典雅的气质、风度

气质是一个人的学识、情感等状况的外在表现和活动灵活性方面的特点，是人的相当稳定的个性特点。风度是指人的美好的举止仪态。一般来说，一个人吸引他人的外在因素通常有两种：一种是人的天生容貌、身材衣饰等；另一种就是人的气质、风度。这两者之间的关系常常是这样的：单纯的外在自然条件往往只能起一种先导作用，很难有经久的吸引力；而潇洒的气质、翩翩的风度却能形成一种持久的魅力。外在自然条件以先天为主，气质风度以后天为主。气质风度是一个人的学识、涵养、阅历、能力等综合的外在表现。公关人员要使自己具有良好的气质风度，一定要注意勤奋学习，刻苦磨炼。

9. 活跃而严谨的思维

思维是人脑对客观事物的反映，是人对外物反映的过程和结果的统一。人的思维是一个在归纳和演绎、分析和综合、比较与鉴别、抽象和概括、系统化与具体化的方法作用下向事物本质和规律接近的过程，其表现形式是概念、判断和推理。公关人员的思维活动应当是十分活跃的，应当不循规蹈矩、墨守成规，用不断出现的思维兴奋点刺激新观念、新方法的产生；同时，各种思维形式与内容之间又必须是严谨的、合乎逻辑的。这样的思维特点会使公关活动既生动活泼，又严密有序。

10. 健全的人格

人格的含义是很广泛的，这里讲的人格是一个人在先天因素、成长经历和现实环境的作用下的实际和潜在的行为模式的组合。按加拿大柏恩博士的观点，这样的人格是由父母（Parents）、成人（Adult）和儿童（Child）三种心理状态构成的 PAC 结构。其中，P 状态以强迫、权威作标志，A 状态以现实和理智作标志，C 状态以任性、冲动和听任他人摆布为标志。在柏恩博士来看，每个人的人格都是这三种状态的有差别的统一。公关人员的人格一定要根据公关的状况，以 A 状态为主，实现三者的有机结合与变通呈现。一般来说，除非面对儿童等某些特殊类型的公众，公关人员人格的 P 状态和 C 状态应该尽量少一些，否则，公众对公关人员的人格评价肯定不会太高。

三、公共关系工作人员的文化知识素质

在一些人的眼里，公关人员只要长得漂亮就可以了，似乎漂亮成了是否可以入选公关队伍的最为必要的条件，甚至是唯一条件。这种看法是非常不恰当的。

在日常接待型公关活动中，要求公关人员的外在条件相对好一点是无可厚非的。虽然公关有接待，但接待并不就是公关。公关接待只是公关活动中最简单的一项工作。真正高品位的公关活动是以的文化知识素质为底蕴营造出来的。

现代社会各行各业对人的要求越来越高，其中，十分重要的一点就是对人的文化知识的高要求。公共关系工作是文化气息十分浓厚的工作，更需要从事者有较高的文化素养。

公关人员的文化素质有广博与专精两个方面。从广博的角度来看，公关人员应当在勤学好问的前提下努力做到“上识天文，下知地理”。公关人员需要学习和了解的知识很多，如经营管理学、市场营销学、传播学、广告学、社会心理学、政治学、经济学、哲学、法学、伦理学、人际关系学、社交学、逻辑学、历史学、谋略学、运筹学、预测学、口才学、谈判学、写作、编辑、外语等。

公关人员的专业知识结构是一个系统，这个系统是由公关工作所需的专业知

识及其相关领域的其他知识构成的。

公关人员的专业知识系统由公共关系基础理论、公共关系实务运作知识以及与公共关系理论和实践紧密相关的其他知识构成。

公共关系工作人员首先应当认真掌握的是公共关系专业基础知识。公关人员对公共关系的理论不能望文生义,不能浅尝辄止,特别是对年轻的公关工作人员更应该进行严格的岗前理论学习与培训。在学科文字上,公共关系没有深奥难懂的东西,但国内外的公关实践证明,公关人员对于公共关系基础理论,学与不学大不一样,学多学少大不一样,学深学浅大不一样,学粗学精大不一样。“理论是先行官,实践是兵士。”这应当成为所有公共关系从业人员的座右铭。

公共关系的基础理论知识包括:公共关系与公共关系学的含义及其相互关系、现代公共关系的产生及历史渊源、公共关系的宗旨、公共关系的职能、公共关系的工作准则、公共关系的工作机构、公共关系的三大要素、公共关系工作的基本程序、公共关系策划的基础知识,公共关系传播的基础知识、公关危机的预防与应对知识等。

公共关系是一门综合性很强的边缘学科,是以多种现代学科为基础交叉综合形成的。因此,公关人员要真正掌握和运用公共关系的基本理论知识和实务运作知识,必须对与之相邻或相交的其他学科知识有一个基本的了解。当公关人员懂得了管理学的基础理论之后,就容易把公共关系看做是一种通过组织管理行为、组织管理过程和组织管理方式以塑造组织形象的活动,这将有助于公关任务的完成。当公关人员掌握传播学的基本原理之后,就会自觉地将塑造组织形象的活动看成一个组织与公众之间技术性的双向传播过程,只有在这个过程中才可能建立起组织的良好形象。当公关人员对市场学和营销理论有较好掌握时,就会按照自由选择、自愿交换、激励相容、分散化决策的市场经济法则来处理与公众的关系,形成与公众的良性互动关系。

此外,公关人员还应对有关本组织的性质、任务、生存方式等方面的知识和其他相关组织的各方面公众知识,有尽可能全面而深刻的了解。一方面,对本组织形成的历史根源、发展的历史过程、组织的性质、基本特点、经营品种与范围、组织的实力、市场结构、公众状况、主要竞争对手、员工的物质收益和精神状况等,应有深刻的了解;另一方面,对相关的组织公众,也应有尽可能多的了解。例如,政府的性质、作用,与政府沟通的渠道和方法;社区的含义、范围、特点,处理好社区关系的重要性及方法;新闻传播机构的性质、服务对象、方法等。

四、公共关系工作人员的职业道德素质

公关工作人员既要拥有一般人高尚的道德情操，又要拥有公关工作者特有的职业道德素养，这就像医师、教师在一般道德水准基础上还有医德、师德的道德要求一样。公关工作人员的职业道德要求主要有以下七个方面：

1. 忠实于所服务的社会组织

每一个公关人员都需要为一定的社会组织服务，不必说在组织内的公关部工作的人员，就是在公关公司工作的公关人员也有在一定时期、为了一定任务而为某一特定组织服务的问题。在市场经济条件下，每一个社会组织都有自己的技术秘密、商业机密等，一经泄露就可能危及组织的生存。因此，公关人员必须严格履行自己的社会责任和道德责任，忠于职守，不做泄露所服务组织的组织机密的事情，不恶意地就所服务组织的弱点、缺点评头论足，说长道短。

2. 严格遵守所在组织的纪律

公关工作特别是面对外部公众的公关工作，是一项活跃而富于变化的工作，是一项“可深可浅，做则有，不做则无”的工作，很容易养成公关人员消极、散漫的工作作风。在这种状况下，公关人员只有以高度的责任感严格要求自己，严格按所服务组织的规章制度、组织纪律行事，才可能把该组织的公关工作干好。

3. 努力学习，不断提高

由于公关工作的创造性和挑战性，公关人员必须有努力学习、不断提高的内在要求。公关人员不应骄傲自满，不应满足于一功一得。组织发展无止境，公关发展无止境；社会发展无止境，公关前途无止境。在公关竞争中，常常存在“道高一尺，魔高一丈”的竞争、竞赛局面。公关人员只有不懈地向实践学习、向生活学习，才有可能跟上时代的步伐，满足公关工作发展的需要。

4. 廉洁奉公、正直公道

公关工作就是公关人员站在社会组织的角度为公众服务，为社会服务。这就要求公关人员要正确处理个人和集体、集体和集体、集体和社会的关系。个人利益应当符合组织的整体利益，不可本末倒置，不可以为谋求个人利益而牺牲集体利益、出卖公众利益和国家利益。公关人员应当懂得，公关人员个人是所服务组织的化身，社会组织是社会有机体的细胞，那种假公济私、损公肥私、以权谋私、贪污受贿的行为是必须杜绝的。公共关系工作需要与公众打交道，需要与其他人、其他组织合作互助，公关人员只有为人正直、处世公道，才能够处理好这些关系；只有处事严谨、公私分明，才能赢得他人的支持与合作。那种投机取巧、趋炎附势、阳奉阴

违、口是心非、心胸狭窄、嫉贤妒能、追名逐利的不良风气是公关人员应当坚决摒弃的。

关于公共关系从业者的职业道德，1965 年 5 月 12 日在雅典召开的国际公共关系协会全体大会上通过了《国际公关关系道德准则》，又称“雅典准则”。准则分为 3 个部分，共 13 条。

所有公共关系工作组织和公共关系工作人员应努力做到：

(1)为建设应有的道德、文化条件，保证人类可以享受《联合国人权宣言》所规定的诸种不可剥夺的权利作贡献。

(2)建立各种传播网络与渠道以促进基本信息自由流通，使社会的每一成员都有被告知感，从而产生归属感、责任感与社会合一感。

(3)牢记由于职业与公众的密切关系，个人的行为——即使是私人方面的也会对事业的声誉产生影响。

(4)在自己的职业活动中尊重《联合国人权宣言》的道德原则与规定。

(5)尊重并维护人类的尊严，确认各人均有自己作判断的权力。

(6)促使为真正进行思想交流所必需的道德、心理、智能条件的形成，确认参与的各方都有申诉情况与表达意见的权力。

应该保证做到：

(7)在任何时候、任何场合，自己的行为都应赢得有关方面的信赖。

(8)在任何场合，自己均应在行动中表现出对所服务的机构和公众双方的正当权益的尊重。

(9)忠于职守，避免使用含糊或可能引起误解的语言，对目前及以往的客户或雇主都始终忠诚如一。

应该避免：

(10)因某种需要而违背真理。

(11)传播没有确切依据的信息。

(12)不参与任何冒险行动或承揽不道德、不忠实、有损于人类尊严与诚实的业务。

(13)不使用任何操纵性方法与技术来引发对方无法以其意志控制因而也无法对之负责的潜意识动机。

国际公共关系协会曾强调：以上准则在实施时，可参照 1961 年在威尼斯通过的与英、美公共关系协会行为准则相似的《国际公共关系协会行为准则》。

除《国际公共关系道德准则》外，许多国家的全国性公共关系组织也制订了自己国家的公共关系职业道德规范，例如英、美等国。英国和美国的公共关系协会行为准则很相似，综合起来，其主要内容有以下几方面：

(1)职业行为标准

各会员在其职业活动中应尊重公众利益和个人尊严，公关业务应符合公众利益。在任何时候都应忠诚、公正地对待他目前及以往的客户、其他会员、传播媒介与公众。

(2)信息传播

各会员不得有意不顾后果地散布虚假的信息，而且应该注意避免因不慎而犯此错误；应以保证真实与准确为己任。

(3)传播媒介

各会员不得参与任何意在破坏传播媒介诚实性的活动。

(4)秘密利益

各会员不得参与任何为不可告人的利益服务而又掩盖其真实目的的欺骗性活动，应保证他所参与的任何组织都公开其真正利益。

(5)信息保密

各会员在未得到对方同意之前，不得因为个人的目的而公开(除非因法庭裁判)或利用从自己目前以及以往的雇主或客户那里获取的信息，即应为现在及过去的委托人保守秘密；会员不得受聘担任牵涉到泄露或利用这些秘密，因而有损这类现在、过去或可能的委托人或雇主利益的这些组织的雇员或职位。

为了推动我国公共关系事业向健康方向发展，并使公关人员的职业道德有章可循，1991 年 5 月 23 日第四届全国省市公关组织联席会议通过了《中国公共关系职业道德准则》。全文如下：

总　则

中国公共关系事业的发展是中国改革开放的必然趋势，它以新型的管理科学协调社会各方面的关系，密切党和广大人民群众的联系，调动各种积极因素，维护安定团结，促进社会主义建设，因此公共关系工作者肩负着时代的使命。公共关系工作者必须将具有高尚的职业道德作为完善自身形象的行为准则。

条　款

一、公共关系工作者应当坚持社会主义方向，自觉地遵守我国的宪法、法律和社会道德规范。

二、公共关系工作者开展公关活动首先要注重社会效益，努力维护公关职业的整体形象。

三、公共关系工作者在公共关系活动中，应当力求真实、准确、公正和对公众负责。

四、公共关系工作者应当努力提高自己的政治水平、文化修养和公关的专业技能。

五、公共关系工作者应当使公关理论联系中国的实际，以严肃、认真、诚实的态度来从事公共关系学教育。

六、公共关系工作者应当注意传播信息的真实性和准确性，防止和避免使人误解的信息。

七、公共关系工作者不能有意损害其他公关工作者的信誉和公关实务。对不道德、不守法的公关组织及个人予以制止并通过有关组织采取相应的措施。

八、公共关系工作者不得借用公关名义从事任何有损公关信誉的活动。

九、公共关系工作者应当对公关事业具有高度的责任感。不得利用贿赂或其他不正当手段影响传播媒介人员真实、客观的报道。

十、公共关系工作者在国内外公共关系实务中应该严守国家和各自组织的有关机密。

附　则

本准则将根据实际情况予以调整和修改。其解释、修改、终止权属全国省市公关组织联席会议。

第二节　公共关系工作人员的能力与培养

公共关系工作人员除了应具备必要的基本素质外，还应当具备较高的组织领导能力、观察记忆能力、社会交往能力、自控和应变能力、创造能力等等。公关人员既需要以一定的自身条件为基础，又需要社会组织能多途径、多形式地对其进行培训。

一、公共关系工作人员的组织领导能力

能力是能够胜任某种任务的客观条件。广义的能力包含素质，狭义的能力是指素质的动态表现形式。

公关人员的能力应当是一个系统。美国学者斯科特・卡特利普等人在他们所著的《有效公共关系》一书中，将公关人员的工作能力归纳为十个大类。换言之，公共关系工作人员应具备十个大的方面的能力，即写作、编辑、与新闻媒介的联络、特

殊事件的组织与筹备、演讲、制作、调研、策划与咨询、培训、管理。虽然公共关系人员不可能成为十全十美、全知全能的人，但是，从事公共关系工作要取得成就，能力还是应尽可能全面一些为好。就组织领导能力而言，公共关系机构虽然不是组织的决策机构，不必组织全体成员行动，但是，如何通过恰当的决策咨询使组织的领导者根据公众的需要，带领全体成员行动，这更需要很强的组织领导能力。在组织内部，各个职能部门的利益并不完全一致，考虑组织的整体形象时也会有各自不同的出发点，如何运用自己的能力巧妙地使之团结起来、协调起来，也是公关人员必须认真去实践的。公关人员要引导并说服公众认识、了解、赞美自己的组织并不是一件容易的事，有道是"众口难调"、"各有所需"。如何有效地协调组织与公众之间的利益差异和矛盾，这也需要运用公关人员的组织领导能力。

公关人员的组织领导和组织协调能力常常还有很多特殊之处。如需要组织协调的对象往往活跃多变，既要协调外部公众，又要协调内部公众；就内部而言，既要协调整个组织内全体公众的关系，还要协调公关机构内部成员的关系。

在具体工作上，公关人员的组织能力主要表现在调查研究、形象评估、日常接待、资料整理、商品展览、社会赞助、仪式庆典、新闻发布、舆论诱导等活动之中。

公关人员的组织领导能力如何，直接关系到组织人力、物力、财力是否得到有效的配置和利用；关系到组织的运行效率和组织目标的达成。因此，必须认真培养。

培养公共关系人员的组织领导能力，首先，要提高公共关系人员自身的业务素质，懂得公关活动的目的、任务，懂得公关的基础理论。

其次，要认真掌握一些管理学、领导科学、组织行为学等方面的基础知识。公共关系的组织领导虽有自身的一些特点，但与其他工作组织领导的能力的共同点是主要的，因此，从一般的组织管理科学中可以学习借鉴到公共关系的组织领导知识与能力。

再次，可以向本行业或相近行业的管理者以及其他业务工作者学习组织领导的经验。

最后，注意逐步提高公共关系工作人员的个人威信和个人影响力。个人威信是由个人的风度、气质、品德、才智、经验等构成的，它常常表现为情感的感召力和个人作风的回应力。个人影响力除了个人自身威信以外，还可能来自其职务权威，即来自个人的职务、职称、阅历、资历等。在一定条件下，个人威信却是可以通过自我培养而提高的。因此，公共关系工作人员应当通过多种途径培养和提高自己的风度和气质，通过修身养性提高自身的品德素养，通过学习和实践提高和拓展自己的才智、经验与能力。

二、公共关系工作人员的观察记忆能力

周密的公共关系计划常常来自周密的观察，独特的公关方案常常产生于独特的视角。公关人员应有细密的观察力，善于“于细微处见实质”，从察言观色去把握公众的心理特征。观察要敏锐，要善于发现事物变化中常人容易忽视，而又对公关工作有较大影响的细节，善于从普通的图表、资料、数据中发现特殊的问题，从事物现象的平静状态发现其蕴含的显著变化。观察的角度一定要尽量多。只有从多维视角获取的观察材料中，才能作出对事物现象背后的本质的推断，才可能排除错觉，剔除假象，形成准确的组织形象判断和对公关活动重点、要害的判断。

公关工作的一个很大的特点就是事情多，且易于变化。公众是形形色色的，公众的利益需求是纷繁复杂的。如果公关人员能将接触过的所有公关事物连同公众的姓名、性别、年龄、个性特征等等常人看来“微不足道”的东西都记下来，在需要时随时再现出来，那是非常好的。因此，公关人员在公关活动中一定要全神贯注，认真分析、思考，将各种细节通过各种手段尽可能多地记下来，并不断重复再现，以便在需要时准确地回忆出来。

三、公共关系工作人员的社会交往能力

公关人员的社会交往能力是指其进行人际接触与沟通、广泛联络各类公众的能力。公共关系工作人员应努力成为社会活动家。为了塑造、维护组织的形象，公共关系工作人员要与各种不同的人交往。这种交往既不能靠物质贿赂、请客送礼，又不能靠油嘴滑舌、精神贿赂，而是靠公关人员从尊重对方个人人格、尊重对方组织的合理利益需要出发，利用自己的学识、修养、交往技巧去接近对方、接触对方、认识对方、了解对方，与对方交流沟通，为对方解决困难和问题，达到广结人缘、广交朋友、见机行事、塑造组织形象的目的。

公关人员要提高社会交往能力，第一，应增强自信心。一个人成就的大小，往往不会超过他的自信心的大小。适度的自信能增强公关人员社交的勇气，抓住社会交往的机会。那种自轻自贱、自卑感强的人是不受公众欢迎的。因此，公关人员应当从自己年龄、性别、阅历、学识等方面发现对其自身有利的一面，以之作为自信的根基，大胆地走向公众，与公众轻松自如地交往。

第二，要尽可能地优化自己在公众面前的形象。这里内含着两个环节：一是在与公众见面前，公关人员应当根据公众的特点打扮自己，修饰自己；二是在与公众交往的过程中应当根据对象公众的状况讲究体姿仪态，注意自己的举手投足、张眉

扬目等仪态变化对公众的影响。公关人员应当明了：要树立和展示组织的良好形象，首先就得树立和展示公关人员个人的良好形象。别人只有接受了你，才可能进一步接受你所代表的组织。

第三，要察言观色，要善解人意。公关人员要取得社会交往的成功，有必要懂得一点动作语言学或体态语言学，了解人的体姿仪态、表情、手势等发出的真实信息。这种信息的可靠性、准确性、可信度常常比有声语言要高。因为人的口头语言主要受理性支配，动作语言则主要受非理性支配，动作语言所表达的东西常常是行为人想表达又不敢或不便表达的东西。因此，公关人员一定要认真仔细地在社交活动中捕捉这方面的信息，察其言、观其色，将心比心，推己及人，做公众的知心朋友。

第四，学会听人讲话。公关人员要传播组织形象，口头表达是很重要的，但善于倾听公众谈话也同样重要，甚至更为重要。只有你认真聆听公众讲话，公众才会更多地说真话，说实情；只有你能认真听别人讲话，别人才会投入地听你讲话；只有别人能认真聆听你的讲话，才有可能实现通过交谈进行对外传播的目的。听人讲话时要注意尽可能地选择宁静的环境；消除心理障碍，避免先入为主；集中注意力，用心体验对方谈话中所及的情景；重点是听对方所讲的主要内容，不要过多考虑其表达的水平；适当用言语给予对方呼应和支持；检点自己的体态语言。

第五，要给对方以肯定、支持和赞扬。每个人都希望被尊重，每个心智健全的人都希望别人能肯定他的观点的正确性，希望别人能给予适当的精神鼓励和赞扬；相反，每个人都不希望受到别人的挑剔、指责和攻击；即使他的观点确实是不对的，他也希望别人能在理解的基础上，提出建设性的交流意见而不是直截了当地批评，尤其不喜欢当众被批评。因此，公共关系工作人员在发现对方的优点、长处或对某一方面已经作出一定的努力时，应当给予充分的肯定、赞扬。当然，这种肯定和赞扬一定要真心诚意、明确具体、及时有度。即使是发现对方的观点与自己的立场不一致，甚至违反了一定的交往原则时，也不要一味指责对方，而应当抓住要害，以建议的口吻向对方阐明自己的观点，并请求对方理解。

四、公共关系工作人员的自控和应变能力

在人的能力结构中，自控和应变是矛盾的，又是统一的。应变的基础和前提是自控，自控的目的是应变。公共关系是一项需要不断开拓进取的工作，经常会遇到一些新情况、新问题，遇到始料不及的情况变化。对此，公关人员首先需要冷静自控，通过认真分析比较之后再作出应变的反应。首先，面对新情况、新冲突，公关人

员必须有耐心、有毅力，不要轻易否定原来结论的正确性，不要为眼前的利益所扰，不要为突发的灾变所困，应努力做到不急不躁、不烦不恼，“任凭风浪起，稳坐钓鱼船。”特别是在社交活动中，当出现个别公众有意或无意伤害自己、辱骂自己时，尤其需要冷静，需要在不违背原则的前提下予以忍让。那种遇事就烦、就上火、就动怒的人是很难搞好公关工作的。同时，当发现新出现的情况和问题确实系原来计划不周、预测有误，再执行原方案将有损组织形象或可能错失机遇时，公关工作人员应当根据情况的变化随机应变，或使问题转危为安，或使局面锦上添花。

培养自控和应变能力，首先，要培养自己博大的胸怀和高瞻远瞩的精神境界。如能做到凡事冷静观察、细致分析、从长计议、不为小事所扰、不为小利所诱、不为小人所恼，其自控、应变能力就会随之提高。

其次，要培养自己临变不惊、临危不惧的心理素质。公关人员应当懂得，在万事万物之中，变是绝对的，不变是相对的；巨变是必然的，微变是随时的。懂得了这一点，在接受任何任务时，都会作好承受各种变化，甚至承受突然的、灾难性变故的思想准备。当各种变化真正发生时，因为有备无患，就会将事态变化引起的心理震荡降低到最低限度，就会冷静地在变化中作出最佳的应变选择。

最后，多进行发散性思维，训练培养解决问题的多维性。这种思维训练的要点是给自己提出一个问题，然后自己随意探索与之相关的可能答案，这样的答案愈多愈独特愈好。坚持进行类似的变通性思维训练，就会在公关活动中对突然变故作出迅速反应，为妥善解决突发事件打下良好基础。

五、公共关系工作人员的创造能力

创造力是人类有别于动物的重要特征，是人类智力的重要表现。创造即开创前所未有的东西。公共关系活动的方法是“法无定法”，需要不断地创造。公关的主体在公关活动和其他活动的有效推动下必然或必须发生变化，不变则说明公共关系工作没有效果；公关的客体在数量、标的、需求等方面与主体的利益关系等方面，也是活跃可变的；公关的中介——传媒的变化则一定会更加频繁，更加显著。面对这种情况，公关人员要持续地开展卓有成效的工作，就要创造，就要根据一定时间、一定条件下的各要素特点创造出别具一格的公关活动，塑造出新颖别致和富有个性的组织形象。按部就班、走别人留下的老路，是很难真正有所作为的。

公共关系工作人员的创造能力是可以通过学习和实践不断产生、积累和提高的。

首先，由于创造活动的最大特点是“出奇”、“创新”、“突破”，这就要求公共关系工作人员要在平时的思维活动中培养敢于打破常规、不拘一格地探寻问题答案的习惯,即培养创造性思维的习惯,培养超越常规的思考方式。

其次,要培养自己观察问题、探索问题的敏锐性,对客观事物和现象的反应应尽量全面一些、深刻一些、快捷一些,善于捕捉住自己头脑中产生的由非逻辑思维形成的结论,把自己思想中突发的灵感记录下来,加以整理、论述,再付诸实践,就有可能产生创造性成果。

再次,应对创造学的基本知识,对创造的主体、客体,创造机制,创造过程等有一定的了解,把自己的创造活动规划为选择目标、精心准备、反复酝酿、出现灵感和实践验证等五个具有连续性、继起性、反复性的环节。

最后,应当熟悉和掌握一些前人留下的优秀的创造技法。

1.类比创造法。即根据一定的标准尺度,把某一事物与几个有联系的相关事物加以对照,从而把握住它们的内在联系而进行创造的方法。比方说,根据鸟的飞行设计出飞机,根据鱼的游动创造出潜艇等,就属于类比创造法。

2.等值变化创造法。即通过事物的相互比较并相互模拟、借鉴,以产生联系来改变原来的对象进行创造的方法。这一方法是日本的市川亀久弥教授根据蚕变成飞蛾、桑叶变成丝的自然现象概括提炼而成的。它是将现有的要素进行重新组合,或者将现存的事物在新的条件下进行重新变换结构而进行创造的方法。学做搭积木的游戏是培养这种创造技法的有效手段。

3.模仿创造法。人类许多发明创造都起源于模仿。创造学家认为,任何创造都是从模仿开始,然后再进行独创的。模仿创造法又可以分为机械式模仿、启发式模仿、突破式模仿三大类,其中最有创造价值的是突破式模仿。

4.联想创造法。联想创造法是依据人的心理联想而产生的创造方法。联想的具体方法按照选择方向大致分为两种:(1)横向联想法,即从一事物与他事物之间的相互联系中寻找解决问题的答案的方法;纵向联想法,即从一事物自身发展的轨迹去思考解决问题的答案的方法。(2)逆向联想法,即从一事物发展趋势的相反方向去寻求问题答案的方法。联想的方法按其特点,又可分为:(1)接近联想法,即对在空间或时间上接近的事物的联想;(2)相似联想法,即从一事物出发,对相似事物展开联想的方法;(3)对比联想法,即对性质、特点完全相反的事物联想的方法;(4)自由联想法,一种不受任何限制的联想方法;(5)控制联想法,即对事物有限制的联想的方法;(6)假想构成法,又叫幻想法,是在联想基础上,又突破联想而产生创造性成果的方法。人类通过这种假想构成法发明了很多文明成果。如由幻想人走路能像马一样快,于是发明了汽车、火车;由幻想人能像鱼一样游,于是发明了潜艇;由幻想人能像鸟一样飞,于是发明了飞机、飞船等。对于公关人员来说,幻想应当是必不可少的思维活动。一位哲学家曾说过，如果一个人完全没有幻想的能力，如果不间或跑到前面去，用自己的想象力来给刚刚在他手里形成的作品勾画出完美的图景，那就很难设想有什么刺激力会驱使他在艺术、科学和实际生活方面从事广泛而艰苦的工作，并把它坚持到底。

5. 智力激励法。智力激励法又可称“头脑风暴法”、“集思广益法”，是通过一种特殊的会议，使参加会议的人们相互激励、相互启发、相互诱导，彼此得到知识空缺的填补，从而引起创造性设想的创造技法。智力激励法是美国现代创造学之父奥斯本发明的。智力激励的必要手段是会议。这种会议的组织方式是：参加会议的人数每次在10位左右，最好是男女搭配，即有几位女性出席；会议的时间在30～60分钟之间；会前10天左右将会议的议题及出席会议者的名单通知与会者，并请他们作好发言准备；在会议上，所有与会者一律平等，自由表达，想法越新奇越好，提出的设想越多越好，不允许批评、指责别人的设想，不允许用集体的意见阻碍个人的创造性思维，但可以相互启发；会议秘书应将所有的提议全部记录下来，会上任何人都不对发言人作判断性结论。

六、公共关系工作人员的一般培训方式

1. 公共关系工作人员的培训目标

公共关系工作人员既需要以公关工作人员一定的自身条件为基础，同时，又需要组织能有计划、有步骤地按公关任务的发展需要进行培训，培训的目标有三类。

一是培训普通公共关系工作人员。培训这类公关工作人员的目的是为了满足日常接待工作和其他的公共关系辅助工作的需要。这类人员在培训前应具有高中以上文化水平，外在的自然条件要比较好。通过培训，使其具有高尚的道德品质和良好的职业行为准则；懂得公共关系的最基本的原理，明确公关工作的性质和任务；能对自己的仪表、仪态根据工作需要进行适当修饰；懂得礼节礼貌，能得体恰当地待人接物；具备较好的口头和书面表达能力；尽力让他们懂电脑、会外语。

二是培训专业技术公共关系工作人员。培训专业技术公共关系工作人员的目的是为了造就有某种特殊公共关系技术的人才，如摄影、广告、传媒等方面的人才。这类人员在培训前应有大专以上学历，有较好的文化知识修养。通过培训，应使他们首先具备普通公关工作人员的基本素质，并在此基础上掌握一些公共关系专业技术，或提高原有的专业技术水平；使他们懂得质量观念、效率观念的重要性，能努力钻研业务，做到精益求精。

三是培训专职公共关系工作人员。培训这类公关工作人员的目的是为了满足

公关工作组织指挥和全面协调的需要。这类人员在培训前应有大学本科以上学历，有普通公关工作人员和专业技术公关工作人员的基本素质。通过培训使他们精通公关理论、谙熟公关业务，成为公共关系工作的行家里手。

公关工作人员的培训内容：公关培训应当根据培训目的有选择、有重点地进行理论培训、技能培训和操作培训。理论培训的一般内容有公共关系基本原理、公关人员的职业道德和行为准则、公共关系学的相关知识。技能培训的内容包括某门技术的基本常识、动作要领、操作技巧与艺术以及一般的观察力、分析力、社交能力、表达能力、应变能力、创造能力等。理论培训与技能培训的界限是相对的。具体培训活动应强调理论和实践相结合，注重培训的参与式、互动式和体验式，注重培训结果的可操作性或实效性。

2. 公共关系工作人员的培训途径

从目前我国的实际情况看，公关工作人员的培训途径主要有三条：正规学历教育培训、短训班培训、组织内部的岗位培训。

(1)正规学历教育培训。这是系统培训公关工作人员的主渠道，是培养公关专业技术工作人员和专职公关人才的基本途径。目前，我国这方面的教育培训已有职业中学、大专、本科、硕士、博士等各种层次，由这类学校培养出来的毕业生正在成为我国公关战线的骨干队伍和生力军。

(2)短训班培训。这是以"短、平、快"的方式培养各种层次公关急需人才的培训途径。这类短训班一般就公共关系的某一个或两个方面的内容而举办，如公关礼仪、公关策划、公关广告、公关实务等方面的培训班就属于这一类。没有公关工作经历的人员可以参加这类培训以获取基础知识，在职公关工作人员也可参加这类培训来提高业务水平和工作技能。

(3)组织内部的岗位培训。为了使组织内的公关人员能就地增加工作经验、提高实践能力，可对他们进行模拟培训、职位轮调培训、特别任务培训、专家现场指导培训等方式的培训。

第三节　公共关系工作人员的常用礼仪

公共关系工作人员在公关活动中必须讲究一定的礼仪规范，用得体的礼节、礼貌及良好的仪表、仪态、仪式、仪容、言谈举止与公众打交道。公关礼仪的内容很多，最常见的有见面礼仪、访谈礼仪、服饰礼仪、宴请礼仪、体姿礼仪、次序礼仪等。

一、见面与访谈礼仪

礼，即礼节、礼貌；仪，即仪表、仪态、仪式、仪容。礼仪，就是人们在社会的各种交往中，为了相互尊重，在礼节、礼貌、仪表、仪态、仪式、仪容、言谈举止等方面所应当遵守的规范和程序。

公关礼仪，即公共关系礼仪，是社会组织的公共关系工作人员或其他人员在公共关系活动中，为了塑造个人和组织的良好形象所遵守或讲究的礼节、礼貌、仪表、仪态、仪容、仪式等方面的规范和程序。

公关礼仪是与一般的人际交往礼仪相同或相似的，是由人际交往礼仪发展而来的。现代公关礼仪是一个完整的系统，这个系统的各种具体规范之间既相互区别又相互联系、相互影响、相互制约。这个系统的主要内容有见面礼仪、访送礼仪、交谈礼仪、体姿礼仪、空间礼仪、电话礼仪、服饰礼仪、次序礼仪、文书礼仪、婚丧寿庆礼仪等。

（一）见面礼仪

见面礼仪是公关工作人员与公众见面时应遵守的礼仪，在公关活动中有着形成“晕轮效应”、“首因效应”或良好“第一印象”的作用。

在公关人员的各种活动中，见面时的外在形象始终是一种信息。在尚未发出动作、谈吐等实体信息前，公关人员的容貌、面部表情、着装样式等已经作为一种无声的或预示的信息传递给公众了。这些先期信息无疑会或好或坏地影响公关活动的全过程，成为增强或制约公关活动效果的一个内在因素。

公关人员为了在见面时对公众演礼，首要的一点就是要自信。自信是人的意志和力量的表现，是交际能力最重要的素质之一。一个人的仪表、仪态美，特别是人的风度美、气质美、韵致美，在很大程度上取决于这个人心理素质的优劣。

公关人员要想拥有良好的礼仪形象，拥有优雅的气质和风度，就应当放下一切压迫自己心灵的包袱和枷锁，努力表现充满自信的自我。

在出席正式或半正式活动之前，公关人员应作必要的准备，如梳洗头发，做做发型，修剪指甲，漱口刷牙，不吃洋葱、大蒜、泡菜等可能留下气味的食物；如口腔有异味，应嚼一块口香糖或一点茶叶；应洗澡、更衣、把皮鞋擦亮；先生还应刮胡子，剪掉出了鼻孔的鼻毛等。

公关人员在与公众见面时应能善解人意，根据公众的心态来调控自己的容颜和表情。公关人员使用最多、最具活力、对公关活动最有效的容颜和表情莫过于微笑，特别是真诚的微笑。

遵守时间、从容赴约是见面礼仪的重要内容。时间就是金钱，就是效率，就是友情，就是生命。每一个公关人员无论参加公务活动还是私人拜访，都应该养成严格遵守时间的好习惯。

由于人际接触的日益广泛，公关人员经常需要进行自我介绍或为他人介绍。在为他人介绍时，国际公认的介绍顺序是：第一，将男性介绍给女性；第二，将年轻者介绍给年长者；第三，将职位低的介绍给职位高的；第四，将客人介绍给主人；第五，将晚到者介绍给早到者。如果被介绍者之间符合以上两个以上的顺序时，一般应按后一个顺序进行介绍。在别人为你介绍新朋友时，你应想方设法记住新朋友的姓名。记住并准确呼叫对方的姓名，不仅是一种礼仪需要，而且能成为开启友谊之门的钥匙、寻找合作伙伴的桥梁。

名片的使用已成为公关交往的重要工具。名片具有个人和组织的重要信息，公关人员在保管、递送、接收名片时应当严肃认真。如名片只能保管在左胸内侧口袋，女性可将其放在挎包里；递接名片时，男性应起立，女性、长者应欠身；接过名片后，应认真看一下并有重点地读一下名片的重要内容；递接名片时都应说一些得体的客气话。

握手是世界上最流行的见面礼仪。握手的样式很多，如支配式握手、谦恭式握手、对等式握手、双握式握手等。标准式握手应当是：两人相距约 75 厘米时，上身微微前倾，双目注视对方，同时自然大方地伸出右手相握，握手的力度和相握时间的久暂应自然恰当。

见面时需要或可能用到的礼仪很多，除了以上所述外，还有鞠躬礼、拥抱礼、合十礼、拱手礼、致意礼等，公关人员也应认真学习和掌握。

(二)访谈礼仪

拜访、迎访是公共关系人员的一项经常性工作。拜访中的礼仪要求也很多。

要在拜访、迎访中对公众施礼，首先应了解一下拜访对象的交际类型。一般来说，交际类型主要有广结人缘型、谦恭服务型、夸口许诺型、物质笼络型、精神贿赂型、软缠硬磨型等。此外，性别、年龄、职位等方面的不同也会在交往中表现出不同的特点。只有对这些都有了清楚的了解后，才有可能因人施礼，满足和尊重公众的心理需求。

拜访中需遵循的礼仪主要有：第一，选好时机，注重预约，不要在人家不方便的时候或太忙的时候去拜访，拜访前最好通过打电话、捎口信或写信等方式预约；第二，应衣冠整洁，不能蓬头垢面；第三，进门前应敲门或按门铃，当主人询问时，应通报自己的姓名；第四，进门后应处理好自己的衣帽、雨具等物品，向主人处的所有人问候、致意，并随主人的引导入座；第五，当主人上茶水时，应欠身相接，并慢慢品饮；第六，不可随意翻动主人的书刊、物品，不得随意乱窜、乱看；第七，应对主人的热忱、精细、关照等给以适当的赞许或感谢；第八，应适时有礼貌地向主人道别。

迎访中需遵循的礼仪主要有：第一，当客人来访时，应收拾门庭，作必要的物质和精神准备；第二，当客人来到时，应热忱迎接，礼貌问候；第三，当客人有礼物相送时，应得体相接，并致谢意；第四，应得体地为客人上茶水、上水果等；第五，不要当着客人的面训斥职工、说教孩子；第六，不要当着客人的面反复看表；第七，不要在与客人交谈时将两手支于膝盖上或椅子的扶手上；第八，客人告别时，应礼貌相送。

交谈时应注意的礼仪要求主要有：第一，恰当问候，导引话题；第二，多用敬语，展示风度；第三，尊重对方，善用眼神；第四，情感呼应，展示理解；第五，谦虚谨慎，三思后言；第六，认真处理谈话内容，使交往在愉快的氛围中进行；第七，适度幽默，使交谈轻松活泼；第八，认真倾听，并注意开发新的话题。

二、服饰与宴请礼仪

(一)服饰礼仪

服饰是服装、饰品、美容化妆三者的统一。服饰是社会符号、审美符号、情感符号、个性符号的统一。服饰不仅反映主体的审美能力，也反映其道德和礼仪水平。

服装的色彩、款式、造型，饰品的样式、质地、形状，妆面的浓淡等都可能影响礼仪效果。如何才能恰如其分地选择好自己的服装、饰品和妆面呢？通常，运用服饰的基本原则是时间(Time)、地点(Place)和场合(Occasion)三者兼顾，简称 T. P. O. 原则。

"T"原则，即时间原则，主要是指服饰选择应考虑时代性、四季性和早晚性。所谓时代性是指服饰应顺应时代发展的主流和节奏，不可太超前，也不可太滞后；所谓四季性是指服饰选择应考虑春、夏、秋、冬四季的气候环境；所谓早晚性是指服饰应根据每天的早、中、晚气候变化而变化。

"P"原则，即地点原则，主要是指选择服饰应考虑社交的地点，考虑其空间环境，即应考虑社交地点是办公室还是车站码头，是高级宾馆还是公园绿地、荒郊野外……然后再对自己的服饰打扮作出准确恰当的选择。

"O"原则，即场合原则，主要是指衣饰打扮应顾及活动场所的气氛、规格。出席庄重、严肃的庆典、仪式活动应尽量正规一点儿；参加轻松、愉快的郊游就应尽量随便一点儿。

公关人员只有认真遵循以上的 T. P. O. 原则去选择自己恰当的服装饰品，才可能在公众中树立起自己可亲、可敬、可信的形象；也只有按照这个原则使服饰穿戴、美容化妆等各个方面、各个环节统一、协调，才能利用服饰、化妆所形成的整体美，在我们的公关活动中发挥合理演礼的效果。

（二）宴请礼仪

宴请是公共关系活动的形式之一。公共关系活动虽不等于迎送酬酢，但无论在国际还是在国内交往活动中，宴请都是重要步骤和重要措施之一。

宴请有许多环节，每一个环节都需要按礼仪规范进行。否则，可能导致难以设想的负面效果。

第一，公关人员需要根据宴请目的，确定宴请的规格和种类。宴请规格的确定，一般是根据宾主双方谁是宴请的主动方及主动方的身份地位如何来考虑的。一般来说，主动方出席人员的地位与身份应当和对方相等或略高于对方。

宴请的种类主要有宴会、酒会、冷餐会、工作餐、茶会等。宴会是指有桌次、席次之分，宾主围桌入座进餐，由服务员依次上菜的正餐。酒会亦称“鸡尾酒会”，以招待酒水为主，食品多为三明治、炸春卷、小香肠等；酒会不设座椅，宾客到达或出席的时间不受限制。冷餐会不备正餐，但可以有热菜，不排席次，可设少量座椅，也可不设座椅，宾主可随意走动、交谈、进餐。工作餐是边谈工作边进餐的宴请形式，就餐人员大多是与某项特定工作有一定关系的领导、技术人员和其他工作人员。

第二，公关人员应为宴会择定时间、范围，并根据宾客情况订菜。选择宴请时间的第一原则是公关活动的实际需要，以争取最佳的宴请效果。选择宴请时间还应当尽量考虑对方的禁忌日，不要在对方的禁忌日宴请对方。

宴请范围的确定应考虑适、少、和、偶原则。适，指所办宴请要适合一定的目的、内容、形式；少，指前来赴宴的人数应尽量少一点儿，以免造成浪费；和，指应尽量避免互有“敌意”的宾客出席同一宴会；偶，指双方出席宴会的人数一般应是偶数。

为了尊重宾客，订菜时应该考虑来宾的饮食偏好和口味，特别是要考虑到对方的饮食禁忌。

第三，要提前制发请柬。宴会请柬一般应提前一至二周制作发送，逢年过节的大型宴请更应提前半月发送，并在适当的时候打电话给宾客进行确认，以备宴请能如期或改期举行。

第四，排定桌次、席次。安排桌次、席次是一项具体、复杂而十分重要的工作，有较为稳定的原则。无论中式宴会还是西式宴会，也不论桌数多少，决定餐桌高低次序的原则是：主桌排定后，其余桌次的高低以离主桌的远近而定，近者为高，远者为低；平行桌以右桌为高，左桌为低。席桌的位次排列也有较严格的规矩，公关人员也应认真掌握。

第五，做好迎宾赴宴工作。公关人员在宴请前应敦促有关人员做好厨具、餐具的清洁工作和宴会厅的清洁、美化工作。宴请时间将至时，主人应在门口迎接客人。当宾主握手寒暄后，工作人员应引导宾客进入休息厅休息。当主宾到达后，由主人陪同进入休息厅与其他客人见面，然后进入宴会厅，宴会即可开始。

三、体姿与次序礼仪

（一）体姿礼仪

体姿，即人的身体姿态，又称“仪态”，包括人的站姿、坐姿、走姿、手势、表情等。在公关活动中，公关人员用优美得体的体态表达礼仪往往比用语言更让受礼者感到真实、美好和生动。

一位希望在公众面前受人欢迎的人，最重要的是要具备正确的站姿：人直立，挺胸，收腹，略为收臀；平肩，直颈，下颚微向后收；两眼平视前方，精神饱满，面带微笑；两臂自然下垂，手指自然弯曲；两手可在体前交叉，此时肘部应略向外张；男性在必要时可单手或双手背于背后；大、小腿收紧上提，膝盖放松，身体重心落于前脚掌；男子站立时，双脚可适当分开，但不可超过肩宽；女子站立时，脚应成“V”型，膝和脚后跟应靠紧。

走姿是站姿的延续动作，是在站姿的基础上展示人的动态美的极好手段。良好的走姿应当是：上体正直，抬头，下巴与地面平行，两眼平视前方，精神饱满，面带微笑；跨步均匀，两脚之间相距约一只脚到一只半脚；步伐稳健，步履自然，要有节奏感；女性着裙子时，裙子的下摆与脚的动作应表现出韵律感；走路要用腰力，因此，腰要适当收紧；迈步时身体重心稍稍向前，脚尖可微微分开，但脚尖、脚跟应与前进方向近乎一条直线，避免“外八字”或“内八字”迈步；两手前后自然协调地摆动，手臂与身体的夹角一般在10度至15度。

坐姿，能表现人的静态美。良好的坐姿应当是：款款走到座位前，如果是从椅子后面靠近椅子，应从椅子左边走到座位前；背向椅子，右脚稍向后撤，使腿肚贴到椅子边，然后收回左脚，轻稳正直地入座，女士入座时，应将裙子后边向前拢一下，以显得端庄娴雅；双脚并齐，手自然放在膝上或椅子扶手上；人体重心垂直向下，腰部挺直，上体正直；双膝应并拢或微微分开，并视情况向一侧倾斜；女士入座后，双脚必须靠拢，脚跟也靠紧；男士在可能时，可后于别人交叠双腿；女士一般不要架腿,必要时可交叠小腿。

(二)次序礼仪

次序礼仪是指公关人员在公关活动中,特别是在重要的礼仪场合,为了体现参与者的身份、地位、年龄等的差别,给予某些公众以必要的尊重,或者为了体现所有参与者一律平等,而按一定的惯例或规则对其进行排列的礼仪规范。

常见的礼宾次序有两大类:一类是旨在明确区分参与者的不对等关系,另一类是为了显示所有参与者在参与上的一律平等。

排定主席台位次的一般规则是:就前后排关系而言,前排为尊;就同一排而言,中者为尊;就两侧同位者而言,西式礼仪右者为尊,中式礼仪左者为尊。

就行走、就座而言,两人并行,右者为大;两人前后行,前者为尊;三人并行或并坐,中者为大,右侧次之,左侧更次;上楼梯或上车时,前者为尊,下楼梯或下车时,尊者在一人之后。

就乘小轿车而言,如由驾驶员开车,按汽车前进方向,后排右座为尊位,中座次之,左侧更次,前排司机旁最次;如果是主人亲自驾车,则主人旁边的位置为尊位。如果礼仪活动的双方或多方的关系是对等的,则排列方法有三种:一是按汉字的笔顺排列;二是按字母顺序排列;三是按回执或抵达的时间先后排列。

现代公共关系学

MODERN PUBLIC RELATIONS

第六章　公共关系工作机构

第六章　公共关系工作机构

随着社会的进步、公共关系事业的发展、公共关系职业化水平的提高，公共关系的专门工作机构也应运而生，并不断得到发展。公共关系工作机构已经成为公共关系职能得以充分发挥、公共关系工作能有效进行的重要依托和保证。从公共关系机构与它所服务的组织之间的关系来考察，可以把公共关系工作机构分成两类，即组织内部的公共关系和组织外部的公共关系公司。

第一节 组织内部的公共关系工作机构

一、建立内部公共关系工作机构的必要性

组织内部的公共关系工作机构就是指设置在组织内部的、专门负责处理公共关系工作的职能部门。建立组织内部公共关系工作机构的必要性主要体现在三个方面：

首先，设置组织内部公共关系工作机构，有利于组织整体效能的实现。目前，在许多社会组织中，大量属于公共关系范围的工作，都是由其他部门和机构来完成的。从各部门关系来看，在考虑和解决问题时，往往是从本部门的利益和立场出发，这样，难免会导致个体部分效能相互抵消，出现内耗，影响整体效能的发挥。不仅如此，各部门往往还会形成平行组织之间的相互封闭，妨碍协同前进，增加领导层的负担。如果在组织内部设置公共关系工作机构，就可以从全局考虑，协调各部门的利益和活动，使之更好地与整体利益配合。

其次，设置组织内部公共关系机构，有利于公共关系职能的充分发挥。公共关系本身的职能，客观上要求由与其相适应的组织机构来执行。有人把组织内部公共关系工作机构称之为组织的"五官"——眼、耳、鼻、舌、喉。这个形象的比喻在一定程度上说明了组织内公共关系机构所承担的组织与公众联系和沟通的重任。这种"五官"功能正是公共关系职能的重要体现。眼——观察组织与公众之间联系和沟通的状况；耳——倾听来自各方面对组织的意见、批评和建议，并及时反馈给组织；鼻——嗅出对组织和公众利益不利的"气味"，以便及时通报并加以调整；舌——品尝和体会公众的冷暖和甘苦，为公众排忧解难；喉——向社会公众传播有组织以及与公众有关的真实信息，赢得公众的理解与合作。由此可见，通过组织内部公共关系机构，可以促进组织与公众之间关系的协调，在公众中树立起良好的形象。

第三，设置组织内部公共关系工作机构有利于领导层集中精力去解决组织的重大问题。目前，组织面临的社会环境纷繁复杂，有的协调沟通工作难以由某个部门来进行综合处理。设置了组织内部公共关系工作机构，不仅能够使公共关系工作成为组织日常工作的一部分，而且可以把分散的、属于公共关系范围的工作和公

关职能统筹起来，减少领导层的负担，使领导能够从大量的接待、应酬、协调等琐碎事务中解脱出来，以便能集中精力去考虑组织的全局发展战略，解决组织的重大问题。

二、组织内部公共关系工作机构的基本特征

组织内部公共关系工作机构的特征是在与同一组织中其他部门进行比较时表现出来的，其基本特征有以下几个方面：

1. 整体性

现代社会组织是开放的技术系统，它包括科学技术系统、人群关系系统、目标价值系统、组织结构系统和管理机构系统等。它们是一个整体。公共关系仅仅是管理系统的一个部分，它是为实现组织的总目标而设立的。组织认识、组织意图和组织决策都会影响公共关系工作机构的生存和发展。反过来，公共关系工作机构健全、充满活力并有效地开展工作，也会有效地促进组织的发展。由此，公共关系工作机构的形式、人员、活动的内容和方法不仅服从和受制于组织整体，而且以其职能的充分发挥去推动组织整体效益的实现。

2. 协调性

组织内部的公共关系工作机构，不同于同一组织中一般的职能部门，它更多的是立足于搞好协调沟通工作，这种协调是多方面、多层次的。首先，公共关系工作机构要与组织内部的各个部门相互协调。这是因为，一个组织的公共关系目标的实现，要依靠各部门的相互配合、共同努力，在相互配合过程中，公共关系工作机构与其他部门一起构成了组织管理的一个大系统，而公共关系部门则是其中十分重要的并起着组织、沟通、协调乃至维系这个大系统作用的一个子系统。其次，公共关系工作机构内部层次结构和工作人员也应相互协调，以便充分发挥它本身的作用。最后，公共关系工作机构应对组织决策层与组织内部工作人员和外部公众的协调起积极作用。通过建立双向沟通的信息传输和信息反馈的通道，创造良好的协调条件。通过协调组织内环境和外环境的关系，协调平行群体间的关系和人际关系，达到发挥组织的整体效益的目的。

3. 权威性

组织内部公共关系工作机构应当具有与其职能得到充分发挥相适应的权威性。机构的领导人最好处于组织最高决策的地位，至少应有直接向决策层汇报、提建议和参与决策层讨论的权力。对于组织内部，它应有代表最高决策层发表意见、作出某些决定的权力；对于组织外部，它应是组织的“代言人”和“镜子”，有代表组

织发布信息和处理某些业务的权力。公共关系工作机构的这种权威性是在公共关系实践中逐步树立起来的。是否具有这种权威性将会对公共关系工作能否顺利开展并取得成效产生明显影响。

4. 复合性

组织内部公共关系工作机构要负责处理组织内外纷繁复杂的各种关系，这就决定了内部公共关系工作机构的人员构成不能清一色，要有各种人才。这当中主要应有两种类型的人才：一是公共关系的专门人才，负责媒介关系、社区关系、政府关系和职工关系方面的工作；二是公共关系技术的专门人才，负责新闻传播、信息采集、公关活动设计方案方面的工作。建立起这样一种精干高效、具有一定专业水准和能力、具有开拓创新精神的复合型人才结构的工作班子，是组织公共关系目标得以实现的重要保证。

除此以外，组织内部公共关系机构还应当具有适应性，即指机构的内部设置应与组织的现实规模的发展状况相适应，与组织的各种活动所涉及的地域大小相适应。

三、组织内部公共关系工作机构的主要模式

组织内部公共关系工作机构的模式可从类型和结构两个方面来理解。

1. 组织内部公共关系工作机构的类型

组织内部公共关系工作机构的类型主要指其在整个组织中所处的位置，常见的有以下四种情况：

第一，组织最高领导直接负责型。可用以下三个图形表示：

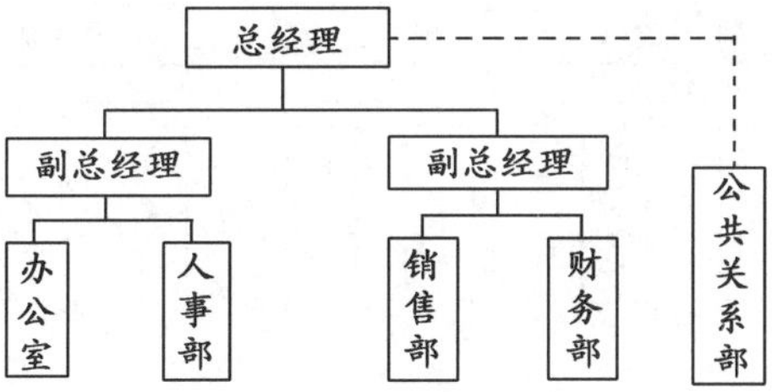

图 6-1

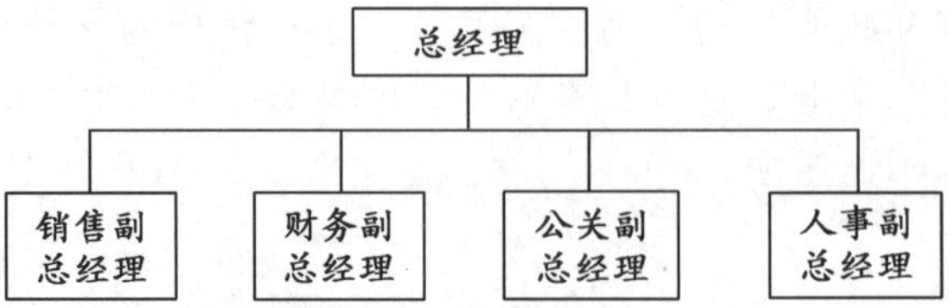

图 6-2

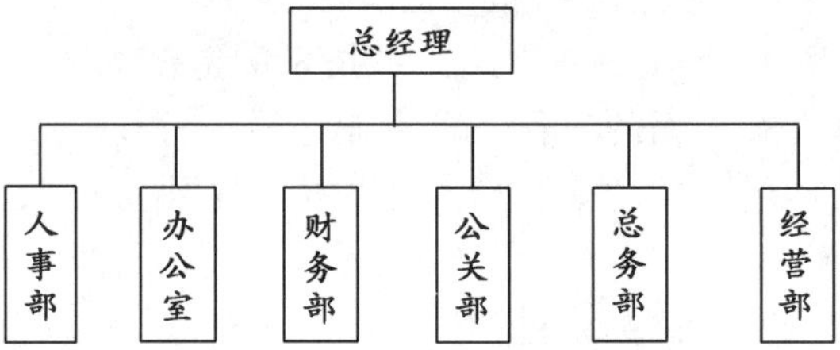

图 6-3

这种类型可以使内部公共关系工作机构的负责人处于可以直接参与组织决策的地位，并可以根据公共关系的具体需要来影响组织的总体规划。不论对内部或外部的事情，他都能够从总体上全面把握，统筹处理；在对内对外公共关系活动中有较大的自主权，对组织最高领导人有直接的汇报权。这是一种比较理想的类型。

第二，组织部门并列型。可用下图表示：

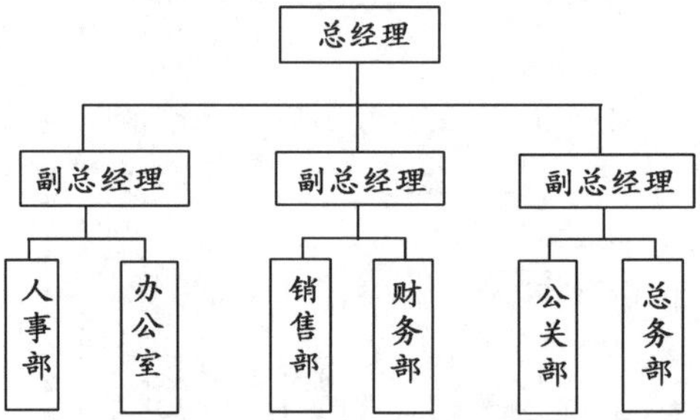

图 6-4

在这种类型中，内部公共关系工作机构负责人与其他部门的负责人的地位是平行的，通过主管副总经理向总经理汇报工作，并同时对组织最高领导层负责。这种类型可以使内部公共关系工作机构同最高领导层对话，便于高层领导及时了解公众对组织的意见和态度；也可以使内部公共关系工作机构较为及时地了解组织决策及行动的真实意图，并易于使工作机构的意见或建议影响组织的决策过程；还可以使组织决策层通过集体领导对包括内部公共关系工作机构在内的各部门进行统筹协调。

第三,组织部门所属型。可用下图表示:

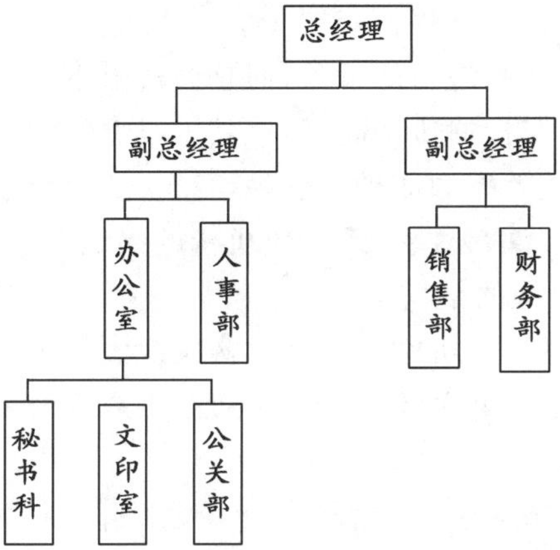

图 6-5

在这种类型中,内部公共关系工作机构处于组织第三个层次中。它与组织其他职能部门相比,要低一个层次,属于组织某一职能部门的一个下属组织。而且,根据不同组织在不同时期的特点又有几种隶属关系。例如,当组织重视生产和流通的管理协调时,它可隶属于生产部门;当组织强调促销功能时,它可隶属于销售或宣传部门;当组织偏重交际功能时,它可隶属于接待部门;当组织其他部门运转良好时,它可隶属于办公室。这种类型虽然可以使内部公共关系机构同组织最高决策层保持一定联系,并能列席参加一些最高决策层的活动。但是,与上述的组织最高领导直接负责型相比,这种公共关系机构难以使高层领导关于组织形象方面的指示直接、及时、准确地贯彻到基层,而公众和基层的各种意见和建议也难以及时、准确地反馈到最高决策层。

第四,公共关系秘书协理型。可用下图表示:

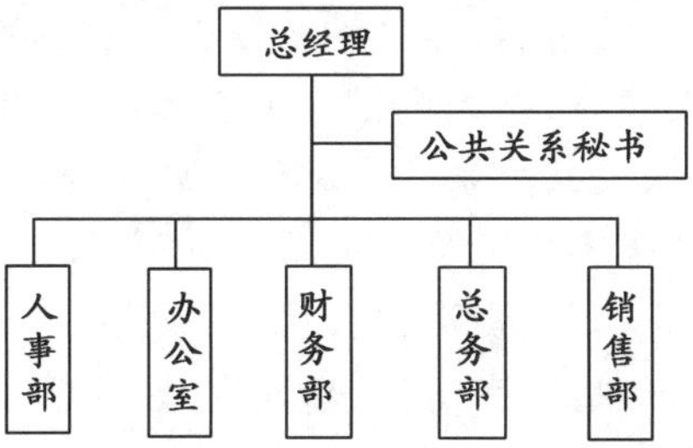

图 6-6

这种类型与上述类型相比最大的不同点在于：它有公共关系专职工作人员，但其工作岗位并不设在职能部门中，而是设在与组织最高领导人最为接近的地方；并且，它虽然不是完备意义上的公共关系机构，但同样承担着公共关系的特有职能，推动着组织公共关系工作的开展。有必要指出的是，公共关系秘书不是包办代替各部门具体的与公众联系和沟通的事务，而是通过上下沟通，把各部门有关公共关系范围的工作规划和组织指挥协调起来，使其围绕着组织的总目标，并使公共关系有序化，减少无效率或低效率的活动。这种类型主要适合于一些规模较小的组织，或暂时还不具备建立规范的公共关系工作机构的组织。

2. 公共关系工作机构的结构

一般说来，公共关系工作机构的内部结构层次大体上可分为两个部分，即公共关系工作机构的负责人（公共关系部经理）和公共关系工作机构的专项职员（公共关系专职人员）。

英国公共关系专家杰夫金在他著的《公共关系学》一书中，绘制了这样一个公共关系工作机构的结构框架：

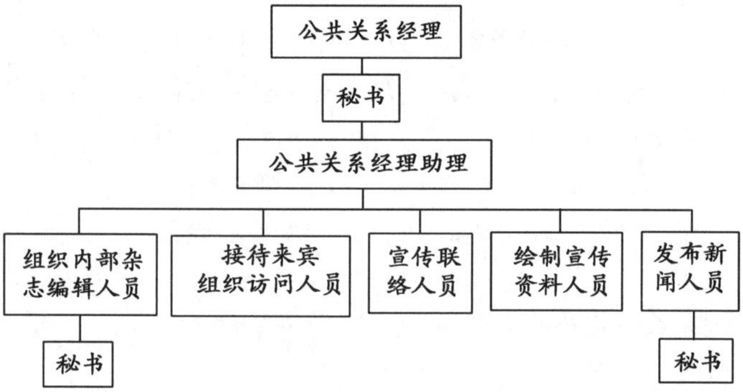

图 6-7

杰夫金所绘制的公共关系工作机构的结构框架主要适用于公共关系工作比较多、规模比较大的生产经营性组织，是一种比较有代表性的结构形式。

从国内外公共关系实践看，组织内部公共关系工作机构的结构组成可根据不同要求进行划分。例如，按公共关系工作对象可划分为：

第一，对内关系部分，主要负责员工关系、部门关系、干群关系、股东关系等；

第二，对外关系部分，主要负责消费者关系、媒介关系、政府关系、社区关系等；

第三，专业技术部分，包括文字写作、新闻发布、编辑印刷、摄影美工、专题活动与接待等具体工作。

按公共关系过程可划分为：第一，调查组；第二，规划组；第三，传播组；第四，检验组等。

按公共关系技术可划分为：第一，宣传资料组；第二，新闻公报组；第三，公众接待组；第四，产品展览组；第五，民意测验组等。

除此之外，亦可以按实际需要划分，如外商接待组、北美关系组、港台工作组、信息资料组等。按公共关系工作领域还可划分为：国内公共关系事务组和国际公共关系事务组等，并可根据工作发展状况决定是否再按较小区域继续细分。

总之，不论按何种结构方式组建的公共关系工作机构，都必须根据内部分工，各司其职，以确保组织公共关系活动的顺利开展和有效实施，促进组织总体目标的实现。

第二节　组织外部的公共关系工作机构

所谓组织外部公共关系工作机构，是指不依附于任何具体的社会组织，但为社会组织提供公共关系方面服务的机构。根据国内外公共关系工作的实践，组织外部的公共关系工作机构主要指公共关系公司。"公共关系公司"又称"公共关系顾问公司"或"公共关系咨询公司"。它是由各具专长的公共关系专家组成的、专门从事公共关系咨询或受某一组织的委托，为其开展公共关系工作的服务性机构。它们一般是得到政府认可，具有法人地位的集体。

一、公共关系公司产生和发展的必要性

公共关系公司是随着公共关系作为一种职业的出现而产生和发展起来的。它是由被后人从职业角度称为"现代公共关系之父"的美国人艾维·李最早建立起雏形的。1903 年，艾维·李在美国首创了具有公共关系公司性质的宣传顾问事务所。当时的业务是专门为企业或其他社会组织机构提供传播和宣传服务，协助客户建立和维持与公众及新闻界的联系。1920 年，N. W. 艾尔正式开办了公共关系公司。在公共关系事业开展最早也最为发达的美国，到 20 世纪 90 年代大约有 2000 家公共关系公司。在世界上其他国家和地区，公共关系公司和类似的咨询机构也以不同的发达程度存在、发展着。

公共关系公司的存在是社会发展的必然，是社会组织开展公共关系活动的必

然要求。社会商品经济的发展，市场竞争的增强，社会民主化程度的提高，使得各类社会组织都需要开展公共关系工作，以赢得社会公众的理解和支持，求得本组织在社会公众中的良好形象和信誉，促进组织的发展。一些较大型的社会组织机构虽然建立了组织内部的公共关系工作机构，但在开展公共关系活动中也往往需要在某些专门问题上求助于同行专家。而有些内部公共关系工作机构虽然建立起来了，但对如何进行公共关系活动则不甚清楚，需要得到行家里手的指点和帮助。这就为公共关系公司的出现提供了客观必然性。

一些较小型的社会组织由于受到人力、物力、财力的限制，没有能力设置一个门类齐全的内部公共关系工作机构，但是，这类社会组织同样要面对内外公众开展工作。在此情况下，设置一个规模较小的内部公共关系机构，其余工作请社会上的专业公共关系公司代理完成，借助专业公司的广泛影响和巨大优势去全面完成本组织公共关系目标就显得非常必要。另外，有的很小的组织机构在还不具备建立内部公共关系工作机构的条件时，更是需要求助于公共关系公司的咨询指导，并在一些必要的专门性公共关系活动中寻求公共关系公司的全面代理。

从公共关系活动效果上看，组织内部公共关系工作机构设立之后，如何克服组织内部公共关系工作人员在经验和活动范围上的局限性，使公共关系工作向科学化、规范化方面发展，不断增进公共关系工作效果，就成为一项重要课题。在这方面除了组织内部自身努力之外，还需要聘请组织外部的公共关系专家做顾问，以使本组织的公共关系工作能在更高层次上开展起来。另外，现代公共关系的特点是专业化要求和技术性要求越来越高，许多工作都需要受过专业训练并具有丰富经验的专家来担任或主持实施。但是，不论何种组织的内部公共关系工作机构，都不可能违背经济性原则去长期聘用许多专家来为自己服务，因此，组织根据公共关系工作的需要聘请公共关系公司的专家担任某些专项工作就更加符合提高经济效益的原则。也正是由于公共关系公司能够集中人力、物力为各类社会组织提供多种专门性技能服务，适应不同客户的各种特殊需要，所以，公共关系公司已在全球范围内成为一个新兴的、蓬勃发展的组织。随着公共关系公司信誉和策划水平的提高、服务项目的不断扩大，它在社会生活中也发挥着越来越大的作用。

改革开放以来，随着我国公共关系事业的发展，从 80 年代中期开始，国内许多地区出现了一批以提供公共关系服务为自己存在方式和发展手段的专业性公共关系公司。公共关系公司的“催生素”和“助长剂”是市场对公共关系服务的需求，而市场的变化发展又促使公共关系公司在服务手段、服务效率、操作水平上都有较大的提高。

近年来，国内许多公共关系公司在其服务中主要呈现出以下发展趋势。首先，大型社会活动的策划逐渐与组织形象、产品推广结合起来。由于客户对形象投资效益关注度的不断提高，公共关系公司在广告媒体价格不断上涨的情况下，将一部分的形象投资转向一些社会公众活动。其次，综合性的形象推广战略日益替代单一的形象宣传服务。由于市场竞争日趋激烈，客户对本身形象推广的要求越来越高。这种业务发展趋势使公共关系公司在人员配置及机构设置上都力求与之相适应。为客户提供综合性的形象推广服务，已成了反映职业公共关系公司业务水平的一个标志。再次，市场调研业务迅速增长，成为公共关系公司的专门服务项目。有些公共关系公司专门设立了市场研究拓展中心，不少公共关系公司与各类社会组织建立了调研与拓展的长期业务关系。最后，行业化水平日益提高。许多公共关系公司在操作精细化、组织策划严密化方面都有了长足的发展。随着社会主义市场经济的发展，人们对公共关系服务的价值将有进一步的认识，国内公共关系公司也将在探索和发展中迈上新的台阶。

二、公共关系公司的类型和结构

公共关系公司一般分为两种类型。一类是专门为客户提供某种公共关系技术服务的公司。例如，为客户搜集情报，提供资料，搞形象调查；为客户制订和实施公共关系方案，设计公共关系广告，推行公共关系主题活动；为客户制作电影、电视及各种视听资料，撰写新闻稿件，疏通与新闻媒介的渠道；为客户提供商标、招牌、门面设计和装修服务等。这类公司以其提供的特别技术和创造性的服务赢得客户。另一类是专门为特定行业服务的公司。例如，专门为工商企业的金融财政服务的金融公共关系顾问公司，专门为工商企业的新闻传播服务的大众传播公共关系公司，专门为旅游服务业提供服务的旅游公共关系公司等。这类公司专为某一行业的客户诊断一些公共关系工作失调的原因，利用自己的知识和经验向客户提出建议，利用自己的专长帮助推行行业公共关系工作和提供资料服务。

除此之外，也还有上述两类兼而有之的公共关系公司。这类公司或者与广告公司合营，或者本身就是一种全功能的综合性咨询服务机构。

以上类型的公共关系公司的规模大小各有差异。一般情况下，那种提供行业咨询服务的公司规模较小，少则几人，多则十几人；那种提供综合性咨询服务的公司规模较大，少则几十人，多则上千人。例如，成立于1953年的美国博雅公共关系公司是当今世界上最大的公共关系公司之一，到20世纪90年代中期它拥有一大批公共关系专家和2000多名经验丰富的公共关系专业人员；它在43个国家和地区设有办事处，组成了一张遍布世界各地的跨国网络；它为全球500多家地区性和国际性客户提供长年服务。

公共关系公司的内部结构与组织内部公共关系工作机构的结构一样，没有一种完全固定的形式。但是，除了较小的公共关系公司缺乏规范化的内部结构外，一般大中型公共关系公司大致的内部结构可以分为这样两个部分：

第一，行政部门。这个部门属于领导层。它包括公司总经理、副总经理和有关业务经理人员，主要工作是具体筹划、制订和实施为客户服务的公共关系项目和公共关系活动。这个部门的任务是在公司承办的各类公共关系业务中，负责审查公共关系项目和负责统筹安排公共关系业务活动的实施，并给予指导和咨询。

第二，业务部门。这个部门属于执行层，由公共关系公司根据自己的业务范围和工作特色来设置，如工贸关系部、金融关系部、新闻关系部、政府关系部、社会调查部、计划规划部等。有些跨地区或国际公共关系公司还设有地区部门和国际部门。这些部门一般由某一方面的公共关系专家和专业技术人员组成。公共关系公司就是通过这些具体的业务部门去为众多的客户提供服务的。

三、公共关系公司的服务方式

公共关系公司的服务方式多种多样，但主要还是属于信息服务和技术服务型，间或也有劳力服务型。从国内外一般情况看，公共关系公司以四种方式提供服务：

第一，为客户提供全面代理的公共关系服务。这种方式是在公共关系公司与客户达成协议之后，为客户全面地规划和实施公共关系工作。此时，公共关系公司就充当了这些组织的对外关系联系人、协调人和对内关系的协调人。公共关系公司通过系统地研究和分析客户所处公共关系状态的各种因素，其中包括它的经营政策、竞争地位、同各界公众的关系以及未来发展趋势，合理确定客户的近期和长期公共关系工作的目标，有针对性地帮助客户制订出切实可行的公共关系计划，运用公司的力量协助实施这些公共关系计划，定期检查实际效果，随时作出修正，保证获得最佳效益。这种全面代理也有仅为拓展业务的。例如，中国国家旅游代表团 1992 年去美国进行了为期 10 天的正式访问，访问的目的是让美国政府官员、各大旅游公司、旅游代理商、旅游协会和商业新闻媒介进一步了解中国旅游业的发展和变化。美国福莱公共关系公司受委托为这次访问进行了成功的策划安排。该公司在充分调研基础上，为代表团的访问制订了五项具体目标，即向美国旅游业介绍中国旅游设施取得的积极变化和进步；向美国旅游业提供优惠价格，协助旅游公司了解中国市场，显示拓展美国市场的决心；结合“92 友好观光年”的宣传吸引更多人的兴趣；讨论合作促销工作以及其他方面的合作事宜；为中美两国达成旅游协议打下基础。由此,在为代表团编印的详细促销中国旅游资料基础上,安排代表团同美国各大旅游公司举行会谈、举行招待会和举行新闻发布会等各项公共关系活动。在美国福莱公共关系公司的代理下,中国国家旅游局代表团访问活动完满地达到了预期目的。

第二,为客户提供公共关系咨询服务。咨询服务是一种“软件服务”。由于公共关系公司具有经验丰富、专业水平高、对问题的分析比较客观等优势,所以,即使设立了组织内部公共关系工作机构的单位也常常请公共关系公司为其提供各种咨询服务。这种服务方式主要是公共关系公司利用自己的专业优势和系统完善的资料档案,向广大客户提供政策信息、人才信息、科技信息、商品信息、市场信息、投资信息等,或者帮助分析客户公共关系失调的情况、原因,找出其存在问题和潜在的不利因素,提出劝告和建议,判定防范和纠正措施。各类社会组织可以利用公共关系公司的丰富经验和系统资料为自身的管理决策、协调内外关系提供建议和方案。

第三,为客户提供技术性服务。一些社会组织的内部公共关系工作机构往往受财力和物力的限制,技术条件比较差。在这种情况下,这些组织往往求助于公共关系公司,请公共关系公司为它们制作各种传播文件或声像资料等。这种服务属于短期专项服务,范围也较为广泛。例如,企业声誉管理、企业传播、企业战略定位、政府关系、媒体关系、市场营销、品牌管理、危机管理、潜在突发事件或有争议问题的管理、传播培训等。

第四,为客户提供职业培训服务。当一些组织在开展公共关系工作和建立组织内部公共关系工作机构时,常常由于缺乏专门人员或其工作人员经验不足、水平不高,而求助于公共关系公司,请其为它们培训公共关系人员。这种职业培训的方式主要有脱产的短期培训班、安排社会组织的公共关系人员到公司进行专业实习、派专家去社会组织进行岗位实践指导等。

四、两种公共关系工作机构的比较

我们从公共关系机构与它所服务的组织之间的关系来考察,把公共关系机构大体上分成了两类,即组织内部的公共关系机构与组织外部的公共关系机构。然而,一个组织究竟要采取何种形式的机构来从事公共关系工作,完全要从组织的实际情况出发,选择最适合于组织自身条件的那一种。这里将对两种公共关系机构的利弊长短作一比较。

(一)组织内部公共关系工作机构的利弊

设置组织内部公共关系工作机构有以下有利方面:

第一，了解本组织情况并熟悉本专业、行业知识。组织内部公共关系工作机构本身就是组织中的一个部门，而它的工作人员不仅了解本组织的过去和现在，也了解组织中一些不易为旁观者所察觉和了解的内情，作为组织的“自家人”，自然“能见外人之不见”，因此，他们在寻找问题的症结时往往快速而准确，特别是面对一些组织内专业性、技术性较强的问题时，往往能够一针见血地指出来，并提出相应的解决措施。由于很快地就能发现问题和确定问题，所以在制订公共关系目标时，针对性比较强，拟定的计划也比较切实可行。

第二，能促进内部交流渠道的顺利建立和可靠信息的迅速收集。能否建立和维持有效的内部及外部的信息交流沟通系统，这对于一个组织的生存与发展至关重要。设立了组织内部公共关系工作机构，便使得这一系统的建立与维持得到了组织上的保证，从而在组织管理上有了必不可少的基础。这不仅可以发挥其掌握公众信息的优势，随时将内外公众的意见及时反馈到组织决策层，促进内外部信息的上情下达、下情上达；而且，组织内部公共关系工作人员在沟通过程中，可以通过其科学的分析预测减少决策者的决策失误，甚至在决策后通过决策宣传、解释工作，可以对决策者的决策失误及时地提出警告和修正意见。

第三，有利于公共关系工作的连续性和系统性。公共关系过程是一个有计划的持续努力过程。公共关系各项活动的开展，短期目标与长期目标的规划与实现，都需要阶段性与长期性的结合。有了一个常设性的组织内部公共关系工作机构，就使组织公共关系范围内的工作有了相应的负责部门，就能够更好地完成公共关系的日常工作和持久性的公共关系活动，保持公共关系工作的连续性和稳定性。另外，由于组织内部公共关系工作机构对组织内部情况较为熟悉，因此，在组织遇到临时性问题或突发性事件时，可以作出迅速反应并及时处理，立即为决策层提供相应对策。

第四，有利于贯彻经济上的节俭原则。开展公共关系工作是要付出一定费用的，组织内部公共关系工作机构作为组织的一个单位，深明组织的经济实力，知道组织能为公共关系活动提供多少经费，因此，他们在制订和实施公共关系计划时，往往不仅要考虑到公共关系工作的效果，同时，还会注意量入为出，为组织尽量节省经费。

设置组织内部公共关系工作机构在开展工作方面的不利之处表现在以下几个方面：

第一，容易对组织形象作出不准确的判断。由于组织内部公共关系工作机构与本组织关系十分密切且受制于本组织，所以，在分析问题、考虑对策时存在一定的局限性，并在对本组织的形象评价中产生偏见，甚至出现迎合、违心的可能性。

这种困于感情色彩的情况往往会成为客观分析组织现状、采取客观对策的障碍。

第二，活动能力会受到一定限制。组织内部公共关系工作机构一般人手较少，其社会活动范围和社会联系也是有限的，因此，在完成一些大型公共关系活动或技术水平要求较高的专题活动时，往往会感到力不从心。

第三，职权范围较为狭小。由于组织内部公共关系工作机构隶属于组织领导，因此，不仅其机构的人、财、物的调配和公共关系计划的拟定与实施会受制于本组织，而且，组织领导人也容易被各种情况制约其职权，限制其活动范围。另外，还可能由于组织领导人对公共关系认识的偏颇，使公共关系工作出现职责不明或负担过重的状况。这就使组织内部公共关系工作机构难以真正独立地按公共关系工作需要开展工作。

（二）组织外部公共关系工作机构的利弊

以公共关系公司为典型代表的独立的组织外部公共关系工作机构也同样存在利弊长短的差异。

公共关系公司为社会提供服务的有利之处主要表现在以下几个方面：

第一，评判和处理问题具有客观性。由于公共关系公司与委托单位没有直接的利益关系，公共关系公司工作人员在调研分析情况时，作为受聘人员只是局外人，是根据委托合同来此工作，不是隶属于客户的员工，因此，可以从容、冷静地进行观察，在分析问题时具有一定的客观性，提出问题比较中肯、实在。也由于公共关系公司工作人员与客户的上下左右方面的人士没有直接利害冲突，没有客户在以往活动中存在的“人情关”的约束，故在调查研究、分析判断、提出问题和实施方案时，能够做到客观、公正，在对问题的趋势判断上也比较准确，而这正是公共关系工作成功的先决条件之一。

第二，社会联系广泛，信息较为灵通。公共关系公司一般都会建立起一套规模或大或小的较为完善的信息收集系统和信息储存系统，并使用先进的设备来处理各种信息。与此同时，它同社会各界有着密切的联系，信息来源广泛、渠道畅通，一旦需要，便可迅速地将各类信息情报快速而准确地提供给客户，客户亦可通过它及时、充分地获取各种信息，为其科学决策提供依据。

第三，经验丰富，具有权威性。公共关系公司中汇集了各类专门人才以便接受各类客户的委托进行公关服务，相应的专业水准也较高，因此，公共关系公司在应付复杂局面、解决难题方面，其人力、办法和经验都要比组织内部公共关系工作机构灵活、丰富得多。也由于公共关系公司与社会联系较广，与各种媒介的关系更为密切，因此，不仅可以根据积累的经验提出最佳的方案，而且在公关事务操作中也更为得心应手。另外,由于公共关系公司具有专业化的人力优势,因此,他们提出的建议和方案更具说服力,亦更有权威性,容易受到决策者的高度重视。

公共关系公司为社会提供服务的不利之处主要表现在以下几个方面:

第一,由于公共关系公司不隶属于客户,故对客户的情况不够了解,所以,对某一问题的深入了解要花费较多的时间。

第二,公共关系公司与客户之间还存在一定的沟通障碍和困难,双方的信赖程度和合作程度会在一定程度上影响公共关系公司的工作进度和工作质量,或者影响公司业务的拓展。

第三,由于公共关系公司要面对若干客户,也由于收费的限制,因此,公共关系公司为客户提供服务一般时间不会很长,也就难以为客户制订和执行一系列长期的公共关系工作计划。

现代公共关系学

MODERN PUBLIC RELATIONS

第七章 公共关系对象

第七章　公共关系对象

公共关系开展工作的对象是各种不同的社会公众。公众以数量不等的组织、群体或个人的形式存在，并形成对组织具有不同影响的环境。每个组织都必须对公众的类型、特点、与组织的关系和作用等加以认识，并掌握对其展开工作的内容和方法。

第一节 公众的类型与特点

公众的分类是公共关系理论中的重要部分。公共关系的政策制定和方法运用都有赖于科学地区分不同的公众。只有把握各类公众的特点，才能有效地与他们进行沟通。

一、公众的类型

公共关系的对象可以按照不同的标准分为不同的类型。

最常见的分类是按照公众与组织的归属关系，把公众分为内部公众和外部公众。内部公众是组织的成员，包括职工、股东，它是与组织的关系最为直接、密切的一类公众。外部公众是与组织生存发展有利益关系的除内部公众外的全部公众，包括组织的客户、竞争者、合作者、金融机构、新闻媒介、社区、政府机构、社会团体等。

按照公众对组织的重要性来分，可以将公众分为首要公众和次要公众。首要公众是对组织的生存、发展、信誉、成败有举足轻重的作用的公众，如员工中的骨干、股东中的董事会成员、新闻机构、重要客户等。次要公众是对组织影响不大、作用不突出的公众。这种首要与次要之分是相对而言的，两者之间存在着转化关系。

根据公众对组织的态度，可以将公众区分为顺意公众、逆意公众和独立公众。顺意公众是对组织的政策和行为持认同、赞赏和支持态度的公众；逆意公众是对组织的政策和行为持反对态度的公众；独立公众是对组织的政策和行为持中间态度或态度不明朗的公众。显而易见，公关工作就是要保持和扩大顺意公众，转化逆意公众，争取独立公众。

按照公众与组织的关系状态，可以将公众分为潜在公众、知晓公众、行动公众。潜在公众指在组织的公众环境范围内，某社会群体或个人面临着组织潜在的公共关系问题的公众。这个潜在问题可能尚未充分显露，也可能是这些公众本身还未意识到问题的存在。知晓公众是那些已经意识到问题的存在，但尚未采取相应行动的公众。行动公众是指那些不仅意识到问题的存在而且已经开始采取相应行动的公众。公关工作就要善于抓住潜在公众，扩大知晓公众，诱导行动公众。

根据公众自身构成的稳定性，还可将公众分为临时公众、周期公众、稳定公众。

临时公众是因某一临时因素、偶发事件或专题活动而形成的公众;周期公众是按一定规律性和周期性出现的公众;稳定公众是与组织有稳定关系的公众。

此外,不同的社会组织都有着自己特殊的公众。这就要求公关人员根据自己的不同性质的公众,采取恰当的交往和沟通方式,准确、及时、有效地向特定公众传播与关信息;在公共关系预算和资源许可范围内,确立优先原则,更经济、有效地使用经费和资源,制订切实可行的、针对性强的公关计划。

二、公众的特点

公众具有同质性、层次性、可变性三个基本特点。

(一)同质性

所谓同质性是指公众具有某种共同的性质,即遇到了某种共同的问题。换言之,是他们具有某种共同的利害关系并与组织构成了一定的利益联系或利害冲突。比如,表面上看相互间并没有联系的许多个人或团体,因为同处某一地区,都面临着某家工厂的污染威胁,从而使他们的态度和行为具有内在联系(利益联系),不约而同地或者有组织地针对该家工厂形成公众压。因此,了解和分析自己的公众,必须首先分析其内在的共同性,才能化混沌为清晰,从公众整体中区分出不同对象来。

(二)层次性

公众的存在形式是复杂多样的。不能因为"Public Relations"一词是复数,就认为公众只能是群体,而不能是个人。实际上,"公众"可以是个人,可以是群体,也可以是团体或组织。即使是同一类公众也可以有不同的存在形式。消费者公众可能是某个人,也可能是某一团体(如消费者协会),也可能是一个严密的组织(如使用该产品的其他组织)。公众的层次性特点决定了公共关系的沟通方式和传播媒介选择的多样性。

(三)可变性

公众是发展变化的,不会始终静止不变。公众的形成和出现,取决于共同问题的出现。公关工作就是要解决与组织的公众相关的问题。从这种意义上讲,一旦这些问题解决了,原来的公众就不存在了;假如又产生了新的问题,就会出现新的公众。公众存在时间的长短,完全是由问题存在的时间长短来决定的。

三、公众的心理倾向与定式

公共关系工作的对象——公众不是被动的客体，他们具有主观能动性。研究公众就必须研究他们在与组织发生关系时的心理倾向和心理定式。

（一）公众的心理倾向

公众的心理倾向是公众在进行有选择的活动时其兴趣、需要、价值取向的特定反映。下面主要就公众对组织影响较大的两种心理倾向进行讨论。

1. 公众的兴趣倾向

公众的兴趣是公众对组织的积极探究的心理倾向。公众在与组织发生关系时，对组织的有些事物印象特别美好和深刻，从而带来愉快的感觉和深入研究的愿望，于是形成一种定向反应。每当这类事物重新出现时，便会出现愉快的感觉，并把注意力集中在这类事物上。如果公众喜爱某个组织，那么他们就会对组织的有关信息表现出关注。在公共关系活动的推进过程中，公众的兴趣发挥着重要的作用。只有充分地重视、利用和引导公众的兴趣，才能使公关活动取得实际的成效。

公共关系过程是主客体双向交流的过程。主体有主动作用，客体也有能动作用。如果主体发出的信息和要求不符合公众的兴趣，那么公众就会拒绝它而使交流中断。公关部门在开展公关活动之前需要采集各种有用的信息。公众的兴趣就是最有用的信息之一，能对公关部门给予某种启迪和诱导。

由于公众的兴趣具有客观性和实际意义，要求公关部门自觉地去诱导公众的兴趣。诱导公众兴趣的方法是比较多的。第一，利益诱导法。以利益为诱因去引导公众的兴趣是常见的方法。例如，一个组织若想吸引人才，就可提供良好的物质条件来诱引人才对组织产生兴趣。第二，竞赛诱引法。通过竞赛本身的刺激性去刺激人们的兴趣。第三，专家指导诱引法。通过专家的指导去引导公众的兴趣。有些组织在促销活动中常常聘请专家做现场咨询指导以诱引公众对产品的兴趣。第四，新奇诱引法。好奇是人的天性，是兴趣的先导。新奇的内容、新奇的结构、新奇的包装、新奇的功能都能引起人们的兴趣。有竞争能力的企业很重视新产品的开发，用不断开发的新产品去诱引消费者的兴趣，从而保持和开拓市场。

总之，公众在与组织的交往过程中会产生某些兴趣倾向，公关人员要善于认识、利用和诱引公众的兴趣，使公关活动取得成效。

2. 公众的需要倾向

公众的需要是公众所必需而又欠缺的事物在头脑中的反映。当公众对某事物产生了不足之感和求足之愿时，就是一种需要。公众的行为往往就是为了满足自己的多种需要而产生的。因此,需要是公众行为积极性的源泉。需要越迫切,行动就越积极;行为越积极,产生的需要越多、速度越快、层次越高。组织要使公众产生对自身有利的行为,就要去发现、引导、满足公众的需要,更广泛地赢得公众的信任、支持。如果一个组织没有满足公众需要的能力,那么这个组织就不能奢望公众对自己产生过高的评价。在公关活动中,了解公众的需要是开展公关活动的前提和条件。

公众的需要具有广泛性和关联性的特点。广泛性提出了认识公众具体需要的课题,关联性为开展公关活动提供多种可能。

公众的需要具有反复性和竞争性。反复性说明公关活动不可能是一劳永逸的,应作长期准备;竞争性说明公众的相互攀比会加速需要的产生,因而公关活动需要善于发现和及时利用公众因竞争而产生的新的需要。

公众的需要具有发展性和差异性。发展性既表现为数量、质量、层次上的提高,又表现为一定条件下的层次需要的升华。因此,开展公关活动要有预见性、战略性,防止盲目性和被动性。差异性说明公关活动要有针对性,要能切中公众的具体需要,防止隔靴搔痒。

一种新的美味食品对每个人来说都有潜在的需要,但不一定每个人都会自觉地去满足这种需要。换言之,特定的需要只有在特定的刺激下才能发生。因而公关活动的主体应主动积极地诱引公众的需要,把公众潜在的需要激发为自觉的需要。另一方面,公众的需要有合理的,也有不合理的,这就有个给予满足和不给予满足的问题。归结起来,对公众的需要进行诱引就是激发公众需要,满足公众合理需要。

激发公众的需要,是用激励的手段给予某些刺激,使公众产生某些需要。公关工作应当激发公众在以下几个方面的需要。

第一,积极参加组织的各种活动的需要。组织中的各种活动,包括生产性活动和非生产性活动,这些活动只有在全体参加者的共同努力下才能产生好的效果。参加者如果能把参加这些活动看做自己的需要,积极性必然很高。生产性活动直接和组织的生存相关,就需要重视激发内部公众产生积极参加这些活动的需要;非生产性活动与对组织的态度及关系相关,就应重视激发外部公众产生积极参加这些活动的需要。

第二,显示自己的才干、能力的需要。每个人都有自己的特长、潜能,如果它们能比较充分地被开发出来,对组织的发展是巨大的推动。而且组织成员显示自己才干和能力的需要并非都有迫切性和自觉性,要靠外部力量来激发。

最后,与组织共同获利的需要。与组织共同获利是内外公众一致的需要。无论内部公众还是外部公众都与组织存在着利益方面的关系，如果组织只顾自己的利益，而不顾内外公众的利益，最终也不能保证自己的利益。所以，激发公众的这种需要，组织的成员才能与组织同甘共苦，外部公众才能发展与组织的关系。

一个组织在以下几方面，应当尽量保证满足公众的需要。

第一，满足反复出现的需要。公众的需要具有反复性，对于反复出现的需要应当一直给予满足。例如，组织成员的工资收入、劳保用品等，如果不能一直给予满足，或者降低原有的水平，显然是会产生不满的；如果消费者要求组织提供高质量产品的愿望不能一直给予实现，那么组织就很难继续保持和消费者的关系。

第二，满足刚性需要。所谓刚性需要是指那些绝对必要的需要。例如，人的排泄需要、饮水需要、居住需要等都属于刚性需要。满足公众的刚性需要是建立和发展良好的公共关系的推动力量。

第三，满足特殊需要。公众的需要具有差异性，不同的公众有不同的需要。只有了解公众需要的差异并在可能的条件下积极给予满足，才能获得公众的赞誉。

(二)公众的心理定式

所谓心理定式，也就是心理上的"走向趋势"，它是由一定的心理活动所形成的准备状态，对以后的感知、记忆、思维、情感等心理活动和行为活动起正向或反向的推动作用。心理定式犹如物理学中的"惯性运动"，使人不自觉地沿着一定的方向去感知事物、记忆事物、思考问题和解决问题。

公众的心理定式，一方面可以帮助其正确认识事物，产生令人满意的客观效果；一方面有时也可能是其正确认识事物的障碍，产生不良效果。

1. 首因效应

第一次进入一个新的环境，第一次和某个人接触，第一次品尝一种新食品等，往往都会给人留下深刻的印象，成为一种心理定式而难以改变，这种现象被称为"首因效应"或"第一印象"。第一印象不仅来自直接接触，也可能来自传播媒介的间接介绍，所以第一印象是指第一次形成的对某种事物的印象。近代才出现的"广告"，就因为它对公众能够产生"先入为主的"心理定式而使现代"广告战"愈演愈烈，那是因为许多公众在购物时往往是根据广告进行选择的。在公关活动中利用首因效应来主动开展宣传往往能够取得比较好的效果。但是，任何组织都切忌利用首因效应欺骗公众。

2. 晕轮效应

"晕轮效应"是指从对象的某种特征推及对象的总体特征，从而产生对对象整体的认识。当人走进礼品店选购礼品时往往选中包装精美、价格偏高的物品。因为,精美的包装、偏高的价格往往使人产生晕轮效应,认为里面的东西会像外面一样好,会与价格相一致。同样,简陋的工厂和简单的工具不会使人想到其能生产出精美的产品。显然,晕轮效应和首因效应一样,带有强烈的主观色彩。

3. 移情效应

“移情效应”是把对特定对象的情感迁移到与该对象相关的人或事物上的一种心理现象。“爱屋及乌”就是移情效应的典型表现。在公关活动中,公关人员应当“投其所好”,针对公众的兴趣、爱好开展宣传活动,增加“受”者对“投”者的好感,使公众喜欢自己、信任自己、帮助自己。在现代广告中,利用名人做广告就是一种移情效应;设法把公众对名人的情感迁移到自己的产品上来或者迁移到自己组织的知名度上来,是公共关系活动常用的手段。

四、与公众的沟通

与公众的沟通是指组织的公关部门运用传播技巧促进组织与公众的双向交流,说服、诱导公众产生与组织一致的认识和行为的活动或过程。沟通是组织与公众形成相互支持、相互协作、互利互惠和友好往来的黏合剂。

与公众进行沟通,无论采用何种形式,其方法主要有两种:书面沟通和口头沟通。书面沟通是指用书面形式(包括网络和短信息)所进行的信息传递和交流。书面沟通的优点是可以作为档案文件和参考资料长期保存,可以反复查阅,但要受到写作的限制,不够直观,花费时间。口头沟通是运用口头语言表达思想、情感、认识等信息。它的优点是能够使双方充分详细地交换意见,迅速做出反应;而且面对面的交流可以增加亲近感,提高沟通效果。其缺点是传播范围有限,受时空限制较强。

美国公共关系专家卡特利普和森特与布鲁姆合著的《实用公共关系》一书中,对与公众进行沟通的有效性提出了值得借鉴的七个“C”观点。

可信赖性(Creditability)。沟通应该从彼此信任的气氛中开始。沟通者首先要创造一种信任气氛,表明沟通者有真诚满足被沟通者愿望的意图,并且可以使被沟通者相信,在解决双方共同关心的问题上,沟通者有足够的能力和诚恳的态度。

统一性(Context)。沟通计划必须建立在对环境充分调查研究的基础上,与组织的实际状况、公关目标、发展要求相统一,使沟通目标与期望形成的公众环境相统一。

内容同一性(Content)。人们乐于阅读、观看或倾听与他们原有知识和认识水平相一致的信息,或者与他们切身利益密切相关的信息。所以,用以沟通的信息内容必须与接受者原有的价值观念有同一性，尤其是那些与接受者的经验范围和内容较一致的内容更易被公众所接受。

明确性(Clarity)。用以沟通的信息必须言简意赅，使用对于沟通双方具有同样含义的语言。复杂的内容要列出标题，采用分类传播法。信息传递环节越多，内容越应简单明确，如，组织对内部各部门公众讲话口径要明确一致。

持续性与连贯性(Continuity and Consistency)。沟通是一个没有终点的过程。要达到渗透的目的，既要反复传播同种信息，又需要在重复中逐渐增加新的内容。沟通工作要持之以恒，不能三天打鱼两天晒网。

慎选沟通渠道(Channels)。沟通者应该利用现实生活中业已证明行之有效的沟通渠道，有针对性地选择为接受者所熟悉或习惯使用的渠道和方法。人们的社会地位及其他背景各不相同，对沟通渠道和方法的认识、接受、评价也迥然不同。

被沟通者的接受能力(Capability of Audience)。沟通者必须考虑被沟通者的接受能力，用来沟通的材料对接受者接受能力要求越小，信息越容易被接受。

第二节　内部公众

社会组织要建立自己良好的形象和声誉，得从内部做起。内部公众是开展公共关系工作的出发点。认识组织内部公众对于公关工作的重要地位和作用、了解内部公众的需求、结合具体实际探索开展内部公共关系活动的内容与方法，是很有必要的。

一、内部公众的类型与特点

内部公众是组织的成员，与组织的关系最为直接、密切，包括职工、股东等。

协调好组织内部的职工关系是组织开展公关工作的首要任务。公关部门要考察不同职工不同层次的需求结构，有针对性地引导职工的行为，最大限度地调动每个职工的积极性、主动性和创造性，使所有职工同舟共济，协力塑造好组织形象。职工的积极性和言行举止是由动机支配的，动机又是以需要为基础的。内部公众工作的一项重要任务就是认真分析研究职工的各种需要。一般来说，职工除了工资以外还有三方面的需求：安全、机会和承认。职工们必须感到安全，才能高水平地从事工作；他们需要有机会调到适合他们工作的部门和单位，或者愿意在某种程度上进行改变，以改善自己的境况，并使自身得到成长和发展；当职工有杰出表现时，应给予他们高度评价。只有不断地满足职工的不同心理需求，才能引发职工的自觉行为。

股东公众是指组织的投资者，包括三个层次：董事会、广大股东和金融舆论专家。从本质上说，这种关系属于内部关系；从现象上看，又似外部关系，可以说是一种分散于外部的内部关系。他们大多是一群有“老板意识”的外行，但又是组织的“财源”。公共关系工作就是要了解股东们的心理，加强组织与股东的沟通，创造有利的投资气氛，最大限度地扩大组织的社会财源。

内部公众是组织的成员，他们具有稳定性、可控制性等特点。

在一定的时间和条件下，组织的内部公众是相对稳定的。如果组织关心职工，保障股东的应有利益，那么内部公众就能保持基本稳定。与外部公众相比，组织的内部公众比较容易控制。一方面，组织可以利用行政管理关系来控制和调节内部职工的活动，引导其言行；另一方面，员工对组织也有一种上下级之间的服从关系，且服从组织的领导指挥、参与各项活动对其自身也是有利的。

内部公众的稳定性、可控性等特点是相互联系、相互依存的。一个组织的内部公众只要是相对稳定的，就易于控制协调；而组织的内部公众只要是控制协调的，就能达到基本稳定。

二、职工关系

在早期的管理理论中，组织中的职工被视为机器和流水线的组成部分，工人的人性是被压抑的。现代管理理论则认为人是组织中最重要的资源，它强调“人的因素第一”。因此，公关工作的首要任务是建立良好的职工关系。

建立良好的职工关系首先就要了解职工的基本状况，包括身体、技能、心理等方面的基本状况。把握住职工的状况，才能有的放矢地开展工作。

职工参加组织的工作最直接的目的是以劳动获取一定的报酬。因此，保证职工合理的物质利益是建立良好职工关系的基础。具体来说，一方面需要争取组织适当进行工资制度、奖金制度的调整和完善，改善职工的工作环境和条件，增强福利待遇；另一方面又要努力使职工的物质欲望保持在现实、合理的期望水平上，使组织有发展的实力。

承认和尊重职工的个人价值是组织的个体价值得以实现的前提条件。处理职工关系时应注意承认和尊重职工的个人价值，使他们将自己的利益与组织的利益结合起来，激发主人翁的精神，与组织同呼吸、共命运。

与全体员工分享信息，以获得组织与职工之间的理解和合作。在组织内部，信息的共享是建立良好职工关系的关键。如果一个职工根本不了解本组织的状况，甚至对事关切身利益的信息都不了解，则很容易产生猜疑、烦恼和不满等情绪。因此，组织要通过各种传播行为让职工了解组织的状况(除非特别需要保密)。

职工的忠诚心和组织内融洽的"家庭气氛"是社会组织良好职工关系的一个重要标志。培养职工的忠诚心要靠建立一套基本的价值观念，并把它灌输到职工的心目中，使职工对其产生坚定的信念。"家庭气氛"是在职工对组织的忠诚基础上所产生的良好集体气氛。这就需要公关人员从平时入手，从小事着手，在员工中扩大人与人之间的情感交流，使职工对组织萌发向心情感。

在组织内部建立良好职工关系的方法很多，公关人员应根据实际需要进行选择与创造。

内部传播媒介是与职工进行沟通的有效手段，如内部刊物、墙报、闭路电视、有线广播等。公关部门可通过它们向职工介绍组织各方面的运作情况，如组织决策的制订标准、竞争对手的情况、领导者和职工的工作业绩、有关生产的最新信息和知识、安全生产的知识、福利情况、法纪教育等。

热线电话是接受职工投诉和建议的一种好方式。

开门迎候。设立管理者接待制度，允许普通职工到领导者的办公室反映情况，提出意见、交流情感。

家访。组织的管理者或公关人员应利用节假日或其他合适的机会登门拜访职工，对他们的贡献表示感谢，了解他们生活中的困难，向家属表示谢意。

集体娱乐活动。可以增加职工之间、上下级之间的交往。

三、股东关系

股东关系是涉及企业组织融资来源的一种重要的内部公众关系。企业的公关工作应当向投资公众不间断地提供真实信息，使公众了解作为投资对象的本组织，并做出可靠的价值估量以信赖本组织并为其投资。妥善处理好股东关系，是公共关系的一项重要职责。

股东关系的基本目的是争取股东的了解和信任，创造有利的投资环境，稳定已有的股东队伍，吸引新的投资者，扩大企业的财源。股东是指那些拥有某组织股票的投资者，他们有人数最多、分布广、不直接参与组织的经营但很关心组织的赢利状况的小股东，也有人数少、股权多、直接参与组织经营管理和决策的董事会成员。

股东关系的工作内容包括以下几方面。

第一，尊重股东的特权意识，保持与股东的沟通。股东购买了组织的股票，自然而然产生一种“主人意识”，要求知道组织的发展动向和经营成果，对组织的有关消息特别地关切。公关人员在处理股东关系时，不论其购买股票多少，都要特别注意尊重股东的“特权意识”。另一方面，也要收集来自股东方面的信息，报告给领导层，从而改进本组织的经营、管理、产品和服务等。

第二，为了做好股东工作，应当注意充分利用金融舆论专家的影响。专业金融舆论专家主要指股票经纪人、投资银行家、证券分析家、金融新闻人员等。据调查，即使在美国，也有约一半的股东缺乏股票及商业的基本知识，仅有45%的股东平时有时间阅读金融刊物或报纸的金融版，他们的投资意向一般受金融舆论专家的影响。因此，要想稳定已有的股东队伍，引起潜在投资者对本组织的兴趣，扩大股东队伍，就应当与那些专业的金融舆论人士加强合作，通过他们对投资者公众施加影响。

第三，把股东当做知己的顾客群。股东关系不应仅仅是投资关系，而更应当是知遇关系。因为股东是有钱的顾客，股东因其切身利益，往往会成为组织及其产品的义务推销员、宣传员。利用他们广泛的社会关系扩大产品销售网络是明智的做法。一家公司如果有1000个股东，而每个股东又有100个友人和同事，假使每个股东都说这家公司的好话，就有10万个潜在的顾客，这就是一个很可观的市场。美国通用食品公司每逢圣诞节便准备一套本公司的罐头样品，分送给每一位股东。股东们为此感到特别骄傲，对产品产生强烈的认同感，不仅向外界极力夸耀和推荐本公司的产品，而且在每年圣诞前准备好一份详细名单寄给公司，由公司按名单把罐头作为圣诞礼物寄给他们的亲友。为此，食品公司每年圣诞节前都要额外收到一大批订单。

保持组织与股东之间的有效沟通，必须利用各种传播手段。一般来说，与股东联系的常用方式有以下几种。

年度报告。这是联系股东最常用的，也是最主要的工具。年度报告内容一般应尽量详尽，例如，财务状况的详尽说明及统计数字、生产和销售的具体数额、人事安排、工作组织状况、劳资关系和其他问题等。编制年度报告不可编成统计报表，其版面、内容到印刷装帧都要适当讲究。年度报告一般包括下述几方面：封面、财务概况、目录（就长篇报告而言）、董事长致辞、专文、财务报告、资产平衡表、统计数字、图表、领导班子简介等。

股东大会。这是一种仅次于年度报告的联系股东的重要方式，是企业经营者陈述业务的一个特别机会，也是股东们对企业一年来的经营表现情况的一次审核，因此要特别注意。股东大会可能是一年中最重要的会议。有些大公司的这类会议支出费用是相当高的。一般情况下,企业主要领导人应主持或出席会议。为了使股东会议开得富有新意,可附加一些增加活力的内容:如提供一顿美餐、放映一部影片、赠送本公司的产品、选择旅游胜地举行会议等。

此外,与股东联系的手段还有写信、发送电子邮件、邮寄产品样品、分发季度报告、股东通讯或者进行个人专访和电话联系等。

四、做好内部公众工作是公关工作的起点

内部公众与组织是水滴与大海、部分与整体的关系。他们的态度和行为最直接、最密切地关系到组织的利害。内部公众形成组织存在和发展的内部环境,是组织内部物质能量、信息交换和交互作用的总和,是组织的基本公众。

内部公众与组织的利益目标息息相关。无论是员工还是股东,其利益状况取决于组织的经济效益和社会效益状况。而组织利益的实现也有赖于内部公众的共同努力。同时,他们和组织之间又存在着直接的利益矛盾。这种既一致又矛盾的利益关系,使得组织必须协调与内部公众的利益,否则就可能危及组织的生存。内部公众是组织运行和发展的基础。在现代社会,一个组织要想生存发展,必须具备较强的竞争能力、健全的运行机制、高效的工作业绩以及全体员工的精诚合作,这是一个使组织富有竞争力的基本保证。一个组织的公关目标是要获得各界公众的信任、支持与合作,必须首先获得内部公众的充分理解与鼎力支持。

内部公众是组织与外部公众联系的触角,组织与外部公众的一切交往活动都要通过内部公众来进行,组织形象的好坏往往与内部公众的工作、言行分不开。美国著名公关专家事得利·拉尔特明确指出:公共关系 90%得靠自己做,只有 10%靠宣传。良好的组织形象来自全体员工的共同努力。只有把组织自身的工作做好了,才能在与外界的交往活动中树立良好形象。

总之,“内求团结”是“外求发展”的前提,只有团结内部公众,调动内部公众的积极性,发挥他们的主动性和创造性,才有可能做好外部公众的工作。所以,内部公众是公关工作的起点。

第三节　外部公众

外部公众是组织生存与发展的重要的外部环境。每一个社会组织都应当有针对性地采用各种方法，建立与顾客、社区、政府、新闻界等外部公众的良好关系。

一、外部公众的类型与特点

组织的外部环境是复杂的，外部公众也是多种多样的，但基本的外部公众主要有顾客、社区、政府、新闻媒介等。组织只有通过有效地传播和沟通，取得外部公众对组织的认同、理解、支持与协作，才能与他们建立起广泛的、良好的、合作共进的关系。

顾客是企业组织所面临的范围最广、数量最多、差异性最大的公众。顾客关系的公关目标就是促使顾客形成对组织及其产品或服务的良好印象，建立组织的信誉，提高组织在广大顾客中的知名度。

社区是任何社会组织都必然要与之发生联系的外部环境。组织的许多活动都有赖于社区的支持和协助。职工的生活、交通、子女教育、能源供应、安全保障等都需要社区协助解决。只有这些问题处理好了，才能解除职工的后顾之忧。同时，组织对社区也有不可推卸的责任和义务，与社区建立良好的互助合作关系是组织外部公关工作的重要内容之一。

政府关系是任何社会组织都避不开的一种关系，因为任何组织都不能超越政府的管理。与政府及其工作人员建立良好关系的基本目的是争取政府对本组织的了解、信任和支持。政府的认可和支持是最具权威性和影响力的。

媒介关系是指组织与新闻传播机构以及新闻人士的关系。新闻界公众是公关工作对象中最敏感、最重要的一部分。这种关系具有明显的两重性：一方面，新闻媒介是组织与公众实现有效沟通的工具；另一方面，新闻媒介又是组织特别重视的公众。工具与对象的统一决定了媒介关系是最有意义的关系。与新闻界建立良好关系的目的就是争取新闻界对本组织形成有利的舆论气氛和通过新闻界与广大公众沟通。无论是顾客、社区还是政府、媒介，对一个组织来说，他们都是整体的、变化的和相关的。

外部公众的整体性是指他们不是单一的群体，而是与一个组织运行有关的整体环境。任何组织的生存和发展都离不开一定的外部公众环境,这些外部公众环境以整体作用方式对组织产生影响,因此,组织的公关工作必须面对所有的外部公众,而不可只注意其中某一类而忽略其他公众。对任何一类公众的疏忽都可能导致整个公众环境的恶化,要用全面、系统的观念来面对外部公众。

变化性是指组织的外部公众不是一成不变的,而是一个处于不断变化之中的开放的系统,任何组织的外部公众,其性质、形式、数量、范围等均会随着主体条件、客观环境的变化而变化:有的关系产生了,有的关系消失了;有的关系扩大了,有的关系缩小了;友好关系变成了敌对关系,竞争关系转为协作关系等。外部公众环境的变化,必将导致公关目标、手段的变化;同时,组织自身的变化也会导致外部公众环境的变化,变化的结果又反过来影响、制约组织。

相关性是指外部公众不是抽象的,而是具体的、与特定组织相关的。外部公众是对应一定的公关行为主体而存在的。一群人之所以成为某组织的公众是因为他们与该组织具有一定的相关互动性,即他们的态度、意见和行为对该组织有影响,甚至决定其成败;同样,该组织的政策和行为也对这些公众产生实际的或潜在的影响。这种相关性是组织与公众形成公共关系的关键。寻找公众、确定公众的重点就在于寻找和确定这种相关性,从而确定自己的工作目标。

二、与顾客的关系

顾客关系是组织与本组织的服务对象(购买者、消费者)之间的关系。

良好的顾客关系能为组织带来直接的利益。

良好的顾客关系能够帮助组织树立正确的经营思想。“利润第一”还是“顾客第一”,是从商品经济产生直到今天一直存在的两种对立的经营观念。毫无疑问,追求利润是商品经济条件下组织发展的基本动因。但组织怎样才能实现自己的利润目标呢?最根本的就是组织所提供的产品或服务必须得到市场的认可或接受,有顾客购买和使用。因此,组织必须通过满足顾客的需求来换取自己所希望的利润。利润是顾客重视和赞赏本组织产品或服务而投的“信任票”。

处理好顾客关系主要应做好以下工作。

1. 提供品质优良的产品和完美的服务

这是良好顾客关系的物质基础。顾客关系是由于顾客对产品的购买欲望和购买行为而产生的。没有适合顾客的优质产品和优质服务,就不可能有稳固、良好的顾客关系。组织必须根据顾客的需要,提供优质可靠、价格适宜的产品。同时,高质量的产品也不等于一切,还必须要有高质量的服务保证,必须坚持“销售真正始于售后”的观念,及时为顾客排忧解难。国际商用机器公司(IBM)的经营哲学是:服务至上。虽然他们的产品质量不是最好的,而价格又比同类产品稍贵,但他们的顾客队伍比别人大得多,因为他们有别人无法相比的服务。亚特兰大某公司的一位经理回忆IBM公司的售后服务时说:“记得上次我们的计算机出了毛病,几个小时内救兵纷纷从天而降。公司给我们派来八位专家,有四位从欧洲飞来,一位来自加拿大,另一位来自拉丁美洲。”可见,优质的产品和完善的服务对组织、顾客都有利。

2. 收集顾客信息,了解顾客心理

这是改进顾客关系的重要环节。只有了解顾客的需求意愿和对组织的意见,才可能使产品和服务更好地满足顾客需要,也才能让顾客感到满意,产生对组织的好感。顾客信息包括顾客的年龄、职业、性别、爱好、对组织的意见和评价等。公关人员应将这些信息及时传达给有关领导和部门,以督促他们根据顾客的意见不断改进工作。

3. 传达组织信息,进行消费管理

这是组织赢得顾客理解和好感的主要措施。传达组织的信息主要是希望顾客更多地了解组织及其业务范围,并以此争取顾客的信任和支持。所谓“消费管理”就是对消费者进行消费教育、消费引导,形成消费者的系列化,创造稳定的消费者队伍。消费教育是消费管理的基本途径,目的是为消费者提供免费的介绍、示范、指导、咨询、培训等,满足他们的知晓欲望,帮助他们形成科学的消费观念。消费教育与消费引导是一种长期的公共关系战略,必须有耐心和长远的眼光。坚持不懈、锲而不舍的消费教育和消费引导的结果便是形成消费者的系列化,即在消费者中培养起本组织产品或服务的爱好者、崇拜者,形成组织对消费者的凝聚力。

4. 妥善处理顾客的投诉,争取顾客的谅解

这是公关人员的基本功。再好的顾客关系也不可能保证不发生任何差错和纠纷。一旦出现差错和纠纷,必须迅速答复和处理,以稳定顾客、缩小影响,并诚恳地解释和解决实际问题,以减少顾客被竞争者拉走的机会。

要做好顾客工作,就必须加强和改进与他们的联系。

(1)口头联系,这是最常见的联系方式,有回答消费者的问题、电话征询意见、用户座谈会等形式;

(2)书面联系,有编辑出版物和产品介绍手册、信函往来、公告、广告等形式;

(3)特殊联系,有组织消费者参观、举行联谊活动、举办展览、开办赞助活动等形式;

(4)视听联系,有利用大众传播媒介播放视听节目、组织文艺演出等形式。

三、与社区的关系

社区关系指的是组织与所在地的地方政府、社会团体和其他组织以及当地居民之间的睦邻关系。任何一个组织都在特定的社区内运作，组织与所在社区有一个良好的关系，能够保证组织的正常生产和职工的稳定生活，能够得到社区的多方支持。这些支持大致可分为以下五类。

1. 可靠的后勤服务

组织的生产活动有赖于社区。尽管生产所需的原材料并不一定局限在社区内，但生产中所必需的水、电、交通等，则必须依靠社区服务。所以，良好的社区关系使得组织能够得到可靠、周全的后勤服务。

2. 良好的员工生活环境

组织的大部分乃至全体员工可能都生活在社区中，他们要在社区内购买生活用品，参加各种社会活动，与他人交往。如果组织与社区的关系不好，就会导致员工的生活环境恶化，生活水平和质量降低，进而影响员工的工作热情。

3. 充足的劳动力资源

雇佣当地劳动力可以为组织节省开支，便于培训和管理，并可加深与社区居民的联系。良好的社区关系有利于组织招收有较高水平和教养的员工。

4. 稳定的购买力

组织在社区中生产或经销，均希望能够由社区本地的购买力来消化一部分产品，这样一方面减少了产品运转费，另一方面也可以及时了解产品的缺陷，便于迅速改进。

5. 友善的社会环境

一个友善的社会环境，可以使组织得到种种支持和帮助，获得良好的经营环境，以减少组织与社会的摩擦及纠纷，得到社区的谅解和同情，为组织创造天时、地利、人和的条件。

组织要在所在社区做一名合格“公民”，就必须满足社区对一个组织的起码要求。这些要求包括：①安全生产——使员工和社区居民有一个安全的生活环境；②环境卫生——有效地控制“三废”，保证社区不受污染并进一步美化社区环境；③支持公益活动——兴办教育、发展文化、赞助福利事业等，尽力承担社会义务；④维持社区安定——为社区提供就业机会，增强治安保卫力量，培养员工的和谐亲善风气，促进社区公众安居乐业；⑤帮助社区繁荣——以自身在资金、设备、技术、人才上的优势帮助发展乡镇、街道企业，促进社区经济发展。

四、与政府的关系

政府是指国家行政机关。政府对社会进行统一管理，具有包括组织领导经济建设在内的管理职能。政府根据社会正常运转和发展的要求，对各种组织的活动进行指导、调节、监督和检查，任何组织都必须接受政府的集中统一管理。在政企分开、市场机制充分发挥作用的环境中，企业不再隶属于政府部门，而成为相对独立的经济单位，企业和政府的关系变成了纳税单位与资源配置及宏观调控部门之间的关系。但是，企业仍需要更为主动地争取政府部门的支持。企业公关部门必须与有关政府机构保持良好关系，取得政府的支持和理解，淡化和协调政府与组织之间的矛盾，在政府心目中建立奉公守法的组织形象。

应全面、及时、准确地了解与组织有关的各项政府法令、法规与政策、措施，为组织的决策提供依据。政府是通过政策法令来管理社会的。了解和掌握这些信息，以保证组织的活动在政府许可范围内进行，这是与政府关系工作中一项基本内容。同时，也要关注和研究政府政策法令的变动，注意按照政策法令的变动来修正组织的方针政策和实际活动。

向政府有关部门及时通报情况，保持沟通渠道畅通。政府的政策和措施都是根据社会实际需要制定的，在执行中也有一定的灵活性和变通性。组织应及时把自己的困难和需要向政府主管部门通报，尽量争取到有利于组织发展的政策、支持和帮助。因此，公关人员应与政府主管部门的领导者和工作人员保持经常的联系和沟通，联络感情，以减少“公文旅行”、“踢皮球”现象，提高办事效率。

五、与媒介机构的关系

媒介，这里主要是指新闻传播媒介，大体包括新闻传播机构与记者。我国的媒介，特别是国家级的新闻传播媒介，具有影响力大、威望高等特点，对社会政治、军事、经济、文化、艺术以及消遣娱乐等都有巨大的影响力。在许多时候，媒介还能直接制造“舆论”，影响和引导民意，任何组织和个人都不应轻视它的作用。社会组织要维护良好的声誉，想要得到舆论的支持，就必须与新闻媒介搞好关系。

了解新闻界人士的职业尊严和职业特点，遵守与他们交往的原则与方法。例如，即使你财力雄厚，也不能对他们施加压力，不能要求他们按组织自己的意愿撰写或发表报道。

了解各种传播媒体的性质、种类、优缺点和特殊需要，以便有针对性地开展公关传播工作。了解各种媒体拥有读者的情况，为公共关系传播沟通选择媒体时提供依据。

与新闻界保持良好的人际关系，主动为记者提供各种新闻信息和新闻线索；搞好接待记者的工作，尽量做到有求必应。

六、做好外部公众工作是公关工作的重点

社会组织是社会整体结构中的基本单元，其活动是整个社会活动的有机组成部分，不论在生产、交换、分配及消费的哪一个领域，组织与社会之间都发生着极为密切且日益广泛的联系。组织既需要社会提供必要的资金、劳动力、原料、销售市场以及各种社会服务，又必须为社会提供优质产品和优良服务、上缴税金、承担各种社会义务。这样就不可避免地同政治、经济、法律、科研、教育等部门发生联系。组织与社会之间的这种相互需要、相互依赖、共存共荣的利害关系，使得外部公众成为组织公关工作的重点。尤其是在日益激烈的社会竞争中，获得外部公众的理解和支持，使之采取合作的态度，更是组织生存发展十分重要的外部条件。

开展外部公众公关工作，就是要同外部各类公众建立经常性的友好联系，了解他们的动态和意见，尊重他们的利益和要求，使组织的决策和活动顾及他们的利益。同时也及时地将组织的处境、难处、需要合作的项目、能提供的优惠服务等各种信息告诉他们，以求得理解和支持。因此，公关人员在公关工作中的一个重要任务，就是通过沟通、传播、交往和服务等方式来促进组织与公众的相互了解，协调彼此间的利害关系，消除误会和矛盾，巩固已有的合作关系，为组织的生存发展创造良好条件。

组织在与外部公众进行交流、联络时，要注意保持外部公众利益和社会整体效益的一致性。因为各类外部公众都有自己的独特利益。一个组织只有尊重和满足他们的独特利益，才能使之对组织满意，保持一种稳定的合作关系，对组织采取支持态度。但是，如果只顾及这一点而不考虑社会的整体效益就可能使这种照顾发展成不正之风，败坏社会风气。组织一旦损害了社会的整体效益，就可能受到社会的谴责、阻止和制裁，就会在照顾一部分公众的独特利益时失去更多的公众。因此，组织只能在考虑社会整体效益的原则下来处理外部公众的利益。

公关工作在利益调整上的权力是有限的，只能充分根据自己的工作的特点来设计利益、协调工作。一方面是敦促组织领导层修改、调整政策，兼顾各方利益；另一方面是要帮助外部公众重新认识自己的利益所在，寻找双方的利益共同点。尤其是对那些急功近利和思想狭隘的公众，要说服他们理解组织的困难，使之认识到自己的长远利益和组织利益的一致性，从而采取与组织长期合作、共同获利的态度。

第八章 公共关系工作的基本程序

第八章　公共关系工作的基本程序

任何公共关系活动都是一个动态过程,都有特定的阶段和环节。这要求公关工作必须一环扣一环:从调查研究开始,到拟定计划、实施计划,最后总结反馈。美国公共关系专家卡特利普和塞特把公共关系工作的基本程序总结成"四步工作法"(图 8-1)。

一般说来,公共关系工作人员就是按这四个步骤来开展公共关系活动,解决各种公关问题的。

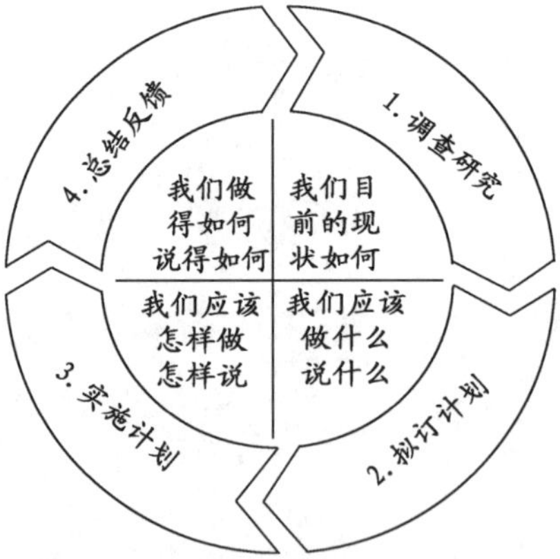

图 8-1　"四步工作法"图

第一节　开展公共关系调查

公共关系调查是开展公共关系工作的前提，是“运筹帷幄，决胜千里”的依据。通过调查研究，公关人员能够准确地找出组织现在的公关状态以及存在的问题。公共关系调查的对象和内容十分广泛，调查使用的方式主要有正规和非正规调查两种。正规调查方式往往运用统计手段，而非正规调查则借用一些社会学的手段。

一、公共关系调查的对象和内容

公共关系调查是公关人员根据本组织的公共关系目标采集、搜寻、选择公共关系信息的活动。调查的目的主要是核实公共关系状态，澄清组织所存在的公共关系问题，甄别公众对组织的意见、愿望和要求，为规划和改变组织的形象提供依据。

（一）公共关系调查的对象

组织的公共关系工作的对象是公众，而公众是广泛的，每一次公关调查不可能以所有公众为对象，而应当以目标公众为对象。所谓目标公众，即需要调查的问题所直接涉及的有关的公众。例如，有人提出组织的出版物的阅读效益不高，那么，为了核实这个问题就要对读者进行调查，读者就是这一调查的目标公众。

（二）公共关系调查的内容

公共关系要调查的主要内容包括：公众问题、组织所处的社会环境状况以及组织本身状况等方面。

公众问题的调查主要是收集各种不同类型的公众对组织的看法。首先，了解各种不同类型公众的特点以满足他们的要求，协调与公众的关系；其次是进行组织知名度和美誉度调查，以掌握公众对组织形象的评价；再次，要知道公众对组织有什么建议以改善组织的服务；最后，收集公众对组织开展的公共关系活动的反馈信息，以便及时调整组织的公共关系工作。

社会环境调查是了解组织所处的外部环境中的社会经济、政治、法律等的发展状况及其他组织的情况。第一，应了解社会的发展状况，如人口发展趋势、个人需求变化、地方文化差异、社会思潮、社会时尚等；第二，应了解社会经济状况，如国家的经济政策、财政金融信贷状况、生态环境和自然资源的保护状况、市场状况、竞争对手的状况、原材料和新能源供应状况、行业地位、发展中的风险和机会等；第三，掌握当地政府的政策、行业协会的章程等；第四，了解国家的有关法律、法令、法规；第五，了解其他组织的公共关系开展的状况。

公共关系工作既要了解外部条件，更要掌握自身情况。只有对自己所在的组织的基本情况有所了解，才能设计出不脱离组织实际的有特色的公共关系活动。首先，必须全面了解组织的基本情况，包括组织过去的发展历程，产品生产、经营状况，产品或服务的特点，市场分布和占有率，职工队伍状况，领导经营决策水平，组织的文化建设，对社会的贡献和作风，与主要客户的关系等。其次，定期征询内部公众的意见，调动其积极性。再次，调查组织的领导人在公众中的地位和形象，以帮助领导人树立或改善形象，提高威信，增强影响力。最后，调查组织内部部门之间的协调配合情况，找出影响协调的障碍及排除方法，使组织发挥整体效能。

二、公共关系调查的过程

正规的公共关系调查有一定的逻辑步骤，即：问题是什么→设计问卷→抽取样本→实施调查。

（一）问题是什么

“需要了解什么”是公共关系调查过程的第一步。这项工作似乎很简单，其实不然。因为有时你可能得到真实的信息，而许多时候也会因种种原因得到的是一些虚假信息。所以，认真听、反复思考，尽可能多地掌握每个人对某类问题的看法，才能发现真正的问题所在。

（二）设计问卷

为求所调查对象真实而又准确地反映事实，必须认真设计问卷。设计问卷是将确定的问题具体化、指标化。问卷设计是否恰当，关键在提问。只有提那些可以得到答案的问题，调查才会有效。比如问“你对××公司的印象如何”这是很难得到准确答案的；而如果问“你认为××公司的办事效率高吗”则可能比较容易得到“是”或“否”的明确回答。

提问分开放式和限制式两种。开放式提问允许调查对象有各种答案，因而统计处理就比较困难，并且成本较高。例如，“今天的广告中哪些因素令你讨厌？”那么将会收到一长串的回答。限制式提问限制了问题可能的答案，通常采用“是—非”式问题，或从限定的几个答案中选择的方式。为了真正捕捉到人们内心的想法，一般采用“语义差异量表法”，被调查者可以在两极判断中选择，两极间通常给出五至七个等级选择。由于限制式提问容易回答，方便统计，许多组织在公关调查中常采用这种方式。问卷设计应注意对提问的表述。提问不恰当、不明确或错误，都将导致调查失误。比如提问"你经常看广告吗?"什么是"经常"呢? 每晚? 一天? 两小时? 还是一天五小时? 这类主观色彩很浓的概念表述很容易造成混乱。此外,不要让调查对象判别某些专业性很强的问题。例如,"你对这家公司的管理成效作何评价?"这样的问题,调查对象就很难给出答案。

(三)抽取样本

组织面对的公众很广泛,不可能向全体公众开展调查,因而必须抽取样本。抽取样本是公关调查中最重要最复杂的一个环节。抽样是统计学上的一个概念。抽样调查是相对于普遍调查而言的,样本是相对于总体而言的。总体是指所要调查对象的全部;样本是指从总体中抽取出来进行调查的那一部分。公关调查采用抽样方法不仅可以省力、省钱、高效率,而且可以使调查更系统科学,更富客观性和准确性。

抽样必须遵守随机性原则来保证它的科学性和准确可靠性。所谓"随机性原则",就是在抽取样本时要按照一定的标准和要求来抽取,使调查对象总体的每一个对象都具有均等的被抽取的机会。这种抽样方法叫随机抽样。随机抽样方法常用以下两种。

(1)简单随机抽样。即从调查总体中任意抽取若干个体为样本。它是一种最简便的抽样方法,通常采取抽签、拈阄手段来进行。

(2)分层抽样。如果被调查对象是各种不同类型的公众,采用简单随机抽样就很可能得出不易归纳、总结的结果。在这种情况下,采用分层抽样更好些。分层抽样是将调查对象总体分为几层,然后在各层中抽取相同数量的样本。分层标准视调查目的、内容而定。年龄、性别、职业、生活方式等都可以成为分层的标准。分层抽样的客观性、准确性、可比性都比简单随机抽样强,但不如简单随机抽样方便、灵活,因而可根据需要让两种方式互为补充。

无论采取何种方法,影响调查结果的精确度和可信度的主要因素是抽取的样本数。确定样本数是一个重要的技术性工作。那种认为只要样本在总体中占一定比例就行了或者样本数越多越好的想法都是片面的。具体调查时选取样本数的多少应考虑下列因素:第一,总体中样本单位之间的差异程度;第二,调查任务要求的精确度和可信性;第三,时间、人力、财力等客观条件;第四,调查的目的、任务以及统计分析方面的要求。

(四)实施调查

这是调查过程的最后一个步骤。它要求公关调查人员根据设计的问卷和选择的样本进行实际操作。实施调查可采用多种手段:通信、个别采访、电话、发放问卷等。在实施调查时具体采用何种手段，要根据调查的任务要求和被调查者的特点来确定。如果需要大范围调查，最好使用通信调查法；如果被调查对象是家庭主妇，使用电话或发放问卷也许是最佳选择；如果调查任务是要深入了解被调查者对某一问题的具体看法，则应选择个别访谈。

为使调查有成效，以下五条建议值得考虑：第一，采取中立态度，以第三者角度客观从事；第二，建立和睦关系，使人们愿意发表谈话；第三，尊重回答者的判断；第四，灵活进行调查提问，给回答者一定余地；第五，对回答者表示感谢。

三、公共关系调查的方法

调查的成效与所使用的方法密切相关。可以用于公关调查的方法很多，如访谈法、观察法、民意测验法、跟踪调查法、文献资料研究法等。

1. 访谈法

访谈法是调查人员通过与被调查人员面对面的交流来获取有关信息的方法，分个别访谈和集体访谈两种。个别访谈是由调查员同被调查者逐一进行面对面的谈话，并将回答记录下来。集体访谈是以座谈会的形式进行，由一名或几名调查员亲自召集一些被调查者进行讨论，并做好记录。访谈虽然具有灵活性的优点，但也存在效率低、标准化程度低、费用大、对调查员的个人素质要求较高的缺点。访谈效果在很大程度上取决于调查员的表达能力、人际交往能力、分析判断能力等。

2. 观察法

观察法是由调查者在调查现场观察被调查者形成调查材料的一种调查方法，分为参与观察和非参与观察两种。参与观察是观察者扮演一定的角色和被观察者一起活动，从活动中了解有关信息，如，公关人员和员工一起劳动，就可观察了解员工的士气、行为、情绪等；到商店站柜台，就可了解顾客的喜好和要求。非参与观察是调查者作为旁观者而了解有关信息的调查方法。观察法省事、省钱，所获信息自然、真实，但可能信息肤浅并带有较大的偶然性，还要受观察者的经验、阅历所限而带有更多的个人主观色彩。

3. 民意测验

这是由被调查者直接填写书面问卷的一种调查方法。公共关系的民意测验不能走过场、摆花架子，且必须要有诚意。具体做法是：根据调查目的拟定调查表，发给被调查者，然后根据答卷统计并推算。调查表的设计要求可按前面所述的问卷设计进行。

4.跟踪调查法

这是由调查人员选择一些固定的调查对象和固定的问题，进行定人定事的连续、深入调查。一般做法是将印好的调查表定时发给被调查者，然后由调查人员定时收回或由被调查者定期寄回。这种方法的主要优点是调查对象固定、资料比较可靠和系统、可比性强、费用较低、省时、省力、回收率高；缺点是持续时间长，易使被调查者产生疲沓厌烦情绪或产生某种心理负担而影响真实性和回收率。

5.文献资料研究法

这是利用第二手资料摘取与问题有关的情报进行研究的方法。第二手资料包括各类文字资料（报纸、杂志、书籍、有关文件、统计资料、赠言、题字、群众来信等）和各种声像资料（广播、电视、录音、图片、电影等）。调查人员将这些信息资料进行数量、质量、时间、频率等方面的统计分析。在统计分析时从两方面入手进行：一是进行内容分析，即将信息资料本身作系统化、数量化的统计分析；二是进行形式分析，对信息资料的表现形式进行统计分析，如时间、载体、种类、版面、频率等。使用文献资料研究法必须建立在完善、有效的信息收集系统上。信息社会最大的特点就是信息量大、流量快，社会各方面的动态都会在各类媒介的报道中有所体现，只要公关人员用心去收集、分析，便可从中获得有价值的情报信息。

四、公共关系调查信息的处理

公关人员通过调查得来的信息只是原始信息，必须对其进行加工处理，使之成为简洁明了的材料，才能供编制计划时采用。

处理调查信息包括两项内容：整理调查资料和形成调查成果。

（一）整理调查资料

整理调查资料就是对调查中所取得的全部资料进行统计、检验、归类，识别出与组织关系较大的信息，然后从中确定问题。对公共关系来讲，就是确定组织的形象问题。其方法是将调查所得信息按知名度和美誉度两方面进行归类，然后采用“组织形象地位四象限图”对组织形象进行准确检测，用“组织形象要素间隔图”找到组织实际社会形象与组织自我期望形象的差距。

1. 组织形象检测

利用“组织形象地位四象限图”（图 8-2）可统计、标示出组织的实际形象地位。

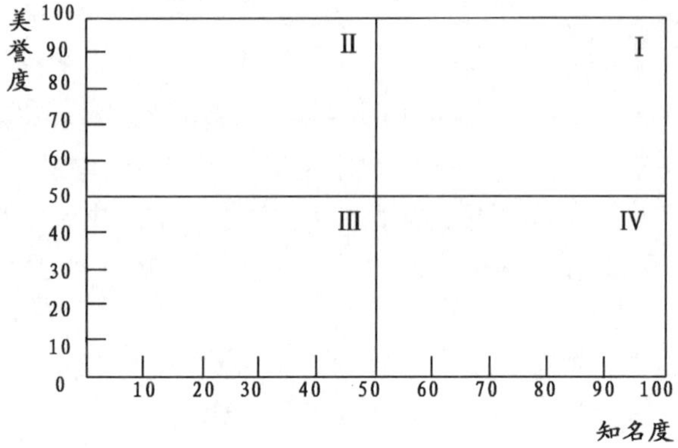

图 8-2　组织形象地位四象限图

在图 8-2 中，横坐标表示知名度，共 100 个百分数标度；纵坐标表示美誉度，共 100 个百分数标度。全图分成四个象限区，每个象限区代表了不同的组织形象地位，反映出四类不同的公共关系状态。

Ⅰ象限区表示高知名度、高美誉度。说明组织的公共关系处于良好的状态。

Ⅱ象限区表示高美誉度、低知名度。说明组织的公共关系处于“酒香巷子深”状况，但有良好的发展基础，工作重点是提高知名度。

Ⅲ象限区表示低美誉度、低知名度。说明组织公共关系的状况不佳，工作需要从零开始。

Ⅳ象服区表示低美誉度、高知名度。说明组织的公共关系状态处于臭名远扬的恶劣境地。公关工作应先扭转坏名声，努力提高质量，改善服务，挽回信誉。

组织要了解自己在公众心目中的实际形象地位，只需分别求出本组织的知名度和美誉度的百分比，然后在坐标上标出即可。知名度和美誉度的计算公式为：

$$知名度=\frac{回答知道组织存在者数}{被调查人数}\times 100\%$$

$$美誉度=\frac{对组织有良好评价者数}{回答知道组织存在者数}\times 100\%$$

例如，某组织利用抽样问卷调查了相关公众 1000 人，答卷中有 800 份说知道该组织的存在，有 200 份对组织有较高赞誉。按上述公式可求得该组织的知名度为 80%，美誉度为 25%。然后便可将该组织的实际形象地位定位在Ⅳ象限区内。

2. 组织形象要素分析

组织形象的内容不是单一的，而是由诸多因素构成的。为了剖析组织形象地位的成因和公关工作的具体要点，公关人员应当制作组织形象要素间隔图。具体方法是:需运用语义差别量表法制作组织形象要素调查表(表 8-1),将其作为分析工具。

表 8-1 组织形象要素调查表

项目 \ 评价	好(50)	较好(40)	一般(30)	较差(20)	差(10)
质 量					
服 务					
信 用					
效 率					
规 模					

该表的制作方法包括两个步骤。第一将组织形象解成为产品质量、服务态度、信用、办事效率、组织的规模等要素,并用 3～9 个等级来评价每个要素(上表共用 5 个等级:好、较好、一般、较差、差),每个等级差为 10。调查时,请调查对象就自己的看法在表中相应方格中做上符号。第二,公共关系人员对所有回收表格进行统计。①先统计出每一要素的总分。②计算每个要素的算术平均值。例如,某组织调查了 100 个公众,其中服务态度要素的评价为:5 人认为最差(5×10),15 人认为较差(15×20),20 人认为一般(20×30),30 人认为较好(30×40),30 人认为好(30×50),求出服务这一要素的算术平均数。③将每个要素的平均值标在“形象要素间隔图”(图 8-3)上,并连接成线。然后,将此线与组织的自我期望形象线相比较,即可找出二者的差距。在图 8-3 中,某组织除了质量一项要素的实际评价(实线)与自我评价(虚线)接近外,其他各项均有相当差距,尤其突出的是信用和效率。

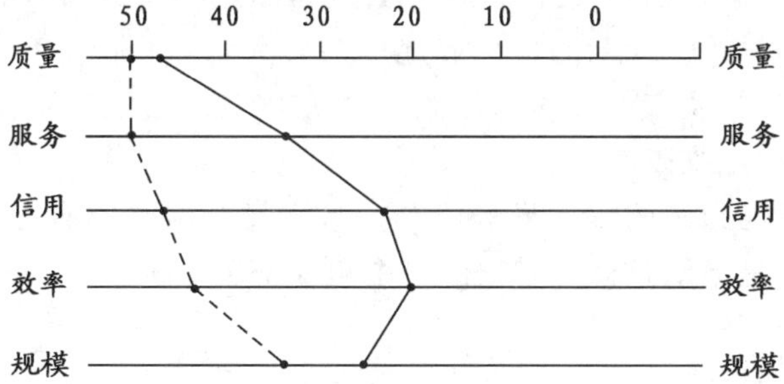

图 8-3 形象要素间隔图

(二)形成调查成果

形成调查成果是对整理好的调查资料进行文字分析,写成完整的调查报告,并及时提供给有关部门或人员。调查结果最好是以生动、形象的方式表现出来,使有关部门和人员易于接受和理解,避免枯燥乏味的数字和抽象的文字说明。同时,调查成果应当立案存档,以便检索、查询。

第二节　拟定公共关系计划

无论是开展日常的公共关系工作,还是组织一项专题活动,都需要编制公关工作计划,使公关工作有条不紊、循序渐进地展开,避免混乱状态,减少盲目性。拟定公共关系计划包括确立公共关系工作目标、制订具体的公关工作计划、进行可行性评估与论证等环节。

一、拟定公共关系计划的意义和原则

公共关系计划就是公关部门围绕如何提高本组织的知名度和美誉度而设计出来的行动方案。制订公关计划,对有效地开展公关工作,实现组织的公关目标有重要意义。制订公关计划可以增强公关工作的目的性。公共关系工作的目的是要不断完善组织的形象,而选择什么样的公关活动才能实现这一目的,恰好是公共关系计划中所要解决的基本问题。制订公关工作计划可以保证公关工作顺利进行。

为了使公共关系计划能发挥其应有的作用,拟定时要遵循以下原则。

(1)目标明确具体。计划的目标表述应清楚无误,目标应有一整套指标体系,易于量化:过于空洞、脱离实际容易导致公共关系工作的不确定性,无法确定量度标准而使计划落空或难以实现。

(2)公关目标与组织的整体目标协调一致。每个组织都有自己的发展战略规划,公共关系计划是组织整体规划内的一个组成部分。因此,公关计划应当有助于整体目标的实现。

(3)计划性与灵活性统一。由于主客观条件的可变性,公共关系实践活动是富于变化的,过于刻板的计划不利于应付一些突发事件或偶然因素。因此,公共关系计划必须要有弹性,准备多种方案,做出多种应变准备。例如,公共关系活动的经费要留出一定比例(一般为10%)作为机动,时间和人员的安排应留有余地。

(4)计划要有一致性、连续性。公共关系工作的效果是靠日积月累的,计划所列的公关活动不能断断续续、公关工作不能一曝十寒。公共关系计划必须在组织的公共关系总目标范围内作周密安排,使各项活动的具体目的有一致性,前后计划有连续性。

(5)计划要富于创造性。公共关系活动是一种创造性活动,新奇别致、出人意料的公共关系计划,不仅能提高执行者的积极性,提高成功率,而且易于赢得公众好感,为公众所接受。

二、拟定公共关系计划的基本步骤

(一)确定公共关系目标

公共关系目标是公共关系活动的方向,没有目标或目标不明确就无法制订公共关系的通盘计划,也无法开展公共关系活动。公共关系计划的目标包括公共关系活动的总目标和实现这一总目标的具体分解目标。

1. 公共关系目标种类

第一,公共关系总目标。公共关系总目标是指与组织发展战略相一致的公共关系活动的奋斗方向。例如,香港华润集团的总目标是:“向多元化、现代化、国际化的大型跨国企业集团迈进。”依据这个总目标,华润集团公司的公关部确定的公共关系总目标是:在国际范围内树立华润公司完全具有“多元化、现代化、国际化”水平的跨国企业集团形象。

第二,长期目标。长期目标涉及组织长远发展和经营管理决策等重大问题。长期目标相对于总目标而言,应更加具体;但是,长期目标仍比较抽象。长期目标所涉及的内容往往还不具有直接现实性,一般在短时期内不能实现,需要几年的时间才能达到。比如,在华润集团公司总目标之下,公共关系人员至少可以制订三个公共关系长期目标:①树立企业经营多元化形象;②树立企业信息、管理、决策现代化形象;③树立企业业务范围国际化、全球化形象。

第三,近期目标。近期目标是由长期目标派生出来的任务具体、明确的公共关系目标。近期目标不仅内容具体、明确,而且目标实现与否的质量标准也应当是具体明确的。近期目标是对长期目标的分步骤、分阶段的实施,受长期目标的控制。

第四,即时目标。即时目标是根据公共关系工作所面临的突发性问题或突然出现的重大机遇而制订的目标。

公共关系目标分类没有固定模式,公共关系人员应根据编制计划的需要灵活掌握。

2. 常见公共关系目标举要

英国公共关系专家弗兰克·杰夫金斯曾根据自己的公共关系实践描述了广泛的公共关系目标内容，概括起来有15种之多。

第一，新产品、新工艺、新技术、新服务项目的开发和推销要吸引最大数量的公众；第二，开辟新市场或推销新产品、新服务之前，要在新市场或新产品推销地宣传组织的信誉，扩大组织的知名度；第三，转产时要调整内外公众对新产品的适应过程，树立产品和组织的新形象；第四，参加社会公益活动，要通过适当的方式向公众宣传；第五，组织的产品或服务如在公众中造成不良的影响要尽快挽回；第六，为组织新设下属机构进行宣传，使各类公众了解其性质和作用；第七，让内外公众了解组织高层领导人关心社会、参加公益活动的情况，以提高组织的信誉；第八，发生严重事故后，要让公众尽快了解组织的态度和处理意见；第九，创造一个良好的消费环境；第十，普及产品或服务的消费方式；第十一，创造股票发行的良好环境；第十二，向社会公众传播组织的名称、商标、品牌；第十三，争取政府部门的支持和优惠政策；第十四，向政府和有关组织传达本组织与其建立某种合作关系的意义和价值，争取他们的认同和支持；第十五，在竞争危急时刻，通过联络感情争取公众支持。

3. 确立公共关系目标的原则

一个组织所面临的公共关系问题常常是多种多样的。面对这些纷繁复杂的问题，组织在人、财、物有限的情况下，不可能全部予以解决。即使能够全部予以解决，也必须有所侧重，有先有后、有主有次。对于公共关系人员来说，就是考虑如何不使战线拉得过长，选择那些重要的、迫切的、见效快而显著的问题先解决。做到既有全盘规划，又能集中力量解决主要问题，做到统筹兼顾。这需要以以下原则为指导。

第一，整体性原则。公共关系部门是组织整体结构的有机组成部分，其活动应有助于整个组织活动的展开，并体现和符合组织的整体利益，故公关目标的确立应从组织的整体利益出发，与组织的整体目标一致。

第二，急需性原则。公共关系部门所面临的公关工作是繁多的，由于人力、物力的限制不能同时进行，只能选择最急需解决的问题制订目标。

第三，效能性原则。与组织交往的各类公众各有其不同利益，他们对组织的权益要求也有所不同，甚至相互背离。而公关部门是无法同时满足各方面要求的。因此，在确立目标时要抓住重点，优先选择那些收效较大的工作去做。

第四，长远性原则。公共关系活动主要着眼于组织的发展，因而公共关系工作目标应能超脱于组织的局部利益和暂时利益之上，应考虑到组织的长远发展，切忌急功近利的短期行为。

（二）选择公众对象

确定公共关系的目标后，必须明确谁是这项工作的具体对象即目标公众。由于公共关系目标的性质、内容不同，公共关系工作所面对的具体公众也不一样。这就要求从组织的一般，基本公众中划分出具体公共关系工作目标所指向的公众。

例如，任何一家酒店当然都应当坚持欢迎各界人士光临，一视同仁地为所有顾客服务的理念。但是，每一家具体的酒店都必须根据自己的特殊条件和特定环境，在服务方针上侧重于某一类型的顾客，形成自己的服务特色。广州中国大酒店和广州花园酒店是两个各具特色的著名酒店。中国大酒店邻近广州商品交易会所在地，交通又极为便利，酒店内的商务设备齐全，客房比较大，适合洽谈生意，具有吸引商人的有利条件；而来华经商的企业家和商人一般又都比较肯花钱，住酒店首先考虑的是方便做生意，只要商务设施齐全、服务周到且舒适，就不会计较房价。因此，中国大酒店的公关部确立了着重吸引来华经商的企业家和商人的公关目标，以来华经商的企业家和商人为目标公众开展宣传，取得显著效果。广州花园酒店则为所有顾客服务，以“花园酒店是广州人的酒店”为目标而确定广大市民为目标公众，积极参加当地的有影响力的节日文化活动，采取各种优惠措施，满足各层次消费者的需求，树立起良好的形象，被广州市民誉为“我们的酒店”。

（三）制订具体的公共关系行动方案

公共关系的行动方案包括三个方面的内容。

1. 确定公共关系活动的主题

公共关系目标的实现并不是一蹴而就的，需要通过多种多样的活动来达成，把这些活动连接起的就是公共关系活动的主题。主题的表述方式宜多样化，可以是一个简明的陈述，也可以是短语、口号。比如，广州中国大酒店开业一周年的主题就是“中外通商之途，殷勤款客之道”。公共关系活动的主题应力求特色鲜明、便于记忆。

2. 选择活动方式和传播渠道

围绕主题而设计的一系列活动叫主题活动。如，日本名古屋格水电力公司在排放废水时，曾与渔民发生矛盾；在使用低硫高价燃料时，提高电的成本费用又与用户发生矛盾；在设计建核电站时，又遭当地居民反对。为此，电力公司决定成立公关部，致力于改善公司与公众的关系。公关部确定的活动主题是“消费者亲善运动”。在这一主题之下，开展了多样的系列活动，包括邀请公众参观公司、组织座谈、公开演讲、上门访问、举办展览、刊登广告、撰写新闻稿件、参加公益活动等。通过这些传播沟通活动，相关公众理解了公司的方针并谅解了公司暂时存在的缺点和不足，公司与公众的关系得到了修复和改善。

如果公共关系主题是要传播信息，让公众知晓组织的某种情况，就可选择大众传播、会议、讲演、展览等活动形式。

如果公共关系主题属于联络感情、社会交往方面的，就可利用招待会、茶话会、联谊会、信件来往等活动争取公众的信任与好感。

如果公共关系主题是要改变公众的态度、引起公众的行为，就可采用售后服务、消费指导、赞助、支持公益活动等方式，通过纪念、庆祝等大型社会活动的工作渠道来维护和树立组织的良好形象。

在制订行动方案时，无论使用何种方式和渠道，都要考虑到人、财、物、技术等方面的现实条件，统筹兼顾、机动灵活，保证公共关系主题活动目标的达成。

（四）编制公共关系预算

编制公共关系预算是公关部门的一项基本的管理职能。

公共关系的预算是指按照预定的目标，将完成任务所需要的费用一一开列出来。通过预算还须找出活动的成本，找出全年从事公共关系活动的费用总额，然后估算以组织的实际情况可否承担这笔费用。公关预算应根据公共关系部门的各方面实际情况，确定在有限经费之下开展什么样的活动才合适。编制预算有助于公共关系部门按期“施工”，便于组织对公关活动进行监督管理。最后，有了预算，公共关系工作的成效评估就有了成本效益方面的基本依据。

1. 预算方法

公共关系的预算包括全年预算和单项计划预算。

第一，全年公共关系预算。这是以一年为期的公共关系工作成本预算。

编制全年预算有两种方法。一种是按照企业产品销售量抽成，即从总收入或纯收入中抽取一定的百分比作为公共关系经费。例如，广州白云山制药厂曾经明确规定：每年固定地从利润中提取相当于产值1%的资金作为该厂的信誉投资经费。1985年，该厂的生产总值达17亿元，因而相应地从利润中拨出170万元作为公共关系活动经费，主要用于制作公共关系广告、赞助各类社会性活动以及参加、支持其他一些纪念性活动等。另一种预算方法是目标作业法，即先制订出全年的公共关系目标和计划，然后按照计划将所需各项费用项目详细列举出来，最后核定总金额作为预算极限。

第二，单项公共关系计划预算。这是关于实施一个具体的公共关系活动计划所用的预算。预算方法是把按计划开展活动的各项费用开列出来。

公共关系预算编制好后，应请各级主管审查，然后将所预算的内容分发给有关部门，让其了解自己部门可使用的费用金额。

2. 预算内容

预算一般包括人员、经费、时间三个方面。

第一，人员的预算。这里的人员预算是指对实施公关计划所需要的人员进行预算。这实际上是工作量的预算。

第二，经费预算。经费预算主要包括各种传播材料的制作费、各种活动的成本费、使用大众传播媒介的费用以及交通费、出差费等。

第三，时间预算。指对完成该项计划的实施工作所需时间进行预算，也就是为实施计划制作一个时间进程表，规定好每一项工作内容的时间耗用，以便公关人员"按时施工"。

（五）形成书面报告

制订公共关系计划的全部工作完成以后，应当把计划落实到文字上，形成书面报告。撰写书面报告无固定格式，主要包括下面一些内容。

第一，背景概述，包括组织面临何种问题，这些问题产生的原因、解决的策略等。

第二，目标，指针对所确定的问题而制订的具体的公共关系工作目标。在目标中必须明确通过努力可能达到的效果。

第三，具体措施，指为实现目标而采取的相应举措，如选择什么媒介、开展哪些活动等。

第四，预算。详细开列出所需人员、经费和时间的单子。

三、进行可行性评估与论证

对公共关系计划进行可行性评估与论证是最容易被忽视的方面。一般来说，如果公共关系人员在制订好一份计划后就立即实施，很容易造成由于遇到种种困难而不得不经常修改，进而造成人、财、物的浪费的情况。如果说计划是重要的，那么，在计划实施之前，认真评估论证该计划是否可行也是重要的。

计划的评估论证一般由有关领导人、专家和实际工作者对计划的可行性提出问题，由计划人员答辩论证，也可以通过召开座谈会的方式进行。评估论证的目的是要搞清楚：我们制订的计划的各个环节是否都是必要的，有无遗漏，相关措施是否完备，是否具有现实性，完成计划的主客观条件是否具备，如何变通等。

第三节　实施公共关系计划

公共关系计划一旦被采纳，就需要将计划内容变为现实，这个过程就是公共关系计划的实施。它是整个公共关系工作中异常重要、也最为复杂的一个环节。重视公共关系计划的实施，对提高公共关系工作的效率和效益有着重大意义。

一、公共关系计划实施的原则

公共关系计划目标能否实现以及实现的程度如何，关键在于实际的操作。公共关系人员在具体的实施过程中不能“跟着感觉走”，而必须坚持一定的原则，以保证计划的有效实施。

（一）目标导向原则

目标导向是保证实施活动不偏离计划目标的一个重要原则。这就要求公共关系人员能够掌握实施进程中的“轨迹”，控制活动的范围，一切行动计划均要紧紧围绕计划目标而展开。为了切实遵守目标导向原则，可以使用线性排列法或多线性排列法，使所有公共关系活动有序地进行。线性排列法（图 8-4）是按照公共关系内容的内在联系性将所有活动项目逐一排列出来，一步一步地向目标迈进。线性排列法的优点在于可以使工作人员头脑清醒、循序渐进，避免出现工作的混乱局面和人、财、物的浪费现象。但比较费时间，缺乏灵活机动性。

图 8-4　线性排列法

多线性排列法（图 8-5）是同时将所有行动展开，共同向目标迈进。

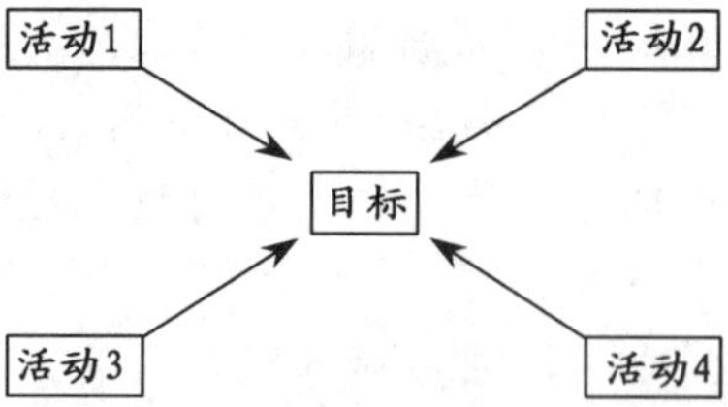

图 8-5　多线性排列法

多线性排列法的优点是节省时间、灵活机动，但需同时投入大量人、财、物。使用多线性排列法还要求各环节、各部门、各人员之间要达到整体协调状态，否则实施过程可能出现杂乱无章、混乱不堪的局面。

（二）时效性原则

所谓时效性原则，是指在实施活动中善于把握利用有利时机，以最大限度地发挥公共关系的作用，提高公共关系效果的原则。它要求公共关系人员在实施中，对活动展开的时机进行精心的选择与安排，借助恰当的时机而收到良好效果。怎样选择公共关系活动开展的时机呢？

（1）要避开或利用重大节日或事件。凡是同重大节日或事件没有任何联系的活动都应避开，以免被其冲淡；凡是同重大节日或事件有直接联系的公关计划则可以考虑利用其气氛来扩大自己的影响。法国的白兰地在美国的“精彩亮相”选择了艾森豪威尔的生日，取得异常的成功。

（2）开业之机。组织成立、开业是开展公共关系活动的大好时机。由于新的组织在公众心目中还是一张白纸，如能抓住这一时机实施公关活动，就可为组织塑造良好的形象奠定基础。

（3）拓新之时。一般而言，公众对组织推出的新产品或增加的服务新项目，一开始往往持观望态度。公共关系人员及时地运用各种形式的活动对其进行宣传和介绍，可以尽快地消除公众的观望心理，促使他们进行新的尝试。

（4）失误或被误解之时。组织一旦产生失误或被公众误解，造成“形象危机”，就应当立即通过公共关系手段消除“危机”，取得公众的谅解，维护组织的声誉。

以上仅仅是从组织的生存与发展的角度来谈公共关系实施中的有利时机。其实，在组织的日常或偶然事件中都隐藏着许多公共关系的契机，只要善于观察、分析，是不难找到的。

（三）针对性原则

这是根据目标公众的特点，有针对性地开展活动，以获得良好的公共关系实施效果的原则。因为只有目标公众理解并接受了组织的公关意图，公共关系活动才能取得成功。

二、公共关系计划实施的特点

公关计划的实施是一个复杂、多变的行动过程，其目的是要将公共关系工作的良好愿望和理想的设计付诸实施，使公众了解组织、赞赏组织。因此，公共关系计划实施的一个显著特点是“付出努力让社会知道，面临的困境求公众理解”。具体说，实施活动有以下一些特点。

1. 动态变化性

公关计划的实施是由一系列相互关联的实践活动构成的。由于计划毕竟是一种理论的东西,无论怎样周密的计划都可能与实际情况有一定的差异。因此在实施计划的过程中,难免会遇到一些新问题、新情况,需要经常改变、修正或调整既定方案。这是一种正常现象。如果不考虑时空的变化,而固执地按"既定方针"办事,就难免导致失败。尤其是当目标公众对组织所开展的公关活动产生反感时,就应立即停止执行计划,找出原因,重新制订措施。

2. 创造性

制订计划、规划蓝图,需要创造性思维,而实施计划就是一个艺术再创过程。公共关系人员在实施计划过程中要充分发挥自己的创造技能,将公关蓝图变为生动、形象的具体活动,达到出奇制胜的效果。

3. 影响的广泛性

任何公共关系活动的目的都旨在形成、改变或影响目标公众的某种态度或行为。一项公共关系计划成功实现后,或多或少地会使目标公众对社会组织的印象产生不同程度的变化,甚至有时还会对整个社会文化、习俗产生深刻的影响。

三、实施公共关系计划的几点禁忌

具体的公共关系活动千差万别,其策略和方法也难以详尽,但在实施过程中都需要注意以下问题。

(一)忌虎头蛇尾,草草收场

公共关系是一系列持续不断的努力和活动,任何期望组织的公共关系工作会一蹴而就、一劳永逸的心理都是有害的。为此要求公共关系人员在实施过程中要善始善终地保持活动的影响性,力求使自己所开展的活动都能引起目标公众的注意,打动公众的心灵。就如一篇好文章一样,既要有精彩、吸引人的开篇,也要有令人回味的结尾,给人留下深刻的印象。

(二)忌过分夸张,以势压人

公共关系是一门塑造形象的艺术,需要丰富的想象力和创造力,但并不意味着可以任意发挥、不着边际。把握分寸是公共关系人员在实施中所要注意的。过分的夸张、渲染会适得其反,引起公众的反感,造成弄虚作假的不良印象。

(三)忌四面出击,劳而无获

有些公共关系人员认为,成功的实施就是面对所有的目标公众同时开展公关活动，四面出击，便可奏效。这种看法是有失偏颇的。实施公共关系计划需要突出重点。难度较大的公共关系不是一般的广泛开展活动就能奏效的，必须重点向公众中关键的决策者施加影响，说明事件结果与他们个人利益密切相关，首先促使他们的态度发生转变，然后才有可能吸引其他公众配合公共关系的实施工作。例如，在第二次世界大战期间，为节约食物，美国政府鼓励居民多吃动物内脏（由于文化因素影响，欧美人是不吃动物内脏的）。怎样才能改变人们的态度呢？若一开始就对男女老幼同时提出这样的要求是难以奏效的。于是，美国政府选择人们食物取向的“决策人”——家庭主妇作为突破口展开宣传，进行诱导，很快收到了预期效果。

公共关系实施是一项复杂的工作，涉及许多方面的具体问题，特别是策动传播沟通，既是公关计划实施的重点，又是其难点。关于这方面的问题，将在本书第十章中展开讨论。

第四节　总结评估与反馈

公共关系的总结评估是对公关工作的结果进行总结与反思，反映了公共关系工作人员的主观能动性。总结、评估既是公共关系“四步工作法”中的最后一步，也是进行更高一级的新的公共关系工作的开始的一步，起着承上启下的重要作用。评估反馈工作不仅在公关活动结束时是必要的，而且更应当在连续不断的公共关系工作各阶段中进行：调查阶段要评估信息的准确性、可靠性和问题的确定性；计划阶段要评估各种可选择的方案；实施阶段要评估行动措施；并且应将评估的结果及时地反馈到公关过程中去，以便在下一阶段吸取经验教训。

一、总结评估的意义

公共关系的总结、评估是改进公共关系工作的重要环节。通过总结、评估，可以及时发现公共关系工作的方向是否偏离了原计划，以便不失时机地调整工作内容和方式；同时，及时从成败中吸取经验教训，以便采取更为有效的行动。

公共关系的总结评估能帮助组织审时度势。组织在经营管理上的各种失误和不足，都可以在总结、评估中反映出来，有利于组织根据总结评估的结果来审视自己的宗旨、政策、经营管理方法上的优势和劣势，找到调整自己的行为、把握发展的时机,使组织能在竞争中知己知彼、百战不殆。

公共关系的总结评估还能使内部公众和领导人看到公共关系工作的明显效果,使之自觉地重视公关工作,为今后工作取得更多的支持和帮助。通过总结、评估,可以消除障碍,减少公共关系工作的阻力。

公共关系的总结评估也可以总结出新经验、提出新问题、形成新理论,从而丰富和发展公共关系的理论和实务。

二、总结评估的原则与方法

(一)总结评估的原则

公共关系的总结评估不能随心所欲,而应遵守三个重要原则。

第一,客观准确性原则。公共关系的总结评估要坚持说真情实话,既不为组织的公共关系工作的失误辩护,也不能把公共关系工作说得尽善尽美。评估应真实地总结出所取得的成绩和效果,所遇到的挫折和失败,做到喜忧兼报。为了做到客观准确,公关人员就不能只凭主观感觉,而必须采用一些科学的评价方法进行总结评估。

第二,分清功绩和责任原则。公共关系工作是由具体的公共关系人员去完成的,分清人员的成绩和失误是总结评估工作的重要组成部分。只有对人员的功绩和责任做出合乎实际的评价,并分别给予奖励与批评,才能调动人员的工作积极性,增强其责任观念,提高人员素质、工作水平和工作质量。

第三,定性、定量分析相结合的原则。对公共关系工作的效果作定性分析就是要求对各种检测、评估结果进行概括分类,把评估归纳成若干大类,做出总体好坏、升降的估计和评价,并说明原因、提出证据、标明性质、做出结论。对公共关系的定量分析是要求对定性分析的结论能用统计数字衡量。例如,理解程度加强、牢骚减少、投诉下降、求职者增多等,都要用具体的百分比表示。

(二)总结评估的方法

总结评估主要是对公共关系工作进行定性和定量的测定,一般分为效果调查和研究分析两个阶段。

1. 效果调查法

效果调查法是对公共关系工作产生的效果作广泛的调查,它包括三方面。

第一,专家意见调查。公共关系评估人员拟定调查项目,制订评价标准,邀请有关方面的专家,让其匿名、独立地发表意见;若意见分散无法集中,可汇集整理反馈给各位专家,让其再评价,直至意见基本统一。

第二,公众舆论调查。这是评估中最重要的方法。进行舆论调查可以运用在调查阶段所使用的方法来对公众的舆论进行前后对比,再制作一次“组织形象地位四象限图”,就可知晓通过活动后组织的形象地位是否发生了所期望的变化,或者可以通过问卷调查来检测计划目标是否达到。比如,一项公共关系方案的目标是要将某公司的知名度由10%提高到20%。而实施后通过问卷方式进行调查,发现只有15%的调查对象表示知道该公司的存在,或知道它是从事什么业务的,可见该组织公关计划扩大知名度的目标未能达成。

第三,新闻媒介对本组织所开展的公共关系活动的报道情况,包括报道的角度、次数、版面及媒介的覆盖面、重要性等,以衡量公共关系工作的成效。

2. 研究分析

公共关系部门把调查收集来的有关公共关系活动过程的重要信息,经过去粗取精、去伪存真、由此及彼、由表及里的抽象、概括、分析和综合,可以得出公共关系工作效果的正确评价。在研究分析中,除了对过程有正确的评价外,还应重视对结果的解释。尤其是当发现预期的结果没有发生时,为了给今后的工作提供帮助,注意从以下几个方面查找原因更是必要的:第一,是否公共关系方案的主观成分太多,脱离了实际;第二,是否没有充分考虑到各种外界环境因素的综合影响作用;第三,是否准备工作不充分,造成实施中出现失误或偏差;第四,公共关系人员素质低;第五,是否评估本身失误,如方法不当、标本选择不当、评估人员水平低等。

无论评估如何进行,其核心一点就是:我们做得怎样?为什么?今后应如何改进?

三、总结评估的主要内容

公共关系的总结评估内容十分广泛,主要涉及以下几方面。

第一,对公关活动的投资收益估价,包括对组织长远的经济效益、社会效益的宏观和微观的分析和评价。

第二,对公关活动完成组织的使命、解决组织亟待解决的问题情况以及对组织总体形象的作用进行分析和评价。

第三,对公关活动给组织带来的近期和远期影响、效果作分析和评价。

第四,对公关活动给组织的生存与发展带来的影响,包括成绩和损失及原因等进行分析和评价。

总之,公共关系的评估既要评价公关活动对组织内部造成的影响,也要评价给组织外部环境带来的影响。

四、成果报告与反馈

公共关系工作的效果如何，在很大程度上还要看组织领导层的评价。为使最高管理者对公共关系的效果做出恰当的判断与评价，必须如实将定量、定性的评估成果以正式报告的形式传达给决策层。

在报告中应当把公共关系工作的评价与组织的总目标、总任务联系起来。如果事前制订有公共关系的计划和预算，就应在报告中将计划中的预算与实施预算结果加以具体的比较。在报告中，应尽量引用具体可见或可测量的成果作附加说明。引用有影响力的外界评价以增进领导层对公共关系工作的信任感。在必要时还应将公共关系工作的成效反馈给组织的其他内部公众，以增加内部公众对公共关系工作的了解和支持。

报告的形式常用的有书面报告和口头报告两类。书面报告有年终总结、年度报告、定期备忘录和工作报告、情况通报和简报等。口头报告有小组会议或委员会会议、工作汇报会等。

无论何种报告形式，若辅以图表、图片，均可以使报告更加生动、形象，使效果更加理想。

第九章 公共关系策划

第九章　公共关系策划

如果说公共关系是一门艺术的话，这门艺术就集中体现在策划的过程及其所形成的文案之中。公关策划是公共关系实践中最富创造性的工作，是公关工作成败的关键。要确保公关策划的成功，必须深入理解公关策划的基本理论，掌握公关策划的战略与策略的精神实质，学会公关策划的基本方法和技巧。

第一节 公共关系策划概述

公关策划是为各类公关活动的运筹、规划和设计，为实现塑造良好的组织形象的目的服务的。公关策划是公关人员遵循科学的原则和方法，充分发挥想象力和创造力，制订最优公关活动方案的过程。

一、公共关系策划的含义

（一）策划的含义

策划，也称“策画”，含有筹划、谋划、抉择等意，是人类社会中经常进行的一种活动。大至两国交兵，小至造屋建房、见面洽谈等，均需三思而后行。策划与人类社会生活紧密相关。

按美国哈佛企业管理丛书编纂委员会的解释，策划是一种程序，是一种运用脑力的理性行为。所有的策划都是指向未来事物的。也就是说，策划是针对未来要发生的事情，在找出事物发展因果关系的基础上衡量未来可采取的途径，做出目前决策之依据的一种社会活动。简单地说，策划是预先决定做什么，何时做，如何做，谁来做。策划如同一座桥，它连接着我们目前之地与未来我们要经过之处。

策划的步骤以假定目标为起点，然后订出策略、政策以及内部作业计划，以求目标之达成，并对可能的成效做出评估与论证。策划是一个无限发展的过程，在策划执行过程中或结束后，应将反应或结果及时进行反馈，并在新的起点上开始策划的第二次循环。策划是一种连续不断的循环，即反复策划，以求方案切实可行和高效应。

由此可见，策划既是一种观念或思维活动，又是人类的实践活动。策划是领导科学、战略科学、经济学等学科密切关注的理论问题和实践问题。

策划活动的历史源远流长，伴随人类的文明进步而不断地丰富和升华。策划就其本身而言，需要丰富的知识、高超的智慧、深透的谋略以及科学的决策思维；应谙熟古今中外的策划谋略，并能古为今用、洋为中用、推陈出新。

中国有锦绣河山、悠久历史、灿烂文化，中国人以勤劳和智慧著称于世。世人在惊叹中国曾创造世界文明奇迹的同时，更折服于中国圣贤名人的谋略智慧。纵览浩如烟海的中国文化典籍，散见其间的类似的策划词汇很多，如：深谋远虑、玄机妙算、运筹帷幄、运智铺谋等。中国古代策划谋略之精髓，集中地反映在《孙子兵法》、《三十六计》等典籍中，至今为中外政治家、军事家、经济学家们所推崇。古人的谋略观留给我们无尽的启迪，其核心就是：凡成事立业，均需满腹韬略，善于对未来的发展进行周密的策划。

(二)公共关系策划

公共关系在中国的发展，虽起步较晚，但发展迅速、成效显著。其中，公关策划起着不可磨灭的作用。

早在1955年，公共关系学理论的创始人之一爱德华·伯内斯就已将"策划"的概念引入公关理论和实践，并得到人们的普遍认可。任何成功的公关活动都离不开充分准备、精心酝酿和高水平的策划。要使公关活动上档次、有新意，就必须精心策划。

由于研习者层次和立意角度不同，学术界对"公关策划"的理解或认识异彩纷呈。归结起来，公关策划的基本内涵离不开五个主要因素：策划者、策划依据、策划方法、策划对象、策划效果测评。因此，总结前人经验，可以对公关策划作如下理解。

所谓公共关系策划，是指公关人员在公关工作中，为了实现塑造组织形象、协调组织内外关系的目标，在调查研究基础上，运用已经掌握的知识和经验，遵循科学的原则和方法，发挥想象力和创造力，对公共关系的战略和策略进行运筹、规划或设计，并制订公关活动方案的过程。

公关策划根据任务和目的的不同，一般有两种：一种是全局或长远性的，即围绕组织总体形象的设计和长远目标而进行的策划；一种是专项性的，即为解决某个公共关系的具体问题，围绕一个或几个公关专题活动进行的策划。

公共关系策划的含义是丰富的，主要有以下几个方面。

(1)公关策划由公共关系人员主持完成。人们常把公关人员分为三种：具体操作者、组织指挥者、公关专家。公关策划主要依靠公关专家来完成，国内外情况大体如此。而将这些由高档次、高水平人员组成的公关专家策划出来的"成果"付诸实施，便是公关操作者和组织者的事了。当然，公关策划不能由公关人员关起门来做，由组织内部公关人员主持的公关策划最好由公关部门的负责人、公关咨询专家和组织领导人(如厂长、经理等)一起完成。

(2)公关策划紧紧围绕组织目标并为之服务。公关活动是组织整体活动的有机组成部分，其活动应有助于整个组织活动的展开，并体现和符合组织的整体利益。公关策划活动是组织公关活动的重要组成部分，也必须服从组织的整体公关目标。公关策划在谋求组织自身的最佳效益时，既需考虑到与组织整体利益的一致性，还须考虑到组织自身利益与社会整体利益的一致性。

(3)公关策划以公关调查为基础条件。“没有调查研究，就没有发言权。”公关策划不可能凭空产生，只能建立在科学的调查研究基础之上。当然，在公关策划活动中，理论的指导和经验的借鉴也是非常必要的。没有理论的指导，策划成果会缺乏深度或高度；没有成功经验的借鉴和帮助，策划作品会很难实施或实施效果会很难保证。

(4)公关策划必须遵循科学的原则和方法。公关策划是科学与艺术的结晶。一方面，它必须遵循科学的规律和原则，按照科学的理论和方法进行运作；另一方面，它又必须成为艺术的创造，用独特的魅力和尽可能完美的艺术形式去感染、吸引公众，使公众在美的感受中潜移默化地接受公关人员传递的信息，转变态度，发展积极行为。离开了科学的指导，公关策划必然步入误区，陷入庸俗；离开了艺术的创造，公关策划就失去了生命力，变得干瘪和教条。

(5)公关策划包括战略策划和策略策划两种基本类型。战略策划从宏观上为实现组织总体目标的长期性和整体性服务，它是公关策略策划的基础；策略策划是组织为实现公关目标和宏观策划所采取的具体对策应用方式与特殊手段，它是战略策划的具体化。战略策划和策略策划反映的是组织的全面与局部、长远利益与当前利益之间的辩证关系。两者既有区别，又有联系。策略策划是战略策划的一部分，它服从于战略策划，并为达到战略目标服务；而战略任务又必须通过策略来一步一步地完成。战略策划内容在一定时期内具有相对稳定性；而策略策划则具有较大的灵活性，随具体情况而变化。战略策划和策略策划的区分是相对的，随时间与空间的转换，在一定范围内的战略任务，在另一范围内则可能是策略任务，反之亦然。

(6)公关策划包括谋略、规划、设计等几方面工作，它是制订最优公共关系活动方案的过程。进行谋略、规划和设计三方面工作，其实质就是寻求和制订公关最优活动方案的过程。

二、公共关系策划的目的、地位和意义

(一)公关策划的目的

公关策划的目的是通过运筹、规划实现组织目标的最优公关活动方案，为实现塑造良好的组织形象的目的服务。

为了便于理解公共关系策划的目的，我们从系统理论角度，把公关活动的开展

看做是一个系统工程。公关策划在这个系统中居于十分重要的地位，它对整个公关活动具有前瞻性、指导性和决定性。我们可以从以下两方面来认识公关策划在公关活动中的地位。

(1)公关策划在公关活动过程中的位置以及与其他公关活动的关系可以用图9-1来表示。

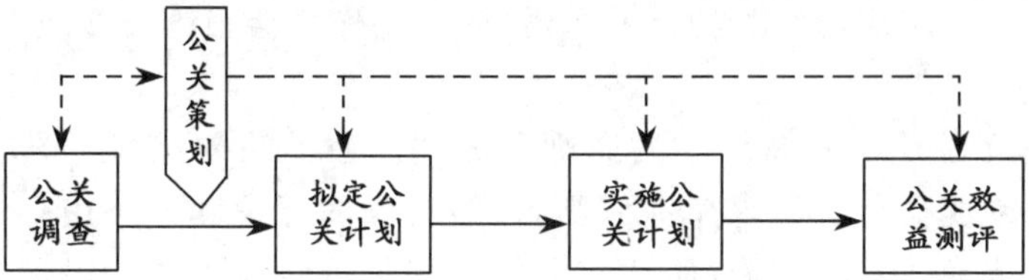

图 9-1　公关策划与其他公关活动关系图

从图 9-1 可知，一方面，公关策划承上启下，对整个公关过程，特别是后三步起着控制作用；另一方面，公关策划又会及时收集反馈信息(图中用虚线表示)，再度作出更高层次的策划以指导公关活动向更高更深方向发展。

(2)公关策划对公关活动中若干要素的影响可以用图 9-2 表示。

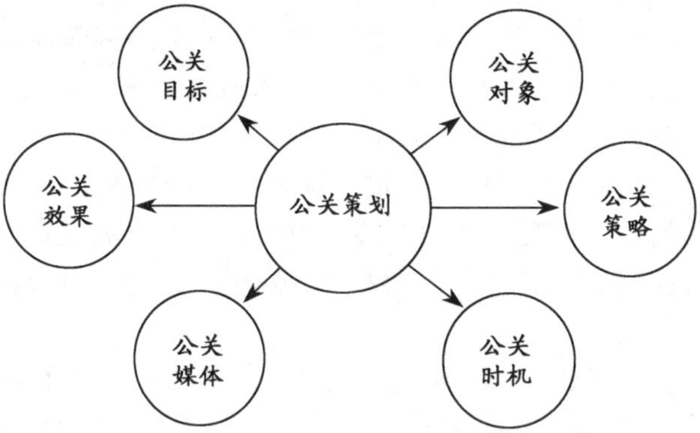

图 9-2　公关策划对公关活动中若干要素的影响图

一项公关策划，首先所要决定和解决的问题包括为什么要进行这次公关活动；公关目标是什么；对象是谁；公关策略是什么；如何把握最有利的公关时机；如何选择最佳媒体；怎样获得公关活动最佳效果等。当然，公关策划不可能对每一问题均衡用力，而必须在动态中把握平衡，有所选择、有所侧重，并确定问题解决的先后顺序。只有这样，公关活动才能获得高质量的效果。

(二)公共关系策划的意义

(1)保证公关工作的计划性。精心酝酿的公关策划可以更有效地找准公关目标和对象,确定公关战略和策略,把握最有利时机,选择最佳媒体等,保证公关工作重点突出、主次分明,使公关活动有计划、有步骤、有重点地进行。

(2)保证公关工作的最佳效果。公关工作以塑造组织形象、协调内外关系为基本职能,公关策划对战略目标做出有序的规则,从策略上提供了保证,从而使组织目标的达成成为逐渐累进过程。通过策划确保其目标、对象的准确性,活动内容、方式的可行性,确保公关活动投入少而效益好,获得最大的综合效益。

(3)公关策划是社会组织竞争制胜的法宝。公关竞争是社会组织竞争的重要组成部分,面对日益加剧的市场竞争,组织所应思考的已不再是"人无我有"的问题,而是"人有我新"的问题。被称为"世纪大战"的可口可乐与百事可乐竞争世界第一饮料,百事可乐把策划的战略重点之一放在还没有形成饮料习惯口味的下一任青少年身上,推出百事"新一代",令可口可乐叹为观止。"七喜"饮料面对可口可乐和百事可乐称霸世界的情况,把策划战略放在本饮料"不含咖啡因,永远不含咖啡因",爆了饮料市场的冷门。无数组织的成功历程都说明了公关策划是制胜的法宝。

三、公共关系策划的特征和原则

(一)公关策划的特征

(1)目标性。无论哪种层次的公关策划都以一定的目标为指向。目标性要求在进行公关策划前,策划人员需要了解组织到底应塑造什么样的形象,公关活动到底重点解决什么问题和问题排列的先后顺序。

(2)灵活性。社会组织的内外公众和环境稳定性是相对的,变化性是绝对的。这就要求公关策划必须具有灵活性,适时适度地调整公关策略,有时甚至要调整公关目标,以便卓有成效地实现动态策划。

(3)有效性。任何公关活动都要讲求效果,公关策划如果不能产生实际效果那便都是浪费的、徒劳的。有效性要求每次公关策划都要从组织实情出发,做到切实可行、卓有成效。公关策划是组织宏观系统中的子系统,涉及内外各部门,它必须从实际出发,量入为出,讲究实效,合理安排,协调组织人力、物力、财力,力戒浮华、不切实际,才能产生实际效果。

(二)公关策划的原则

(1)求实原则。实事求是是公关工作的准绳,也是公关策划最基本的原则。公共关系是一项应用性和实践性很强的工作，只有真心实意，才能取信于民。在公关策划时，必须以事实为基础，如实准确收集调查信息，做出组织可操作实施的公关策划，才能保证公关策划的切实可行。

(2)系统原则。公关策划活动是一个有机整体，它涉及公关活动过程的各个方面，需要从系统的整体与部分之间相互依存、相互制约的关系中，把握系统特征及其运动规律，实现整体最优化。公关策划需要与公关活动的各个环节结合，寻求它们之间的最佳搭配，在动态中取得最大的综合效益。

(3)创造原则。公关策划需要充分发挥想象力、创造力，这样才能使公关策划实现科学的求实和艺术的创新。公关策划的创新，是公关策划者在已有知识和经验基础上，打破传统思维定式，刻意求新，设计生动活泼的公关活动，使公众乐意接受组织所传递的信息，进而做出积极的行动。

四、公共关系策划与创意

美国公关专家杜·纽萨姆先生认为："公关活动的成败主要取决于公关人员的创造性。"好的创意超凡脱俗、别具一格，给公关策划和整体活动注入艺术魅力，使公关活动浓缩为一个新颖别致、最恰当精炼、最能吸引公众注意的主题。有了好的主题，再去创意设计最理想的公关活动方式和传播手段，让主题具体形象、生动完整地展现在公众面前，就一定能成为公众乐于接受的公关活动。一些公关活动难以产生较大影响，一个极其重要的原因就是缺乏创意，使公关活动流于形式，甚至庸俗。

(一)创意的实质

创意，本是一个古汉语词汇，早在东汉时王充的《论衡》中便已出现"创意"一词，当时指写文章有创造性，后人常用于表述具有创造性的思维活动。"创意"就是构思，"构"含构造结成之意；"思"含意象、想象、思考、联系、念头、点子等意。因此，创意有点儿近似俗语中的"想点子"、"出高招"、"拿主意"。

公关创意是公关人员针对公关目标所进行的构思或想象，是在特殊时空条件下为表现公关主题和实现公关目标所进行的一种创造性思维活动。其功能是产生不同凡响的独特设想与构思；重点是指设计公关活动的主题和意境，提出总体思路，并考虑怎样去表现这种主题和意境的活动及其成果。

创意不仅具有一般创造性思维的共同点，同时又具有自身的特殊性。第一，它是公关人员发挥主观能动性和创造力的、有意识的特殊创造活动。公关创意有明确的目的，即为更好地解决组织面临的公关问题而构思，谋求以新颖独特的方式来取得最佳的公关效果。第二，它讲求独创性和求实性的统一。公关创意一方面强调打破常规、出奇制胜，另一方面又要求必须以公众利益和社会价值为尺度，符合社会道德伦理，把实现组织目标同履行社会责任有机地结合起来。

（二）公关创意的过程

一般的创意往往经历准备、酝酿、启发、成型、验证完善等几个阶段。

（1）准备阶段。公关人员根据组织的总体目标或具体目标，收集各种信息和资料，围绕公众的特点和需求，结合组织自身状况，提出公关创意的方向。

（2）酝酿阶段。公关人员对收集到的各种信息和组织存在的问题，遵循相对明确的方向和目标，最大限度地调动创意团队的知识、经验和想象力，综合分析，打开想象的大门，运用抽象思维、形象思维，经过讨论、设想、借鉴和扬弃等艰辛劳动，寻求创意的线索和思路。

（3）启发阶段。经过苦思冥想，相互交流讨论，忽有人计上心头，冲口而出某个想法，于是大家据此灵感进行综合分析，增补完善，使其转换为构思，并使这种构思转化为反映目标的意象，这是创意的关键阶段。

（4）成型阶段。这是指经过公关人员深思熟虑将各种相关的奇妙构思，经过充分的分析、推导、论证，将创意形成文案的阶段。

（5）验证完善阶段。这是指把通过充分论证的成型方案送至有关部门或交由专家会审；并争取在可能的情况下将方案在小范围内进行实验证实，以便使创意方案进一步完善的阶段。

第二节　公共关系战略策划与策略策划

公关战略策划是为实现组织总体目标而进行的长期性和整体性的谋划；它以组织形象定位为核心内容。公关策略策划是为实现组织的具体公关目标所采取的创意或谋划；其中，对危机公关的处理策划是公关策略策划的重要表现形式。

一、公共关系战略策划的含义与特点

（一）公共关系战略策划的含义

所谓公关战略策划，就是某一社会组织围绕组织形象这一核心，以未来为主导，为实现组织总体目标所进行的谋划及其所形成的结果。公关战略策划包括战

略目标策划、战略重点策划和战略步骤策划等方面。

公关战略策划具有几个方面的含义。

(1)公关战略是组织战略的一个组成部分,为实现组织的总体战略服务。在策划公关战略时,应正确处理局部与整体、眼前与长远的关系,偏离组织战略或背离组织战略另搞一套,将导致组织战略的失败,给组织带来消极影响或损失。

(2)公关战略必须与组织其他战略协调一致,必须与组织的市场、人事、财务、投资等战略平行协调。有的东西从公关角度来看是可行的,但从组织总体看,条件还不成熟,就应缓行;相反,有的东西组织总体上急需,即使公关活动有困难,公关活动也应克服困难,配合组织总体行动。

(3)公关战略必须具有自己鲜明的专业特点。公关战略是组织战略系统的一个有机组成部分,但也有与组织整体战略或组织其他战略不同的专业特点。公关战略在服从组织整体战略、保持与组织其他战略协调一致的同时,应发挥公关战略的优势,能动地为组织整体战略和其他战略服务,发挥公关的特色。

(二)公关战略的特点

(1)抽象性。公关战略内容往往是对带全局性的、重大的或决定全局的公关活动的谋划,主要从宏观上确定公关的方向、目标、重点、步骤等。相对于公关策略来说,公关战略要抽象得多,它往往表现为纲要性的文件。

(2)指导性。公关战略从宏观上、方向上确定着公关活动的目标、重点和步骤,这就要求组织在制订公关战略时,必须调查研究,使之能成为公关策略策划的科学指导。

(3)先行性和桥梁性。公关战略着眼未来,充分考虑组织在相当长的时期内组织公关的目标和方向,它在公关策略制订前就已形成。公关战略作为组织战略的一部分,以组织整体战略为指导,形成并服从于组织整体战略,联结着组织整体战略与公关策略。

(4)相对稳定性。公关战略中的战略目标、重点、步骤等不能随意更改。一经确立,就应保持相对稳定,以保证公关策略和其他公关活动都围绕一个或几个中心目标来进行。

二、公共关系战略的构成与组织的形象定位

(一)公关战略的构成

公关战略由战略目标、战略重点、战略步骤等几个方面构成。

(1)战略目标。它是公关的根本,是组织公关活动努力的方向和谋求的预期成

果，是公关战略主要内容的集中体现。它以组织形象定位为核心内容，所有其他内容都围绕这一中心内容而展开。

(2)战略重点。组织形象定位一旦完成，就需要各方面努力组织实施。在实施过程中，不可能均衡用力，因而只有通过一个或几个重点来以点到面，才能达成既定目标。一般来说，战略重点就是公关策略的主要方向。

(3)战略步骤。它是组织在确立公关战略目标与战略重点之后，在时间节奏方面的战略确定。它一般以阶段性的形式表现出来，即将某一战略时期，分成若干阶段，最后趋向战略总目标。

(二)组织形象定位

“定位”一词是从戏剧界、文艺界的“角色”一词演化而来的，后来被市场学、广告学所采用。到20世纪70年代，西方公共关系理论中广泛使用“定位”一词，其含义为确定组织的地位、角色。

公关战略目标以组织形象定位为核心，也就是组织确定以什么角色、什么模样呈现给内外公众。不同组织对象公众不同，应有不同的形象定位。组织形象不是某种单一的形象的组合，而是多种形象的组合。要完美这种形象组合，就必须以准确把握对象公众为前提，即本组织所涉及的公众到底有哪些，其范围有多大；对象公众对组织有什么需求，哪些需求是共同的，哪些需求是个别特殊的；组织应当把公众的共同需求作为定位组织总体形象的基础，特殊需求作为组织形象的辅助。一般来说，组织形象定位的具体内容包括以下几个主要方面。

1. 组织在员工心目中的形象定位

组织在对员工进行形象定位前须重视员工的以下利益：社会地位、人格尊严和心理满足；就业安全和适当的工作条件；不受上级专横对待；合理的工资和福利；培训和上进的机会；了解公司内情；有效地领导；和谐的人事关系；参与和表达的机会；工会活动的自由等。

组织对员工进行形象定位可以从以下几方面入手：第一，培养员工对组织的认同感，树立“自己的组织”的观念；第二，培养员工对组织的信任感，树立“组织即家”的观念；第三，培养员工对组织的自豪感，树立“我能成为组织一员光荣”的观念；第四，引发职工愉快感，努力在组织营造一个愉快而融洽的工作环境，树立“我在这里工作很快活”的观念等。

2. 组织在股东心目中的形象定位

组织在对股东进行形象定位时须重视股东的以下利益：参加利润分配；了解组织经营状况；董事会选举；优先试用新产品；有权检查组织账目，增股报价，资产清理；股票转让；与组织的合同所确立的各种附加利益等。

对股东进行形象定位可以从以下方面入手：第一，维护股东合法权利和经济利益，培养股东的主人翁意识；第二，视股东为“自家人”，征询股东意见，及时定期通报组织有关情况；第三，争创名牌企业和名牌产品，稳定现有股东队伍，使股东以持有本企业股票为荣；第四，创造有利的投资环境和投资气氛，积极开辟财源，吸引更多的投资者。

3. 组织在顾客心目中的形象定位

在定位组织在顾客心目中的形象时，须重视顾客的以下利益：公平合理的价格；产品质量保证及适当的保用期；准确解释各种疑难和投诉；提供完善的售后服务；使用产品的技术资料服务；必要的消费指导和教育等。

组织为了定位在顾客心目中的良好形象，可以从以下方面做工作：第一，顾客的需要是一切组织活动的中心点，树立“顾客至上”的观念；第二，一流的服务，意味着服务第一，赢利第二；第三，一流的服务，意味着提供优质产品（或劳力）和完美的售后服务；第四，真诚、谦恭的待客服务态度，树立“顾客是衣食父母”的观念；第五，必要的消费指导和教育，树立认真负责的形象等。

4. 组织在社区中的形象定位

组织为了定位其在社区中的良好形象，须为社区承担以下责任和义务：保护社区环境和秩序；向当地社会提供生产性的、健康的就业机会；关心和支持当地政府；支持文化和慈善事业；赞助当地公益活动；公平竞争；扶持地方小企业发展；组织负责人参与、关心社区事务等。

组织为了塑造在社区的良好形象，应做好以下工作：第一，树立组织是“社区一员”的观念；第二，社区事务琐碎而繁杂，需要长期持之以恒的努力，忌讳一蹴而就的短期行为；第三，培养“社区是家”的观念，保护和改善社区的生态环境；第四，积极参与和支持社区的公益活动，表明组织是一个尽力承担义务的优秀社区成员；第五，以己之长，帮助社区繁荣和稳定，带动社区小企业的发展等。

5. 组织在政府面前的形象定位

组织在政府面前的形象塑造应做到：遵守各项政策和法律；承担法律义务；保证各项税收；公平竞争；保证安全等。组织应注意从以下几个方面塑造自己在政府心目中的形象：第一，树立“国家利益至上”的观念；第二，遵纪守法，服从政府的监督、检查和指导；第三，促进经济发展，按时足额纳税；第四，保持与政府的沟通渠道畅通，及时向政府通报组织情况，加强政府对组织的理解。

6. 组织在媒介中的形象定位

组织在定位其在媒介中的形象时，须首先做好以下工作：尽量使组织的工作具有广泛的社会意义和重大的社会价值;尊重新闻界的职业尊严;提供真实准确的信息;让媒介机构有机会参加组织的重要活动;提供具有时效性的动态新闻;提供采访的方便条件。

组织在定位自己在媒介中的良好形象时,还应从以下方面努力:第一,了解不同传播媒介的特点,掌握新闻工作基本规律;第二,主动创造条件,与传播媒介建立长期稳定的联系;第三,提供真实准确信息,协助记者顺利完成采访任务;第四,紧扣时代脉搏,抓住公众最关心的主题,调动公众情感;第五,正确对待批评报道,勇于承担社会责任。

三、公共关系策略策划的含义与一般方法

(一)公关策略策划的含义

公关策略策划是公关策划者为实现组织在一定时期的具体公关目标所谋划的具体对策或特殊手段。它以服务于公关战略任务为最高标准,又具有适用性强、灵活性好的特点。其含义有以下几个方面。

(1)公关策略是公关战略的组成部分,服务于公关战略,必须与公关战略相协调。公关战略与公关策略的关系反映了组织的整体目标与局部任务、长远利益和当前利益的关系。

(2)公关策略的内容具体而实在。公关战略往往从宏观上确立了组织长远的公关方向、目标、重点和步骤等,所考虑的是“做什么”,比较抽象而不具体。而公关策略则更多地考虑“怎样做”的问题,其内容从大到小,相当具体,便于操作实施。

(3)公关策略的表现极具灵活性。公关战略具有长期性特点,它规定组织在相当长时期内的奋斗目标,必须保持相对稳定性。公关策略则大到提出问题对策,中到主题活动开展方式,小到活动的具体操作都可涉及;它所遵循的原则是在条件许可的范围内灵活机动,即“策略有法,但无定法”。

(二)公关策略策划的一般方法

公关策略策划作为一种为实现公关目标而采用的方式方法与特殊手段,谋略运用对其策划成功十分关键。公关策划的方法很多,在此提供一些常见常用的策略策划方法。

1. 借题发挥法

这是利用一切可以利用的机会和条件,转换局势,争取主动,因势利导推出公关策划、实现公关目标的方法。“借”的关键在于“巧”,即巧妙借用社会的重大变故或事件、组织的重大节日或仪式庆典等。

中国名酒杜康酒，曾以其香甜醇美、香味醇厚、独特的芝麻酱香而闻名。该酒是怎样畅销到日本，并树立起自己形象的呢？1979 年，我国冶金部代表团访问日本，杜康酒厂托人将酒转送给日本原首相田中角荣，并赠诗一首："田中原首相，和好如家邦。献上杜康酒，因公古义长。"而转送者也赋诗一首："美酒古来唯杜康，河南一饮三年香。诺言生死无更改，义载作成献寿长。"转送者将其诗写成甲骨文刻在龟板上送去。如此这般，古名酒、今名人、古雅意、今新情交融一体，诗颂酒义、酒助诗雅。杜康酒与这两首诗通过新闻媒介在日本广为传诵，一时间日本竟掀起一场"杜康酒热"。此乃酒业公司借中日邦交之题，发挥古酒新意树立形象、促进销售的成功策划。

2. 择时造势法

这是指抓住最有利时机，产生轰动效应，塑造组织形象的方法。其关键在于利用环境所提供的机会，抓住最佳传播时机，敢于抢先一步，做"出头鸟"。公关人员应当有敏锐的观察力，善于发现和捕捉机遇，适时地顺势、借势、造势，使组织的知名度和美誉度顺势扩大和提高。

1992 年 8 月，正值巴塞罗那奥运会结束，国内企业为奖励我国奥运会金牌得主，竞相解囊，捐赠几百万的竟成"小菜一碟"。而此时，河北省唐山市半壁店村农民却逢俏不赶，率先拿出 10 万元奖励发射"澳星"的我国科技功臣，一时石破天惊，美誉四起。10 万元与几百万元的体育赞助相比是区区小数，但它出自农民之手，捐资对象是搞科技的科学家，而且是中国航天史上得到第一笔社会赞助。

半壁店村农民的这一"杰作"，迅速引起各界的追捧。凝结深情和胆识的 10 万元捐款，树立了中国当代农民的形象；所产生的形象价值远远大于别人的几百万、几千万的捐款，为中国公关事业增添了一幅别开生面的杰出画作。

3. 目标延伸法

这是指紧紧围绕宏观目标，延伸推导出组织具体的公关方案的方法，其关键在于使目标同手段相结合，切实可行地帮助目标的实现。如，1984 年，北京长城饭店利用开张的机会，扩大知名度，招徕外国顾客。他们获悉美国里根总统访华的安排，经过不懈努力，终于促成里根总统将访华告别宴会安排在长城饭店。当年 4 月 29 日，来自世界各地的五百余名记者汇聚长城饭店，采访和报道了这一消息，长城饭店的知名度一下子传遍世界。一时间，长城饭店车水马龙，宾客盈门。

4. 以攻为守法

这即是指当组织与外部环境出现矛盾冲突时，抓住有利时机和有利条件，主动出击，通过迅速调整自身的方针、政策、行为习惯等，来开创新局面的方法。如，通过选择新的顾客群，开辟新市场，开发新产品去改变组织对环境的原有信赖关系；

通过改换合作伙伴，减少组织与环境的摩擦冲突；通过"制造新闻"去消除负面影响，形成支持组织的社会舆论等，都可以看做是以攻为守法。

5. 异中求同法

其又称"变换组合法"，即把两件或几件本不相干的事联系起来，吸引舆论及公众注意，达到塑造组织形象的目的的方法。常用的有赞助体育比赛、赞助文化教育事业、赞助慈善事业等。

6. 同中求异法

其又称为"轰动效应法"，即在相同或类似中，寻求与众不同之点加以利用的方法。此方法普遍用于同行公关竞争中。其关键在于别出心裁，做到"人无我有、人有我新、与众不同"，来达到吸引媒介和公众注意的目的。

1993 年，南京举行全国洗涤化妆用品交易会，各路厂商不惜巨资大造声势，竞相高薪聘请公关小姐。后到的珠海汇利牙刷用品厂却独辟蹊径，在当地请来一位年已 72 岁，但面色红润、身体健康的老大妈作为自己产品的形象代言人。结果一下子把人们的目光从看腻了的如云的公关小姐身上全部吸引过来，最终大获全胜，订出 180 万把保健牙刷，于是在当年留下了"公关未必皆小姐"的佳话。

7. 弘扬优势法

这是指针对本组织、本组织代表的优势进行公关策划的方法，目的是使本组织的优势特色更加突出，以争取公众。其关键在于寻找本组织与其他类似组织相比优势或长处到底在何处。

8. 弥补缺点法

与弘扬优势法相比，该法主要是通过巧妙弥补缺点，以使形象更趋完美的方法。组织的不好传闻若属公众误解，应加以澄清；若确属组织本身失误，应加以改进。如产品不完美，可通过价格优惠、维修方便等弥补。西铁城石英表曾针对公众认为其虽式样美观、走时准确，但不牢固的误解，进行高空飞机抛表营销活动，使不牢固的传闻不攻自破，消除了公众的误解。

9. 直接仿效法

这是指借用他人成功的招式为我所用的方法。中外成功的公关范例数不胜数，值得借鉴和运用的很多，关键在于如何因时、因地、因国家、因环境等具体因素而取舍选用，仿效一定要恰当，要尊重人家的知识产权，要实事求是，力避邯郸学步。

四、危机公共关系的处理策划

常言道："天有不测风云，人有旦夕祸福。"一个社会组织总会遇到突发事件或重大事故,当某些危机发生时,不仅可能会给组织带来直接的人、财、物损失,而且可能会严重损害组织形象,甚至危及组织生存,使组织面临强大的公众舆论压力和险恶的社会关系环境。因此,组织处理危机事件的能力和效果如何是关系到组织生死存亡的大事。危机事件的处理,往往需要动用整个组织的力量和综合运用各种传播媒介,使之成为一种复杂的、特殊的公关活动。组织对危机公关的处理策划反映了组织公关策划水平的高低。

(一)对危机公关应持的态度

危机事件往往具有超乎常规的偶然性。诸如,飞机失事、火车脱轨、轮船沉没、毒气泄漏、食物中毒、火灾、爆炸等重大恶性事故。人们常把它们归于不可测算的天灾人祸。当危机发生时,有的组织往往束手无策或穷于应付招架,或常常是"大事化小,小事化了"。这些认识和处理的方法是与公关精神相矛盾的。危机事件是否都是不可测算、不可预防的呢?不是的。凡事预则立,不预则废。对危机事件我们首先应持的态度是:防患未然,科学应急。

1. 公关危机的防患

防患,就是防患于未然。公关人员应当努力预见组织运作中可能会有哪些不利后果,事先采取措施加以预防,阻止危机出现。实践证明,大量的人为突发事件,如因组织内部原因引起的食物中毒、环境污染等等,是可预见和可控制的,如果平时采取相应的有效措施,是完全可以避免或减少组织和社会的损失的。

2. 公关危机的应急

应急,就是危机发生后,公关人员所采取的对策和行动。公关危机既可能是人为因素引起的,也可能是自然因素引起的。自然因素导致的突发事件,对于一个较小的社会组织而言,往往具有不可控性。无论是人为的还是非人为的公关危机发生后,公关人员都应当利用危机发生前拟定的应急预案,迅速而果断地采取行动,充分利用一切可以利用的力量,特别是传播媒介的力量,化险为夷、转危为安;并努力创造条件,化危难为机遇,使组织向更高的水平发展。

(二)危机公关处理的宗旨和基本方针

(1)基本宗旨:真实传播,富于责任,挽回负面影响。只有真实传播,才能赢得公众信任;只有勇于承担责任,才能获得公众的谅解和支持;只有挽回负面影响,寻求重振或借机提升组织形象的机会,重塑组织形象和重建社会信誉,才是实现危机公关处理的最终目的。

(2)基本方针:树立信心,从容应对;迅速及时,判明情况;保持镇定,确定对策;尊重生命,以人为本;控制事态,减少损失;科学传播,争取主动;分工协作,多方努力；承担责任，妥善善后；平息风波，抚慰公众；总结经验，吸取教训；发现机遇，开拓未来。

（三）危机事件发生时的处理策划

重大事件发生后，首先应该运用有效的调查手段进行全面调查，收集各方信息，迅速查明情况，做出判断，为判定对策及应急措施提供依据。

(1)查明事件的性质和状况：事件属于人为的还是非人为的，内部的还是外部的，有形损失还是无形损失；……事件发生的时间、地点、原因；已经得到控制还是仍在发展等基本情况。

(2)查明事件的后果和影响：人员伤亡的人数及严重程度，设施损失状况及价值，受破坏的程度和范围，已经和将会造成的社会影响。

(3)调查事件所涉及的公众对象：直接的、间接的公众，与事件有直接的、间接的责任或利害关系的组织或个人，与事件处理有关的机构，新闻舆论界人士；事件的见证人等。

(4)组织行为：急赴现场，组织救援；保护现场，做好摄录，留下证据材料，形成材料；通报有关部门，为制订对策和组织实施行动打下坚实的基础。

（四）危机事件处理策划

1. 组织内部对策

第一，应立即成立处理事件专门机构，由本组织一名主要负责人任领导，公关部会同有关职能部门人员组成有权威性、有效率的工作班子。第二，迅速准确把握事件情况，制订总体方案，通告全体成员，统一信息发布，协同行动。第三，及时向外界传递事件真相，妥善处理善后事务，及时救死扶伤，安抚有关人员。第四，挽回负面影响，处罚事件责任者，中止或收回引起事故的产品或服务。第五，追查原因，积极改进；总结经验，吸取教训。

2. 对受害者的对策

第一，了解受害者情况，诚恳道歉，实事求是，承担责任。第二，倾听受害者的意见，了解和确认有关赔偿损失的要求；要大度，忍让家属的过分要求，有理、有利、有节地解释、让步，严禁粗暴争辩。第三，给受害者以安慰和同情，尽可能提供其所需服务，公布补偿办法及标准，并尽快实施。第四，专人对口负责与受害人接触，保持其稳定性，不随意更换负责处理的工作人员。

3. 对新闻界的对策

第一，成立接待记者的临时机构，由具有权威的负责人专事消息发布；集中处理有关的新闻采访，给记者提供相关的权威资料。第二，向新闻界发布真实消息，大胆告诉公众真相。第三，提供准确、可靠的信息，公开表明组织的立场和态度，以减少新闻界的猜测。第四，对新闻界应表明主动、合作和自信态度，不隐瞒，不搪塞，不对抗，更不可敌视；出现失实报道，尽快及时采取新闻补救措施。第五，从公众的立场和观点出发，不断提供公众关心的消息，尤其是组织勇担责任、诚恳道歉、大度处理善后事宜的消息。

4. 其他

除上述对象公众以外，还应根据组织具体情况，分别对有关主管部门、协作单位、政府机构、消费者、社区居民等公众，采取适当的传播对策，及时、定期通报有关情况，咨询回答有关问题。多管齐下，多方努力，协助组织尽快平稳渡过危机，使组织的形象损失尽可能降至最低，并努力发现机遇，重塑形象，再获公众信誉，重振组织雄风。

第十章　公共关系传播

第十章　公共关系传播

传播是连接公共关系主体和客体的桥梁。从一定意义上说，公共关系活动就是以大众传播、人际传播和组织传播为主要方法的一种组织与公众的交流行为。因此，掌握传播的一般原理和公共关系传播的主要方式，对于有效地利用各种传播媒介，为组织开展有效的公共关系活动将起到十分重要的作用。

第一节 传播的一般原理

一、传播的含义与特性

(一)传播的含义

传播是人类社会产生以来就存在的社会现象。人们的生产和社会活动都离不开传播。由于传播媒介各式各样,传播模式各不相同,传播机制各有不同,传播形式纷繁复杂,因此,西方传播学者从不同角度对传播进行了解释。例如,美国学者亚历山大·戈德称传播“就是使原为一人或数人所占有的信息转化为两人或更多人所共同占有的过程”。美国学者霍夫兰认为传播是“某个人(传播者)传递、刺激(通常是语言的)以影响另一些人(受传者)的行为过程”。布朗纳认为,“传播是将观念或思想由一个人传递到另一个人的程序……其宗旨是使接受传播的人,获得思想上的了解。”传播数学理论家克劳德·香农和华伦·韦弗则认为,“传播包括一个心灵可以影响另一个心灵的全部过程。”上述观点中,有的把传播看作是传播者与受传者共同分享信息的过程,有的把传播看作是传播者劝服、影响受传者的过程。除此之外,还有一些传播学者把传播看作是传播者运用符号传递信息的动作、过程,是用语言交流思想。这些对于传播的认识莫衷一是、各有千秋,从中我们也可以看出传播的内在含义应具有的几个基本点:第一,传播的构成应包括传播者、信息内容、信息传播渠道和受传者等;第二,传播的基本内容是信息;第三,传播的基本性质是一种通过信息运动而展开的社会活动以及由此而形成的社会关系;第四,传播是一个有计划的完整的行动过程。因此,我们认为,传播是特定的个体或群体运用一定媒体或形式向受传者进行信息传递与交流的一种社会活动,是人与人之间信息的传递和分享。

(二)传播的特性

传播既是公共关系的一个基本要素,也是人类的一种特殊社会活动。它在形式和内容上有着自己区别于其他活动的特性,具体表现在:

(1)传播的社会性。传播是一种社会现象。人类离不开传播,凡是有人群的地方,都会出现形式不一的传播活动。个体的人在社会活动中都处在传播氛围之中,没有传播,个体的人就不可能接受社会规范,实现从生物人向社会人的转化。在现代社会中，传播在组织社会行动，维护现存的社会政治、经济制度，宣传社会目标等方面亦发挥着重要的作用。

(2)传播的时代性。传播既是人类和人类社会生存与进步的前提条件，又受制于社会发展的水平和程度。人们在不同时代的认识水平、生产力状况和科学技术条件都影响着传播活动。无论从传播媒介、传播内容、传播模式到传播者与受传者的关系、传播符号的变化还是从烽火台、马拉松到电报、电话、无线电，再到广播、电视、卫星通讯、光通讯等，无不表现出随着时代的发展，传播出现日新月异的进步。

(3)传播的双向性。这是指信息传播具有从传播者那里发出，传向接受者一方，然后，信息被接受者用新的形式反馈给传播者的属性。传播就其运动方式而言，既有单向的，又有双向的；但从传播是一种信息分享活动来看，传受双方在传递、反馈、交流等一系列过程中都可获得信息。

(4)传播的符号性。人类进行信息传播要借助于一定的符号。它主要包括：语言符号、文字符号、图画符号、形象符号、音响符号、表情符号、动作符号等。一般信息传播都是一方制作传递符号，另一方接受或还原符号，使人们之间产生相互的动作，并从中共享其思想观念或理论的过程。

二、传播的基本要素

信息传播是沟通组织与社会公众之间联系的重要工具，而这种沟通是一种循环往复的运动过程。欲维系这一过程的正常进行，应当具备为之服务的基本要素。

(一)信源

信源，即信息的发布者、传播者。信源是信息产生的最初发源地，如果没有信源，信息就成为无源之水，无本之木。因此，信源是信息的基础。在公共关系工作中，如果是企业发出信息，企业的公共关系人员就处于信源的位置；如果是企业搜集信息，则社会就处于信源的位置。

(二)信息

信息是指信源所传递的内容。从公共关系传播的角度看，信息是指具有新内容、新知识的消息，其中包括观念、态度和情感等。在社会经济领域中，公共关系的信息传递主要有：企业内部的经营管理信息、产品服务信息、市场情报信息、社会文化信息、国际市场信息、公众的消费结构信息、消费水平信息等。通过对这些信息资料的掌握，可以分析未来的经济现象的变化发展趋势，把握企业未来的命运。

(三)媒介

媒介指进行信息传播过程中所应用的中介物。媒介与信息密不可分，离开了媒介，信息就不复存在，更说不上信息的交流和传播。在公共关系活动中，信息传播的媒介很多，常见的有新闻媒介，如报纸、杂志、广播、电视、互联网、手机等；有实物媒介，如举办各种展览会、展销会等；有人际媒介，如举办各种研讨会、茶话会、新闻发布会等；有资料载体，如文献资料（包括报纸、期刊、书籍、内部资料、各种统计财务报表等）、视听资料（包括影片、录像片、光碟等）、缩微资料（这是文字、图像与感光胶片、移动软盘、光碟等相结合组成的信息传播媒介）、软件资料（这是文字、图片、影像等与电子计算机软盘、光碟等相结合组成的信息传播媒介）等。

（四）信道

在信息通讯理论中，信道是指传递信息信号的电讯频道。在公共关系的信息传播中，信道是指传递各种信息的流通渠道，主要包括：信邮系统、电话、短信息、广播系统、计算机联网传输系统等。信邮系统是文献资料传输的主要信道，它是经过邮局、移动通信或其他资料交换系统传递信息、信件的一种形式。信邮系统传递信息的空间较大，信息容量相对充裕，但传输信息的时间较慢，对信息传递的时效性有一定影响。电报、电话、广播系统是视听资料传输的主要信道。人们可以利用有线或无线电话、电报、广播设备，将信息传递出去。电话、电报、广播系统传递信息比信邮系统迅速。然而，在一定的时空范围内，通过这类信道传输的信息容量相对较小。电子计算机联网传导系统是软件资料传输的主要信道。在全球化时代，人们可以凭借在本系统内或全球范围内建立的电子计算机信息传输网络，将信息中心编制的软件资料内容及时、准确地传递到联网传导系统覆盖的各个角落。

（五）信宿

信宿，即接受并利用信息的人，也就是受传者。在公共关系活动中，如果是某一社会组织发出信息，信宿一般都是社会公众。要想使组织在信息传播中达到一定目的，必须使公众在思想上、行动上发生变化，从而要求组织公共关系人员了解社会公众的心理，选择社会公众愿意接受的信息传播媒介，通过社会公众喜欢的信道，以取得更好的传播效果。

（六）编码和译码

编码是指信息的发出者把所要传递的信息制成外界所能接受和理解的符号的过程。译码同编码相对应，它是指信宿接到信息后把符号还原成自己所能理解的过程。新闻稿的写作过程、编写计算机程序等就属于编码过程。“仁者见仁，智者见智”道出了对同一事物，不同的人会有不同的理解和看法。一个组织向外部发出信息时就应在编码过程中，尽可能地理解社会公众的心理，适应信宿的要求，避免外界因素的不利影响，使组织的信息传递达到“高保真”的状态。

（七）反馈

“反馈”，本来是电子工程学上的名词，指发出去的电波回流。在人类传播中反馈既包括接受者对传播者发出的信息的回应，也包括信息传播者对发出的信息在社会公众中所产生的效果进行的搜集。传播可以根据反馈检验传播的效果，并由此采取进一步的行动。信息反馈可分为直接反馈和间接反馈。直接反馈是指组织人员直接接触社会公众，倾听其意见、看法和要求。间接反馈是指通过间接渠道，了解社会公众的反应和要求。

三、传播的基本过程

传播过程即对受传者进行信息传递与交流的过程，是特定的社会团体或个人根据一定的目的和受传者的心理行为规律，利用媒介向受传者传递信息，并获得受传者积极反应和自觉配合的过程。传播的起点就是传播者，其终点就是受传者。传播的内容称为信息，而信息又是由各种符号来表达的。运用模式来说明传播过程及其内在各种因素的相互作用是帮助人们了解传播过程的有效方法。

在国外传播学发展历史上，形成了各具代表性的不同传播模式理论。

从构成要素建立传播模式的主要代表人物有拉斯韦尔和布雷多克。1948 年，美国的哈罗德·拉斯韦尔在其所著《社会传播的构造和功能》一文中，不仅概括了传播的监视环境，社会内部协调，社会、文化传统的世代相传三大功能，而且，将传播过程分为了五个组成部分来讨论，形成了描述传播行为的简便方法。他认为传播行为必须回答以下几个问题：谁，说什么，经过什么渠道，对谁，取得了什么效果？由于此项过程 5 个部分的英文头一个字母均为 W，所以此模式被人们称为“5W”模式。作为政治家的拉斯韦尔所提出的这一模式，较为明显的是基于传播是劝服性过程的认识，这对分析政治宣传更为适用。

1958 年，布雷多克在研究中发现，除了拉斯韦尔提出的那 5 个问题之外，还有更多可考虑的因素，为此，他在拉斯韦尔的基础上增加了传播行为的两个方面，扩充为“7W”模式，即：谁，说什么，经过什么渠道，对谁，在什么情况下，为了什么目的，取得了什么效果？布雷多克在这里补充强调了传递信息的具体环境和传播者发送信息的意图。

从运行过程建立传播模式的代表人物是香农和韦弗以及奥斯古德和施拉姆。美国数学家克劳德·香农是最早用模式来说明传播过程的人。他提出的传播模式虽然是从电子物理学角度出发的，但由于该模式与人类的传播过程有着极为相似的共同点，因此，对人们从最基本点上来理解传播有着十分重要的意义。1949 年，

克劳德·香农及其合作者沃伦·韦弗提出了信息传播的图解模式,即:

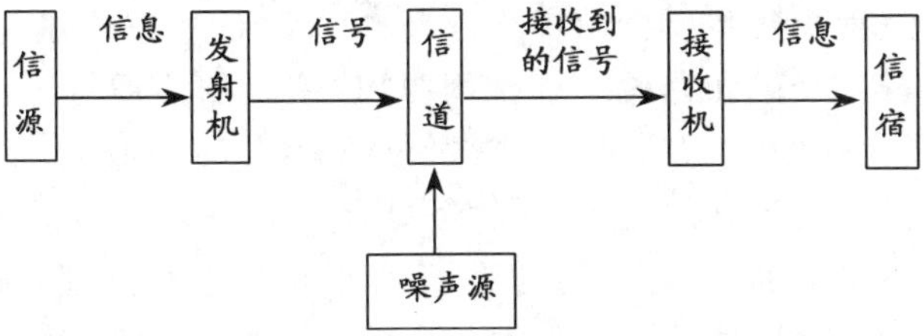

图 10-1

此模式中展示了五个要完成的正向功能和一个负向功能因素——噪音。传播过程中第一环节是信源,由它发出信息提供传播;然后,发射机将信息变为某种具有象征意义的符号——信号(也叫信息),这些信号应当适合于通向接收器信道;接收机则能够解释信号,使信号恢复为原始信息;最后将接收到的信息抵达信宿——信息的目的地或接受者。由于可能受到噪音的干扰,信号是不稳定的。例如,同一时刻、同一信道内如果通过许多信号,就有可能发生互相干扰,这可能会导致发出的信号与接收的信号之间产生差别。也就是说,由信源发出的信息与接收机还原并送达信宿的信息,这两者的含义可能不一样。由于此模式是直线性的并缺乏反馈,它受到了人们的指责。后来,德福勒于 1966 年对香农—韦弗模式又增加了一组要素,以显示出信源是如何获得反馈,而反馈有可能则使信源自己的传播方式更有效地适应信宿,增加发出信息的含义与接受信息的含义二者一致性的可能。

大众传播研究者威尔伯·施拉姆总结了香农—韦弗模式,以心理语言家 C. E. 奥斯古德的思想为基础,提出了循环性传播模式,即:

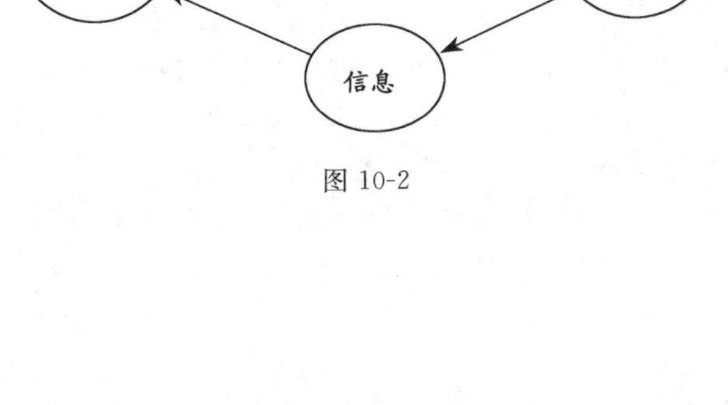

图 10-2

这个被称为奥斯古德—施拉姆的循环性模式，被用传播学的语言进行了描述。它主要研究传播过程中各主要行动者的行为，把行动的各方描述成对等的，行使着相同的功能，即编码、释码和译码。施拉姆提出，信息的传播首先由传播者将信息进行编码，即把要表达的意思变成信息，当信息被受传者接收后，受传者进行解码，对内容有了理解。要达到好的效果，同时还要有一个先决条件，即传播者和受传者必须要有共同的经验范围，彼此才能沟通，从而对信息进行分享。这个模式在分析人际传播时特别有用，但对反馈机制不很直接的传播，如大众传播，则不尽合适。以后施拉姆作出修正，把媒介组织置于中心，受传者则对大众媒介的信息进行讨论并作出反应，这样，这个循环模式又在一定程度上适用于描述大众传播。

上述西方学者的传播模式，反映了他们对传播过程研究的历史进程和对传播过程规律性研究的不断深化。但是，这些模式有时不完全适宜解释中国的传播现象，也不能完全科学地反映传播过程。因此，探索和建立符合中国国情的传播模式就具有极其重要的现实意义。

四、影响传播的主要因素

传播是一个完整的系统过程，只有各个子系统运行正常，发挥其效能，才能保证传播的整体正效应；反之，如果某一系统或环节出了故障，就会影响传播的整体效果。影响传播的因素有很多，主要有以下几个方面。

（一）传播者

传播者是影响传播的重要因素。传播者的信誉、威望、资历、权威与传播效果有直接的关系。在传播过程中，不同的人采用同样的沟通方式，面对大体相近的受传者传播相同的信息内容，最后的传播效果可能会有较大差异。例如，同一批人向相同或相类似的公众宣传牙齿卫生常识，牙科医生讲授的效果会比普通人讲解的效果好许多。

（二）信息内容

信息内容是传播活动中的实质性部分，因此，它对传播的效果起着直接的影响作用。在信息内容方面对传播有着较大影响的因素主要包括在以下几个环节上。一是信息的采集。由于这是传播的基础，没有信息也无所谓传播，采集信息又是信息选择、加工的基础与前提，所以能否做到主动地、积极地、不间断地采集信息，广收博采，获取尽可能多的、尽可能翔实的信息，以反映信息的完整性，便是影响传播的重要一环。二是信息的鉴别。信息的鉴别是对采集到的信息进行审查辨别，这是对信息进行选择、编码的首要条件。只有采集，没有鉴别，难以进行有针对性的信息传播，也达不到对受传者产生有效的影响的目的。所以需要运用科学的方法，采用科学的手段进行信息鉴别。三是信息的选择。这就是要求对已掌握的全部信息，按照一定的规则进行有目的的挑选，将那些真实可靠、典型突出、相互关联、新鲜及时的信息选择出来，按传播的主题需要加以归类储存。四是信息加工。这是在采集、鉴别、选择基础上迈进的重要一步。经过加工后的信息，就直接传递给受传者。只有将那些准确、鲜明、生动、易懂的信息提供出来，针对传播的目标市场进行传播，才能提高传播效果。

(三)传播媒介

传播媒介是实现传播活动的中介因素，是用以扩大并延伸信息的工具。不同的传播媒介以同样的方式传播同样的信息内容，会产生不同的效果。一定的信息内容需要一定的传播媒介来传递，两者配合恰当就会产生较好的传播效果，配合不好就难以达到预期效果。传播媒介主要包括三种类型，即人际媒介、印刷媒介和电子媒介，三种媒介各有其特点。如果能够充分了解传递信息的内容和性质，把握好各种传播媒介的长短、优劣，就有利于在此基础上使传播的信息与各种媒介很好地配合，使受传者更易于接受和理解组织传递的信息。

(四)传播环境

传播环境是指传播活动周围的各种情况和条件，既包括特定的社会环境，又包括传播者和受传者在长期的传播活动中不知不觉、潜移默化地形成的一些习惯和定式。传播环境的状况影响制约着人们的传播活动，并对此产生正向或负向的影响。

一个社会组织处在无时无刻不在变化的宏观和微观环境的包围之中，它包括物质环境、自然环境、社会环境和心理环境等。物质环境与自然环境对组织的发展有一种自然生态的要求；社会环境要求组织的发展要考虑社会的整体利益和顺应社会的要求；心理环境，尤其是组织在发布信息时，对接收信息者的心理因素要给予详尽的分析。这些环境都在不同时期以不同的方式和程度影响着组织公共关系工作中信息的传播。一个社会组织应当适应这种现实状况，适应环境的要求，尽量发出与环境相协调的组织信息。

(五)受传者

受传者亦称“传播对象”、“受众”，是传播内容的接受者，具体包括观众、听众、读者等。受传者是信息传播的终点或目的地，也是产生传播效果的主体。受传者在传播过程中并非仅仅是简单地接受信息，作为独立的个人，在传播过程中具有主动性、积极性。对受传者的研究大致有以下几种理论：一是社会分类理论，即认为人的年龄、种族、性别、收入、教育、职业、宗教、政治信仰和住地等差别，决定了每个群体选择信息的特征；二是选择性因素理论，这一理论提出了受传者心理上的三种选择因素，即选择性接受、选择性理解、选择性记忆；三是满足个人所需，例如，消遣、填充时间、社交需要、心理需要、寻求情报或寻求解决问题的指南。由此可以看出，受传者对传播的影响是多向性的。

综上所述，传播活动要顺利、有效地进行，需要社会上多方面能力的合作，公关工作人员在传播活动过程中要善于识别、分析、研究影响传播的各种因素，扬长避短，使传播活动向着公关主体希望的方向发展，获取尽可能好的传播效果。

五、现代传播技术的形成和发展

（一）现代传播技术的形成

信息的传递与交流是人类乃至整个自然界中各种生物赖以生存和生活的基本条件之一。在现代传播技术产生之前，人类经历了 170 万年的直接口语传播时期。在这个时期，完全借助于人的口头表达进行面对面的直接传播。之后，又经历了 6000 年左右的文字传播时期。在这个时期，人们已经通过纸张和印刷术的发明开始规模了较大的文字传播活动。

现代传播技术的标志是电子技术的采用，同时也包括声音控制技术和光学技术的应用。

早在古代，人们就发现了静电现象，也有人想到了用电作为信息载体。但在 19 世纪以前，缺少两个条件：一是还没有找到产生持续电流的方法；二是还没有发明指示电流有无的手段。19 世纪后期，美国科学家法拉第首次发现了电磁感应律。麦克斯韦建立了电磁理论，为电的发明奠定了理论基础。美国人莫尔斯在 1837 年发明了电报机。他在美国国会的资助下，用了两年时间，在华盛顿和巴尔的摩之间拉起了一条 64 千米长的电报线，1884 年开通，传送的第一个报文是："上帝创造了何等奇迹！"这一天被认为是现代通信的起点。从此，电能为传播技术的发展开辟了一条广阔的道路。

除了电的发明、电子技术的采用外，人们对声音的控制手段也有所增强。在古代，人们无法记录声音，只好以文字来记录口语或进行描述。后来，人们根据声波振动和磁性感应的原理来探索保留声音的办法。1877 年，美国的爱迪生发明了世界上第一台抗阻式留声机。1887 年，爱弥尔·伯林纳制成了唱片留声机。1898 年，丹麦人鲍尔森发明了磁性钢丝录音，开辟了通向录音机的道路。

光学技术的应用在现代传播技术的形成中也起到了巨大的作用。在 1830 年世界上第一架照相机问世之后，1889 年，乔治·伊斯曼成功制造赛璐珞摄影胶卷，使照相术极大地迈进了一步。1891 年，法国卡布里尔·李普曼发明了彩色摄影术，通过乔治·伊斯曼和他的伊斯曼·柯达公司的大量生产，照相术得以普及，并为以后电影摄影机和录像机记录活动图像奠定了基础。

（二）现代传播技术的发展

在现代传播技术的发展过程中，大致经历了这样几个阶段。

1. 从有线电到无线电

早期的电报、电话都是有线的，需要拉电线、铺电缆，还需要中继，传输系统比较庞大、复杂。1901 年，意大利的马可尼第一次用无线电报机，实现了横跨大西洋的无线电通信。1906 年，美籍加拿大人费森登发明了无线电话。此后，人们不断对电报、电话技术进行改进。1915 年到 1920 年，琴键式快速电报机问世；1932 年，又研制成功自动电传打字电报系统。现在人们既可利用海底电缆进行远程通信，也可利用无线电波进行移动通信。另外，在载波技术诞生之后，人们又发明了录音电话、书写电话、电视电话等新式电话，人们拥有电话的比率也与日俱增。

常规的无线电通信是一种模拟通信，即用所需传送的声音、图像等模拟信号对电磁波加以调制，放大后传送。1937 年，美国人里弗斯发明脉冲码调制技术 PCM，为无线电通信从模拟式走向数字式奠定了基础。但 PCM 也有缺点，即线间的脉冲干扰造成误码率较高。第二次世界大战期间，贝尔实验室的数学家格雷设计出一种循环码，使任何时刻只有一根线上有脉冲，从而大大降低了误码率，由此，数字通信得以发展。

2. 从面向一般用户的通信到面向大众的广播和电视的兴盛

面向公、私用户的电报、电话兴起之后，无线电广播和电视也相继诞生，并在现代社会中发挥着越来越大的作用。

实现无线电广播的关键是收音机。1918 年，阿姆斯特朗发明了超外差收音机。1927 年，布赖克发明负反馈放大器，使收音机发出清晰的声音和优美的音乐。并且，在晶体管发明以后，收音机的体积缩小，性能提高，得到了更广泛的普及，从而走向市场，走向千家万户。现在，无线电广播除中波、短波、超短波之外，还发展到调幅、调频、立体声广播，广播的音质得到了很大的提高。

电视是用电来传输活动图像以及伴音的现代传播技术。美国科学家兹沃里金分别在 1923 年发明了电视摄像管，在 1931 年发明了电视显像管，在 1935 年发明了电子倍增光电管，为全电子电视的实用化创造了各方面的条件。1937 年，英国首播电视（乔治六世加冕典礼）抢了头功；美国于 1939 年 4 月 30 日也播放电视成功。电视经历了机械电子时期和电子扫描时期，得到长足发展。电视机的普及大大地改变了人们的生活，使我们的时代变成了“电视时代”。同时，电视的发展，还推动了摄像、录像技术的进一步发展，带动现代传播技术进入了一个更新的广阔领域。而且，随着从地面通信向卫星通信的发展，电视的传播功能更是得到了极大的增强。

随着现代传播技术、扩音技术、录音技术、电影技术、摄影技术、印刷技术等方面的不断发展，现代传播技术的运用范围也更加广泛。近几十年来，从电通信到光通信的发展更使传播技术得到空前发展。

3. 从区域性无线电传播网到全球范围内的信息高速公路

以电声光技术为标志的现代传播技术使人类的传播事业由传统的印刷媒介时代进入了电子媒介时代，各种现代技术在传播中的应用大大加快了信息传播的速度，扩大了信息的覆盖面。从 20 世纪 20 年代起，美国就已陆续建立起了一些国际无线电通信网。40 年代发明计算机之后，从 1960 年开始，计算机通信逐渐发展起来，先后出现了局域网和广域网。目前，相关的信息科学技术已经发展到开发和实施信息高速公路计划。所谓“信息高速公路”，就是一个高速度、大容量、多媒体的信息传输网络。其速度之快，比目前网络的传输速度高 1 万倍；其容量之大，一条信道就能传输大约 500 个电视频道或 50 万路电话。此外，信息来源、内容和形式也是多种多样的。网络用户可以在任何时间、任何地点以声音、数据、图像或影像等多媒体方式相互传递信息。

信息高速公路的建成，已改变了人们的生活、工作和相互沟通方式，加快了科技交流，提高了工作质量和效率，使人们能享受网络影视娱乐、远程医疗、远程教育，举行视频会议，实现网上购物等。信息高速公路的四通八达，已充分调动人类的各种资源，增加了国际交流效率，提高了人类生活质量，并促使了现代传播技术的更快发展，也为公共关系事业的快速发展创造了更高的平台和更广阔的发展空间。目前，许多组织已经利用全球信息高速公路创造了令人瞩目的公共关系成就。

第二节　公共关系传播的分类

传播是人类社会一项基本的活动，人们处在不断的传播活动之中。从不同的角度出发，可以对人类传播进行不同的分类。从公共关系角度来看，根据公共关系传播的方式和内容划分，其传播主要有三种类型，即人际传播、组织传播和大众传播。了解和把握这三种传播方式及其与公共关系的联系，将有助于公共关系人员从理论上认识人类信息传递的不同形式，从而更有效地利用传播解决实际问题。

一、人际传播

（一）人际传播与公共关系的联系

人际传播在这里专指个人与个人之间的信息传播。不仅个人间的信息传播对人类社会的存在和发展起着重要的促进作用，而且人际传播也是公共关系活动的组成部分。在公共关系活动中，公共关系人员在很多场合下需要个别地与职工、领导、顾客、记者等进行交往。人际传播是公共关系人员最为直接而且具体的工作。

人际传播与公共关系的联系主要表现在以下几个方面。

(1)在人际传播中，个人代表组织的交往行为是影响公共关系的重要形式。良好的公共关系是靠训练有素的代表对综合知识的熟练运用来实现的。个人在交往活动中表现的礼貌、态度、知识、修养等，往往直接影响对方对他所代表的组织的印象。

(2)通过人际传播，增进人际间的密切关系，往往是铺垫公共关系的桥梁。个人与个人之间的深厚友谊，长久建立的信任是十分可贵的，它能增加双方对对方代表的那个组织的信任度，为重大公共关系事业铺路搭桥，为组织运行发展提供最佳的社会环境。

(3)良好的人际传播本身是公共关系传播内容的重要组成部分。人际传播大多面对面进行，具体生动、有针对性、反馈及时，能收到大众传播媒介所难以达到的效果。

（二）人际传播的类型

人际传播包括面对面传播和非面对面传播两种基本类型。

面对面传播是人们之间亲身的直接的信息交流。这包括语言传播（如说话、讨论、演讲等）和非语言传播（如手势、感情、姿态等）。在大多数情况下，这种面对面传播中语言传播和非语言传播是互相补充、交替使用的。面对面传播的特点是：第一，信息传播双方交流充分、反馈及时，并给对方留下直接的印象；第二，信息传播双方进行封闭式交流，内容是可以保密的，所以，交流双方可以更多地进行感情交融，更好地相互理解，从而较容易消除双方的思想疙瘩；第三，可以根据信息反馈及时调整要说明的内容，或对其做出进一步解释和澄清。面对面人际传播无固定的行为方式，它使每个参与者均有机会反馈，传播者可以从对方的反应中及时调整其传播态度和内容。但是，面对面传播也有其缺点，由于信息的传播范围小，速度慢，在很短的时间内，很难让更多的社会公众了解某一信息。因此，它主要适用于组织内部领导、管理人员和公共关系人员与内部公众进行信息交流。

非面对面传播是指传播者与受传者之间使用文字媒介（如书信往来、图片等）、电子媒介（如电报、电话、录音机、录像机等）进行信息交流的一种传播形式。随着现代科技的发展，相距遥远的传播者与受传者双方，可以通过电脑、电视在荧屏内外进行交谈，也可以通过电视电话进行交流，这是一种新型的人际传播。因为通过文字媒介，特别是电讯媒介来传递信息，大大缩短了传播者与受传者双方的空间距离，所以，这种人际传播方式适用于远距离的信息传播。

（三）人际传播的基本技巧

公共关系活动中进行人际传播的目的，就是要和公众进行有效的沟通。有效的人际传播，需要根据人际传播特点以及组织与公众的特点来进行。虽然人际传播是个人与个人的信息交流、信息沟通，但是在公共关系工作中，公共关系人员利用人际传播方式并不意味着他与公众某一成员的交往就是一种纯私人性质的个人交往活动，而是其作为一个组织的代表者来从事人际传播活动的。因此，公共关系中运用人际传播技巧应注意以下几点。

1. 以开放、平等、积极的心态和行为进行人际传播

所谓开放，就是对人讲心里话，坦率诚恳地表白自己。社会心理学和传播学研究表明，当人们与自我暴露水平较高的人打交道时，最有可能进行较多的暴露。所以，公共关系人员应当具备坦诚、大方的个性。同时，人际传播的开放性应当与社会认同的准则相符合，掌握开放的分寸，因为过分开放也会适得其反，让人难以接受。另外，平等地进行人际传播也是实现良好沟通的重要一环。无论上级对待下级，领导对待职员，还是服务员对待顾客，缺乏平等的交流，都难以使人口服心服，也难以实现人际传播的目的。与人际传播的平等性同样重要的是人际传播的积极性。公共关系人员只有对公众表现出积极的关切，才能够培养出人际传播的良好氛围。反之，如果在人际传播中以消极的态度对待公众，就只会引起公众的反感，难以达到预期的目的。

2. 全面正确地运用人际吸引的手段

人际传播中，恰当地运用人际吸引手段是取得成功的重要方面。在人际传播中，运用自己的外表取悦公众，只是进入到初步和浅层的阶段。在以外貌、风度、气质吸引公众，获取好感的同时，公共关系人员更应根据人际吸引的各种要素，全面地加以理解和运用，促进人际传播目标的实现。首先，应根据人们态度的类似性进行人际吸引。俗话说，物以类聚，人以群分。人与人之间若具有共同的态度和人生

观、价值观，就容易获得对方的共鸣和响应。在公共关系人际传播中，公共关系人员应该树立公众至上的意识，把公众利益作为组织制订政策和采取行动的根本出发点，并在人际传播中以恰当方式加以表现。只有尽量为公众着想，才能缩短彼此之间的距离，以达到最佳的沟通。其次，应根据人们交往的互补性进行人际吸引。所谓互补性，是指人们倾向于接近那些能够补充自己的需要和个性品质的人。因此，公共关系人员应该在自己的性格、观念和气度等方面培养出具有广泛适应性的"弹性"，学会与各种各样的人打交道，并在此交往中，实现其传播目的。最后，应通过提高交往的频率，提高人际吸引力。一个人对他人的接触次数越多，就越容易加深别人对他的印象和了解。根据这种交往频率与人际传播效应，公关人员就应当在公共关系工作中，经常有意识地与各类公众保持联系，与群众打成一片。

3. 顺应人际传播特点

人际传播有着区别于人类其他传播形式的共同点和区别点。在人际传播过程中，应当顺应这些特点实施和操作。例如，随机性是人际传播的一个重要特点。那么在人际传播过程中，就应当注意通过公众的行为(如姿态、表情、眼神、动作等)和语言，及时了解信息发出后对方引起的反应，而且注意根据这种反馈信息来审视自己的传播行为，测试传播效果，以便及时调整自己的传播行为。这种在人际传播中的随机应变，有利于提高传播的有效性。又如，灵活性也是人际传播的另一重要特点。在人际传播过程中，应当根据组织需要和公共关系计划的需要，在实施过程中，不拘泥于固定的时间和地点，只要有利于传播内容的传递就应当扩大人际传播场所，利用各种适当的时间，不失时机地进行传播沟通。再如，针对性也是人际传播的一个重要特点。在人际传播过程中，传播者应当充分考虑到接受者的个性特点、心理特征、经验范围等多方面的情况，有针对性地开展传播工作。

二、组织传播

(一)组织传播与公共关系的联系

组织传播就是组织成员之间、组织内部机构之间的信息交流和沟通。具体地说，组织传播是由各种相互依赖的关系结成的网络，为应付外部环境的不确定性而创造和交流信息的过程。它的根本任务是清除或减少组织及组织成员对自身环境的不确定性，加强组织内部的联系。在现代社会中，几乎每一个人都在一定的组织内工作和生活，上到国家机关，下至群众团体。组织沟通是疏通组织内外渠道，密切组织成员及组织与组织之间关系，完成组织任务最重要的条件之一。组织传播是公共关系工作的一部分。通过良好的组织传播，可以促进组织成员对组织共同的目的、利益、价值观念等方面的认同,同心协力地去完成既定任务。

组织传播对于稳定组织成员,应付外部环境,内求团结、外求发展,维护和促进组织的生存和发展都有着重要的作用。通过组织传播相互交流思想、观念、资料、消息与情感,也是组织成员谋求共同谅解、相互配合的一种方法。在现代社会中,组织传播开展得如何,对组织既定目标的实现及其发展将产生直接影响。

组织传播是组织活动的源泉。积极有效地开展组织传播活动,可以使组织各种机制运转正常,保持活力。同时,组织传播又是组织关系的"黏合剂",它的直接目的是稳定组织内部成员,协调组织与组织以及组织成员间的关系,适应各种不同的环境,维持自己的生存和发展。

由此可见,组织传播既是人类传播活动的方式之一,同时,又是公共关系自身理论的一部分和公共关系工作的具体工作方式之一,二者有着十分密切的联系。

(二)组织传播的类型

1. 组织正式传播

组织正式传播是指以正式组织形式,或较为正规的组织形式进行的传播,是为工作进行的沟通,具有明显的贯彻组织意图,服务于组织某种任务或目标的色彩。这种类型的具体传播方式较为多样化,既可以通过文件、指令方式来进行,也可通过座谈会、汇报会方式来进行,还可通过班组会等方式进行。

2. 组织非正式传播

组织非正式传播是指组织内不按"职能路线"进行的信息传播活动,是以感情沟通为着重点的传播行为。新型的工作关系是一种有着坚实感情基础的关系。在各类组织中,各种角色之间应特别注意感情联络,互敬互爱,在交流过程中应努力克服"角色"所设置的障碍。那种以非领导者的身份与公众进行的沟通,往往能够起到化解矛盾、增进友谊、增强信任感、增进内求团结的作用。联络感情的方式多种多样,目的都在于增进相互了解,密切人际关系,避免或缓解人际冲突。

(三)组织内部传播的主要形式

以组织内部信息沟通为主要内容的组织传播,从传播方向和流通走向上看,主要有三种形式。

1. 自上而下的传播

进行这种传播是指透过组织内部的各个层面,组织上层决策信息往下传递的过程。组织的规范、传统、领导者的权威大多是靠这种自上而下的传播来维持和发展的。这种传播一般是管理层发布指令,争取组织各层次员工的合作与支持,并使员工获得采取行动的依据。同时,这种传播有利于员工准确、及时地接受和完成上级任务，并使职工认识其工作价值，激发其荣誉感。而且，这种传播有利于保持组织的统一和稳定。自上而下的传播一般是通过一定的媒介来进行信息交流。例如，以文件、会议、指令、指示的形式进行，有时也以公众传播方式进行，如演讲会等。

2. 自下而上的传播

这种传播是指在组织中，下级人员向上级表达意见和态度、反映情况、汇报工作的过程。良好的自下而上的传播能向决策者与管理者及时传递具体工作中的各项问题，便于领导及时掌握组织的工作进展情况，了解组织成员的内心世界，由此，针对具体情况再度实施或调整组织的各项方针、政策。这种传播主要通过两种途径：一是组织成员或下级部门定期或不定期地以书面报告、口头汇报方式向上级传递信息；二是上级领导以召开会议或亲临现场的方式，向下级部门或组织成员索取信息。为了减少信息传递过程中的失真现象，这种自下而上的传播最好采取“直通”的方式进行，即尽量减少和避免中间层次，以提高信息传递的精确度，提高传播的质量。

3. 横向传播

这种传播是指组织内部机构之间、成员之间的同级同类的横向信息交流。例如，部门之间、科室之间、车间之间、班级之间、员工之间的信息交流。这种交流是协调关系和行动、解决实际工作中的问题的有效渠道。同时，这种传播交流与前两种相比，有简化办事手续、节省交流时间的优点，亦可提高工作效率，并有助于培养组织的集体主义精神和建立组织成员之间的亲密关系。

在实际公共关系工作中，组织传播的这三种形式时常交替进行，共同构成组织的一个有机信息传播网络。三种传播形式相辅相成，互为反馈，对组织既定目标的实现及发展前途产生直接影响。

三、大众传播

（一）大众传播与公共关系的联系

大众传播是指传播者通过大众传播媒介向为数众多、范围广泛的社会公众传播信息的过程。现代社会信息容量最大的传播就是大众传播。在大众传播的过程中，传播者是一定的信息传播组织和机构，以电子技术或印刷技术为传播手段，传播对象是整个社会大众，信息扩散迅速广泛，传播者一般不与大众直接见面，但重视通过各种渠道收集信息反馈。大众传播媒介一般有报纸、杂志、广播、电视、书籍、电影、互联网、手机等。

从公共关系的发展历史看，公共关系的发展与新的大众传播媒介的出现和广泛运用是密不可分的。大众传播与公共关系的联系主要体现在以下几个方面。

(1)大众传播媒介具有的信息传播功能，是开展公共关系活动的基础，为公共关系人员开发信息资源创造了条件。在当今社会，大众传播媒介异常发达，为社会各界公众提供着消息、知识、思想、见解、广告和各种娱乐活动，已经深入到人们生活中的各个角落。社会组织只有很好地利用它、全面地掌握它，才能达到组织与社会进行信息交流的最佳效果。同时，通过大众传播媒介向广大公众传递各种信息，汇集和分析各种信息，是提高公共关系的工作效益的重要一环。

(2)大众传播媒介所具有的引导舆论功能，为通过公共关系活动树立组织形象、提高组织知名度提供了条件。在现代社会中，各种各样的传播媒介数量众多、日夜运转，使整个社会被大众传播包围着，各种传播媒介无时无刻不在向人们的大脑信息库输送资料和观点，影响着人们的生活。大众传播的一个重要社会责任就是把自发产生或煽动而引起的舆论引导到有利于社会和人民的方向上来，从而使社会朝着健康和预定的方向发展。公共关系活动中必须运用大众传播媒介，根据受传者的要求和信息接受能力，通过传递组织信息、摆事实、讲道理，使人心悦诚服，以理服人，使组织知名度、美誉度同步提高，并在不断收集反馈信息的基础上，及时调整组织行为，以适应社会和公众。在当今大众传播时代中，组织愈发注意自身形象的完善，重视公共关系工作，重视运用大众媒介向社会"推销"自己的良好形象，大众传播已成为社会组织公共关系工作的一种重要形式。

(3)大众传播媒介所具有的传递社会文化传统和提供娱乐的功能，为公共关系活动更好地接近社会公众、影响社会公众提供了最佳渠道。大众传播在传递信息、价值观的过程中，增强着社会的协调。人们通过大众传播媒介了解社会行为准则，掌握社会行为规范，继承文化传统，学习科技知识。在公共关系活动中宣传政府或其他社会组织的价值观念和准则、规范，有利于提高内外公众的精神素质，形成与组织期望相一致的社会行为。根据大众传播所具有的娱情取乐功能，可以在公共关系活动中运用大众传播媒介，既满足公众的娱乐需要，又用雅俗共赏的节目，陶冶公众的情操，寓组织所期望传递的信息于轻松的节目之中，最终达到对公众潜移默化的作用，达到尽可能好的传播效果。

(二)大众传播的特性

大众传播与其他几种传播形式相比，具有明显的不同特性。

(1)传播者为特殊组织机构。在大众传播中，传播者往往是一个拥有现代化传播媒介的组织机构，比如报社、电台、电视台等。有时也以组织化的个人，如记者、编辑等形式出现，并由他们完成专业传播机构中的具体事宜。公共关系人员必须通过这种专门的传播机构来实现向广大公众进行传播沟通的目的。

(2)受传者广泛，且互不相识。大众传播面对的各类受传者，如读者、听众或观众，人数众多，量大面广。公众的背景各异，类型无所不包，千姿百态，而且，由于他们处于不同的社会群体，因此具有某种异质性，大多数都互不相识，彼此陌生。也由于在传播中，传播者与受传者相互之间不熟悉，其传播具有单向性，因此，受传者往往处于主动地位，可以根据需要进行选择，决定拒绝或接受。

(3)传播信息公开而迅速。传播者是通过现代化媒介传递信息，其信息对社会中的所有人都是开放的，信息具有共享性。同时，由于传播者是通过现代化媒介传递信息，传播的速度便非常迅速，社会影响面非常广泛，其影响的深度也不可低估，常常能达到改变公众观念和态度的作用。

(4)传播的目的具有不确定性。与人际传播和组织传播相比较，大众传播的传播者与受传者之间距离较远，传播者难以确切了解受传者的意见，很难满足每一个受传者的要求。这样，传播者有时很难完全实现自己的既定目的。

(三)主要大众媒介的特点

不同的传播媒介具有不同的特性和效能。为了取得不同的传播效果，公共关系人员必须在信息传播活动中了解不同媒介的不同特点和效能，从而做到“用其所长，避其所短”，发挥媒介的最佳效果。

(1)报纸。报纸作为媒介的元老，具有印刷媒介的所有特点。报纸的组织结构弹性较大，灵活方便，随时随地可以阅读、重读；读者的选择余地较大；资料易于保存和检索；便于携带，价格低廉。但是，报纸要求受传者具有一定的文化水平；传播信息不如广播、电视迅速及时；与一些电子媒介相比，显得不够生动形象。

(2)杂志。杂志是一种介于报纸与图书之间的印刷媒介。杂志除了具有报纸的一些特点外，其传递的信息较有深度性、持久性，而且具有一定专门化功能。杂志的印刷周期虽然比报纸稍长，但信息容量较大，相对于图书，其周期较短，信息容量较小。对一些专业性杂志来说，除了要求受传者有基本文化水平的理解能力以外，还要求具有一定的专业知识和专门爱好。

(3)广播。广播是在我国最为普及的一种电子媒介。它依靠声音进行传播，对象广泛，传播迅速，广播的节目制作较为简易、方便，成本较低廉，其信息具有易得性和机动性，可以使受传者有一定的参与感。但是广播不便于受传者反复收听，选择性较差，其生动性和感染力也不如电视。

(4)电视。电视是大众媒介中大众性最为突出的媒介之一，它不仅信息覆盖面广，且不受接受者文化水平的限制。世界上许多国家电视的普及率极高。电视具有明显的生动性，它图声并茂、色彩纷呈，对受传者的影响极为广泛，并且可以借助其极大的感染力，去鼓动或煽动公众，起到其他媒介难以企及的作用。同时，电视又具有信息的易得性，“足不出户，世事皆知”正说明了它的这一长处。电视的大众性、生动性、易得性使它成了最受传播者和受传者欢迎的媒介。但是，电视也有机动性差、选择余地较小、不便携带、节目制作成本昂贵等局限性。

(5)电影。这里特指新闻电影。电影以动态的图像诉诸视觉，以口语和音响诉诸听觉，给受传者带来高度的现实感和逼真感受。电影能够较为全面、具体、形象、直观地介绍宣传内容，且可长期保存、反复放映，也不计观众的文化水平。但是，电影的制作周期较长，耗时费资，且放映需要场地、设备，因而使这种媒介传播受到一定的限制。

(6)互联网。互联网作为大众传媒，兼具以上各种传媒的优缺点，是人类进入21世纪以来，发展最快、潜力最大、前景最为广阔的传播媒介。

四、公共关系传播的主要技巧

从一定意义上说，公共关系就是一种组织与公众之间信息传播的双向沟通活动。公共关系最为重要的职能之一就是进行传播沟通。从一定意义上讲，良好的公共关系就是社会组织的优良行为与诚实正确的传导的结合。公共关系传播的主要技巧应当包括以下几个方面。

第一，公共关系人员应针对组织不同时期的特点做自己的传播工作。一个组织机构在不同的发展时期或阶段，其传播活动应当有不同的内容。例如，在一个组织机构开设成立之时，急需扩大知名度，其公共关系传播活动就应立足于向外界推出组织的良好形象。在一个组织遇到挫折或麻烦时，急需消除公众对组织的误解与偏见，其公共关系传播活动就应立足于把真相告诉公众，向公众解释出现问题的原因，提出改进措施，以重塑组织形象。在一个组织顺利发展时期，需要强化本组织在公众中的良好形象，增强公众对本组织的信任感，其公共关系传播就应立足于宣传本组织的政策、原则、发展状况，使公众对组织的了解不致中断，同时，加强组织与公众的感情联系，通过彼此传播、沟通信息，建立并维持一种相互理解、信任的良好关系。

第二，公共关系人员应把公共关系的工作任务与各种传播媒介的特点结合起来考虑，选择最有效的传播媒介和传播方式，确定最恰当的传播内容。大众传播媒介是公共关系中最重要的实施媒介，但在实施公共关系计划时，并非把所有媒介都用上，这里就有一个比较与选择的过程，也有一个对有效性与可行性进行分析和考虑的问题。要想使传播媒介真正有利于公共关系活动的实施，就应当在传播时首先考虑实施对象，也就是要分析传播的对象，了解他们的类型、特征、爱好，包括他们喜爱何种媒介、喜爱何种节目、习惯在何时收听或收看等。只有把这些弄清楚了，才能确定应该利用何种媒介达到预期的效果。其次，应当考虑实施的内容，也就是要分析组织想传递的信息内容是什么，其内容的特点如何。由于不同的传播媒介各有其优劣长短，公共关系活动中的同一传播内容在不同的媒介传递过程中会产生出不同的效果。何况传播内容因其有不同特点，也会有种种不同的传递要求，有的旨在引起社会及公众的重视，有的旨在向有关的对象说明某些问题，也有的是意在叙述某一过程，因此，公共关系传播必须考虑内容与传递形式的和谐统一，还应当考虑实施经费，也就是在公共关系传播中要遵循合乎经济的原则，根据组织机构的实际资源状况，选用恰当的媒介进行传播。

第三，公共关系人员应学会综合地运用人际传播、组织传播和大众传播三种方式。实践证明，在公共关系传播中能否取得好的整体传播效果，很重要的方面在于对这三种传播方式的配合状况如何，特别是要对综合运用人际传播和大众传播两种方式的状况如何有所了解。那种先用人际传播发挥“意见领袖”的作用，再运用大众传播将专家、名人的介绍文章、记者的新闻内容介绍给社会公众的做法，被人们称之为颇具特色的“二步式传播”。

第四，公共关系人员应注重与新闻界建立良好关系。对于公共关系人员来说，其重要任务之一就是与新闻界充分合作。新闻界既是开展公共关系活动的重要工具，又是应去争取的一种类型的公众。公共关系人员与新闻界建立良好关系的目的，在于使组织的有关信息能更好、更有效地得以传播，让公众更好地熟悉并了解本组织。怎样才能与新闻界建立起良好关系呢？首先，应当了解各种媒介。除了了解不同媒介的一般传播特点外，还应了解它的编辑方针、发刊周期、截稿日期、销行范围、读者状况、分销方法等具体情况。其次，要建立起为媒介服务的思想，在掌握不同媒介的特点、要求的基础上，主动为媒介的工作人员提供各种方便，有效地协助他们的工作。最后，对新闻媒介的工作人员要以礼相待、以诚相待、平等相待，并且对新闻界的批评应立即采取措施，加以改正，以重新赢得声誉。与新闻界在真诚坦率、相互尊重基础上建立起的良好关系，是取得组织公共关系传播良好效果的基本条件。

现代公共关系学

MODERN PUBLIC RELATIONS

第十一章 若干公共关系实务运作技巧

第十一章　若干公共关系实务运作技巧

公共关系是一门实践性很强的学问。在其实务运作中，与其说它是一门科学，不如说它是一种艺术。本章主要探讨公共关系实务运作中的一些技巧问题，包括公关广告的制作技巧、公关语言艺术、公关写作技巧和若干其他具体活动技巧。

第一节 公共关系广告的制作技巧

广告，作为现代社会的一种重要传播方式，其功能和价值日益被人们所重视。公共关系传播活动需要借助一切传播方式和媒介来营造组织的美誉度和提高组织的知名度，其从业人员应当掌握广告的一般规律及其方法与技巧。

一、广告的基本特点和类型

(一)广告的基本特点

英语中的"广告"(Advertising)，源于拉丁语(Advertere)。在中古时期，它的含义是"某人注意到某事"。几经演变，直到18世纪，"广告"才和商业活动紧密联系起来，具有将某种商品介绍给消费公众，以引起注意，诱导并激发购买欲望的含义。

围绕着广告定义，国内外学者众说纷纭，莫衷一是。

在我国，比较有影响的是唐忠朴等人在《实用广告学》中下的定义："广告是一种宣传方式，它通过一定媒介，把有关商品、服务的知识或情报有计划地传递给人们，其目的在于扩大销售，影响舆论。"

目前，在世界上影响比较大、被广泛引用、世界上承认国家最多的是美国市场营销协会(AMA)给广告下的定义："广告是由可以识别的倡议人用公开付费的办法，对产品、服务或某项行动的建议、设想进行任何形式的、非人员性的介绍。"

1989年，日本的《电通事典》所选用的广告定义是："广告是以广告主的名义，向不特定大众传播对象告知商品和服务的存在、特征及便利性等，使其产生理解、好感、乃至购买行为，或是对广告主产生信赖的一种有偿传播活动。"

以上三则被国内外广告界普遍认可的广告定义，不同程度地反映了广告的如下基本特点。

(1)有偿性。广告是用金钱购买某种专业传播媒介的使用权，亦即"付费传播"。例如，美国可口可乐公司每年要支付的广告费用达1.5亿美元。

(2)自主性。广告只要支付广告费就有权依法调控广告的内容、形式和发表时机。

(3)真实性。广告的内容可以由广告主自己确定，但必须以事实为依据。作

“燕山雪花大如席”般的艺术处理是可以的，但若作“广州雪花大如席”般的胡编乱造、浮夸欺骗，不但损害公众利益，最终也自毁声誉。

(4)艺术性。广告以某种艺术形式表现出来，运用美学的原理和规则，调动美术、摄影、歌曲、诗词、戏剧、舞蹈等多种艺术形式，表现主题和创意，以增加娱乐性、趣味性和观赏性，从而加强广告的感染力，提高宣传效果。

(二)广告的类型

广告的分类方法很多，可以从如下几个不同的角度划分广告的类型。

(1)按照广告的性质，可分为商业促销广告、公共关系广告和社会公益广告三大类。

(2)按照广告的媒体，可将其分为报纸广告、广播广告、电视广告、书刊广告、路牌广告、霓虹灯广告、印刷广告、橱窗广告、售点广告、交通广告、邮寄广告、灯箱广告、音响广告和实物广告等。

(3)根据广告的表现形式，可将其分为印象型广告、说明型广告和情感诉说型广告。

(4)按照广告表现的艺术形式，可将其分为图片广告、文字广告、表演性广告、演说广告和情节性广告等。

(5)按照我国现行的广告管理办法，可将其分为经济广告、文化广告、社会广告、来华广告以及政府公告、出口广告六类。

二、广告的公关效应

现代广告在传播商品信息、促进商品流通、调节产品供销关系、增强市场竞争力、改变人们生活形态、引导消费和丰富文化生活诸方面起着重要作用。从公共关系立场上看，广告总是或多或少地体现着公共关系色彩。也就是说，广告具有公关效应。在现实中，至今仍有不了解公共关系本质的人将二者混为一谈。

公共关系需要运用广告作为传播手段，广告也可以为公共关系服务。但是，公共关系与广告，特别是与商业促销广告在本质上是有很多区别的。

第一，二者的目标不同。公关的目标是要树立组织形象，协调沟通内外公众，营造良好的内外环境，从而使整个事业获得成功；广告的目标则是要在最短的时间里，在尽可能大的范围内，直接推销某种商品或服务，以刺激消费者的购买欲望。

第二，传播原则和方式不同。广告的传播原则是引人注目，为了达到此目的，只要以产品质量为后盾，就可采用各种传播艺术和技巧；而公关传播的首要原则是真实可信，其方式是靠事实说话，靠所传播信息的真实性、客观性和内蕴的新闻性说话。

第三，传播周期不同。一般而言，广告的传播周期相对短暂，带有明显的季节性；而公共关系要树立组织良好的形象，则需要通过有计划、有步骤和长期不懈的努力，只要组织存在，其公关工作就得进行下去。

第四，主体的范围和涉及的对象不同。广告的主体往往是经济部门或其他推销产品或劳务的组织，其对象主要是目标消费者；而公共关系的主体则远不止经济组织，几乎所有社会组织都面临自己的公关工作，其对象包括各种公众。

广告与公共关系尽管有明显的区别，但它们二者之间特别是广告与企业公共关系之间又存在着密切联系——公共关系需要广告作为自己的工具，而有效的企业营销广告总是自觉不自觉地体现着公共关系色彩，蕴含着公关思想。现代企业广告更注重公共关系思想的指导。

第一，广告总是或多或少地透射出企业公共关系战略思想。现代广告在向消费者积极有效地传播生活情报、消费情报的同时，也传播着产品品牌和企业形象。以“太阳神”的广告为例，它在介绍产品性能、特点、作用等的同时，总是不忘以优质的产品、良好的企业经营理念和优质的员工素质为支撑点，去烘托出企业形象——“让我们携手共行，跨越雄关，振兴中华民族经济”，“我们的爱天长地久”。

第二，真实性原则既是公关工作的生命，也是广告的生命。虽然广告更注重艺术的真实性，借助艺术的表现形式以增强其感染力和冲击力，但起决定作用的依然是广告内容和事实的真实性。

第三，二者都要求兼顾企业经济效益和社会整体效益思想。社会整体效益包括社会经济效益、社会生态效益和促进社会精神文明建设三方面。现代广告在推销产品的同时，总是力图以自己特有的形式向社会传播尊老爱幼、奉献爱心、捐资助学、保护环境等有益于社会的公益观念，淡化商业促销味道，突出公众利益，从而展示出注重社会整体效益的公关思想。

第四，广告和公关都以管理为依托。从现代 CI 战略的角度来看，虽然广告更注重 VI，公关更突出 BI，但两者都服从和服务于相同的 MI，都是为企业或其他社会组织的宏观管理和发展目标而运作、服务的。

广告和公关之间的密切联系要求二者在实际运作中努力配合，各取所长。如，公关活动后，要用广告的形式向公众介绍这一活动，扩大影响，加深印象，这又叫做“公关开路，广告紧跟”战术。

三、公关广告的特点、要求和制作技巧

（一）公关广告的特点

所谓公共关系广告，就是设法增进公众对组织的整体了解，提高组织的知名度和美誉度，从而使组织活动得到公众的理解、信任、支持和合作的一种广告。公共关系广告除具有一般商品广告有偿性、自主性、真实性和艺术性特征外，还具有区别于一般商品广告的特点："商品广告是要人们买我，公关广告是要人们爱我"；"一般广告是推销商品，公关广告是推销形象"。具体而言，公关广告的特点表现在三个方面。

（1）广泛性。公关广告的内容十分广泛，各种组织都可以运用公关广告做宣传，以引起社会公众对组织的注意，激发起社会公众的兴趣，达到"推销"组织机构的形象、显示出企业自身的能力和实力、扩大组织知名度和美誉度的目的。

（2）长期性。一个组织，无论生产何种产品或提供何种服务，其自身都需要长期稳定地发展下去，这就决定了公关广告的目标要着重于长期的、长远的利益。

（3）间接性。公关广告并非直接劝告人们去购买商品或享受服务，而是通过间接的手段让公众了解组织并产生好感。

（二）公关广告的要求

（1）政策性。公关广告宣传要遵循政策性原则要求，表现在两方面：一是广告承办单位要遵循国家颁布的广告法规来组织广告业务活动，抵制和拒绝刊登违法广告；二是组织或企业做广告宣传时，必须严格遵守国家法令要求，不能搞违法经营和违法宣传。

（2）真实性。公关广告的真实性要求是其生命所在，必须以事实为依据。要展现企业的真实面貌，不能浮夸，更不能造假。

（3）针对性。即明确向谁做广告。在某种意义上讲，公关广告的针对性要求比商品广告更为迫切。

（4）整体性。社会上任何一类组织的生存和发展都是团结协作作用的体现，是整体努力的结果。在公关广告中，对组织所获得的成功要以整个社会、内外公众，特别是广大员工齐心协力、共同奋斗的结果来加以体现。

（5）独特性。一个企业在制作公关广告时，应明确其信念、行动宗旨、经营方式、服务措施及企业标志等，并运用文字推敲、象征比喻、情感调动等表现方式来达到形成组织独特风格的目的，以引起社会公众对企业的注意，加深公众对企业的印象。

(三)公关广告的制作技巧

广告的艺术创作技巧在广告活动中占有重要位置。公共关系广告和商业广告一样,都需要极高的创作技巧。在这一方面,美国奥美广告公司的创办人大卫·奥格威有独到的见解。他认为,广告的内容比表现内容的方法更重要;若是你的广告的基础不是上乘的创意,它必遭失败;讲事实……消费者不是低能儿,他们需要你给他们提供全部信息;使你的广告宣传具有现代意识;若是你运气好,创作了一则很好的广告,就不妨重复地使用它直到它的号召力减退;千万不要写那种连你也不想让你的家人看的广告;形象和品牌,每一则广告都应被看成是在对品牌形象这种复杂现象作贡献;不要当"文抄公"……模仿可能是"最真诚不过的抄袭方式",但它也是一个品德低劣的人的标志。关于广告的标题,他认为,标题是大多数平面广告最重要的部分,它是决定读者是不是准备继续读正文的关键所在;读标题的人平均为读正文的人的5倍。换句话说,标题代表着一则广告所花费用的80%。写标题应遵循一定的原则:标题好比商品价码标签,用它来向你的潜在买主打招呼;每个标题都应带出产品给潜在买主自身利益的承诺;始终注意在标题中加入新的信息,因为消费者总是在寻找新产品或者老产品的新用法,或者老产品的新改进;标题里加进一些充满感情的字就可以起到加强的作用;标题应引起读者的好奇心;调查表明,在标题中写否定词是很危险的。关于广告正文,他认为,不要旁敲侧击——要直截了当;不要用最高级形容词,也不要用一般化字眼和陈词滥调;多用用户的经验来表达内容;多向读者提供有用的咨询或服务;避免唱高调;使用顾客在日常生活交谈中所用的通俗语言写文案。

第二节 公关语言艺术

从事公共关系工作的人员要想达到畅通信息传播、协调人际关系、影响公众态度、激发公众行为,从而为组织树立良好的社会形象和增强组织美誉度的目的,就必须很好地掌握公关语言这门艺术。

一、一般社交语言艺术

(一)招呼语言艺术

招呼语是人类礼貌语言的重要组成部分,它主要用以表达对社交双方关系的认定,也可以用作交谈的起始语。常用的一般有称呼式、寒暄与问候式、体语式等三种形式。(1)称呼式。比较典型的有尊称和一般称两类。一般来说,人们在社会交际场合对别人如何称呼自己是非常敏感的。在使用称呼时需要注意两点:一是称呼的语意受交际关系和社会变迁的影响;二是避免和杜绝不恰当的称呼语。(2)寒暄与问候式。即人们通常所谓的“开场白”,如,“您好!”“早上好!”“很久不见,你近来好吗?”“能够认识你,真是太高兴了!”等。虽然这些寒暄和问候语本身并不表示特定的含义,但它却能够引导社交两方相互感兴趣,使见面时单调的气氛活跃起来,从而产生出一种亲切感。但同样需要注意两点:一是因人而异;二是要与当时的情境结合起来。(3)体语式。它是指单独使用面部表情和身体姿势等作为招呼语的形式。最为常见的是微笑和点头。体语式招呼语的含义常依说话人本身的社会特征和交际双方之间的关系而有所不同。一般而言,女士们多用这种方式,显出稳重、端庄的色彩;男士们使用该方式,表示矜持。在双方关系处于疏远或冷淡时,常以此方式打招呼。

(二)自我介绍语言艺术

自我介绍,是推销自己形象和价值的一种重要方法和手段。“良好的开始等于成功了一半。”自我介绍从某种意义上说,是进入社会交往的一把钥匙,运用得好,会令人在社交活动中百事顺利;否则,就可能给你带来种种麻烦。同时,自我介绍是形成社交“首因效应”的最主要因素。在公关活动中进行自我介绍和推销,应注意以下三项准则:第一,必须镇定而充满自信,一般而言,人们对于自信的人都会另眼相看并产生好感;第二,应根据不同的交往目的、场景选择介绍的繁简;第三,自我评价要掌握分寸。孟德斯鸠在其《波斯人信札》中曾说:“夸奖的话,出于自己的口中,那是多么乏味!”自我评价一般不宜用“很”、“第一”、“最”等表示极端的词,当然也不宜有意贬损。自我介绍,除运用语言外,还可以以介绍信、工作证和名片等能证明自己身份的其他材料为辅助,来增加对方对自己的信任度。

(三)电话通讯语言艺术

打电话是一种特殊的交谈形式,互不见面的双方凭话筒里传来的声音,包括语音、语调和语言内容等,对对方作出想象的知觉从而形成“电话效应”。在公关活动中,电话通讯联系的频率是非常高的,公关人员掌握其语言表达艺术是非常重要的。具体而言,应把握好以下几方面。第一,在通话前应明确通话的内容,成竹在胸,忌通话后结结巴巴,语无伦次。第二,控制时间。主要指电话通讯时间的选择和电话交谈所持续的时间。一般而言,除紧急要事以外,不宜在三餐时、早晨 7 点钟之前和晚上 10 点钟以后打电话;通电话的时间一般以 3～5 分钟为宜。第三,起始语应明晰、礼貌。第四，控制好语气语调等。电话用语，不仅应坚持“您好”开头，“请”字居中，“谢谢”结尾，更应控制好语气语调。第五，应控制好情绪，不得让情绪影响自己的语言表述。第六，若与外宾、上级或长辈通话，无论打方还是受方，都应在交谈结束后，听到对方将话筒放下后，才能将电话挂掉。

二、演讲语言艺术

演讲，亦称“演说”、“讲演”，是指演讲者在特定的现实时境中，借助有声语言和无声语言等艺术表达手段，针对现实社会中的某一问题，或围绕一个中心，面对广大听众发表意见，抒发情感，从而影响和感召听众的一种现实信息传播活动。演讲，是公共关系信息传播活动中的一类重要形式（属于公众传播类），一位成功的公关人员应该是熟练掌握演讲技巧的演说人员。

一次成功的演讲受多方面因素的制约，但其中最重要的是演讲者的语言。演讲的艺术，主要是语言的艺术。演讲语言艺术体现为一种美的吸引力和美的感染力，是演讲者与听众之间的一种审美情感的共鸣，一种心灵上和谐之美的呼应。

演讲语言艺术，于演讲结构而言，有演讲的开场白艺术和演讲的结束语艺术；于演讲语言的表现形式而言，有演讲的有声语言艺术、无声语言艺术和时间语言艺术。

（一）演讲的开场白艺术

演讲的开场白（包括称呼语）也称“开始语”，是演讲中的“第一印象”，也是演讲者与听众之间沟通的第一座桥梁，它左右着听众自始而终的注意指向。

演讲的开场白艺术主要有以下几种方式。

（1）幽默法。“这是演讲者与听众建立友好关系最有效的手段之一。……富有诙谐幽默的材料确实将牢牢吸引听众的注意力。”（美国约翰·哈斯灵语）

（2）无声语言法。此法往往是为了调整演讲气氛，激发听众好奇心以使其集中思想听讲。

（3）由当时的情境说起法。

（4）采用惊人的事实法。出语犹如“黄河之水天上来”，石破天惊，使听众的情感亢奋起来。

演讲的开场白方式还有从演讲者自身说起法、引用有趣的故事或动人的事实法、抒情描写法、引用名言警句或诗词曲赋法、由题目说起法、哲学开端法、引用流行语法和开门见山法等方式。不论采用何种方式，开头切忌：错误地揣测听众心理；不必要的谦虚和客套以及兜圈子，迟迟不能入题。

(二)演讲的结束语艺术

拿破仑曾说:“兵家成败决定于最后5分钟。”演讲结束语亦然,它是演讲走向成功的最后一步,也是极为重要的一步,是演讲中给听众留下的一个“最后印象”。好的演讲结束语能收拢全篇,卒章显志;加深认识,升华主题;鼓起激情,促进行动;留有余地,余音绕梁,耐人寻味。结束语的方式主要有以下几种。

(1)呼吁鼓动式。演讲的最终目的在于诱动对方,改变听众的思想认识和情感态度,促使听众去实践。就形式而言,呼吁鼓动式的主要特征,一是往往要采取称呼语,如“同志们”、“朋友们”、“先生们”等;二是其固定形式为:“让……吧!”

(2)首尾呼应式。

(3)幽默式。演讲者以幽默诙谐的手法来结束演讲。它能为演讲增添欢声笑语和趣味,给听众留下一个愉快的回味。

(4)引用式。演讲者引用一些名人名言或诗歌来结束演讲。借名人语作结能引起“权威效应”;借诗歌作结,可使演讲显得典雅而富有魅力,使听众产生清新和优美感。演讲的结束方式还有用诚挚简明的赞美语言结束式,步步加强、层层推进式,卒章显志、点明主题式以及对比式等。不论采用何种方式结束,都切忌:结尾过于冗长;节外生枝,提出新问题;过于冷漠,缺乏激情和唐突鲁莽,显得偏颇。

(三)演讲的有声语言艺术

演讲有声语言,是有声语言的一种表达形式。作为主要运用有声语言来传播信息、说服听众的演讲,其演讲者是否掌握演讲有声语言艺术技巧,将直接关系到演讲的成败。

(1)声音艺术。声音是演讲者与听众交流信息的最主要媒体。大凡洪亮、圆润、甜美、悦耳的声音,总是令人喜欢的,因它是美感的基础,快感和舒服感的本身。影响声音质量的因素主要有:音域、音强、音长和音色。

(2)发音与吐字艺术。演讲者的发音与吐字是表情达意的基本条件。具体要求:纯正、饱满和自然。

(3)节奏与变音艺术。节奏与变音,对于演讲者来说,具有重要作用。节奏,是语言中的音节排列组合后,体现出的一种均衡和谐美。节奏的构成要素有:重音、速度、停顿和抑扬等。变音,是指演讲中,运用特殊的发音技巧来塑造形象,加强感染力的方法。主要有:喷口、拖腔、气音、模仿、颤音等。

(4)语音的重复艺术。演讲,靠语音传递信息,稍纵即逝。在信息传递过程中,一是由于信息通道的内外干扰,往往会造成信息的某种损失;二是从心理学的角度而言,听众不可能对演讲者的每句话都保持长久的记忆,因此,演讲中必须讲究相同语言形式的“重复”艺术。重复的重要性在于其绝非简单地机械地重复，而是指有信息根据的重复，是必要信息的重复，其目的是强调必要信息，让听众保持记忆。

(四)演讲的无声语言艺术

“无声语言”是指演讲者在演讲中所运用的仪表、风度、手势、动作、眼神、表情以及其他视觉材料。它与有声语言一样，在演讲中起着不可忽视的作用。对于演讲者有镇定振奋和辅助传情达意的作用；对于听众有感染、说明、强调、吸引、启发和指示等作用。演讲中的无声语言艺术，是在“讲”的艺术基础上起作用并受“讲”的制约，同时又与“讲”的艺术珠联璧合，有机统一，构成完美的演讲的语言艺术。

(1)站姿。站姿，能显示演讲者的风度。一般而言，演讲者要挺胸立腰，端正庄重，才能显示出一种伟岸形象。演讲者在台上应有一个基本的立足点并根据演讲内容的需要，可前后左右地进行一些小范围的移动。一般而言，向前移动表示积极性含义，如号召、赞同、进取等；向后移动表示消极性含义，如歉意、否定、退让等；向左右移动时，则表示对某一侧听众特别关照等。

(2)眼神。演讲，是演讲者与信息接收者之间的一种面对面的互动。双方可借光线进行“视觉交往”。听众往往能通过调动视觉器官——眼睛，从演讲者的无声语言中“读”出许多弦外之音。有人曾对48位成功的演讲家进行调查，证实了演讲中用“眼神”作辅助性沟通手段的人竟达100%。运用的方法主要有四种，即前视法、应视法、环视法和点视法。

(3)手势。演讲中的手势，不仅能强调或解释演讲的信息内容，而且能生动地表达演讲语言所无法表达的内容，使演讲生动形象，能够为听众看得见、悟得出。手势在演讲中的作用和类型主要有：一是用来表达演讲者的情感，使之形象化、具体化，即所谓“情意手势”；二是用来指示具体对象，即所谓“指示手势”；三是用来模拟状物，比划大小的，即“象形手势”。具体运用何种手势，当视演讲内容而定。但在手势的运用上必须注意：一应简洁易懂；二要协调合拍；三要富于变化；四不要无节制地频繁使用。

第三节　常用公关应用文写作技巧

公共关系是运用传播手段协调组织与公众之间的关系的。在广泛的公关实践中，文字传播也是一项基本操作技术。

一、外部型公关应用文写作技巧

外部型公关应用文主要联系外部公众。它涉及与本组织有关的方方面面，如政府机关、上级单位、新闻界、消费者等。这种类型的应用文，常见的有：新闻稿件、公文信函、公关广告、解说词和文字说明等。

（一）公关新闻稿件的写作技巧

新闻宣传，是开展公共关系工作必不可少的一个重要环节。掌握新闻稿件的写作技巧，是对一个合格的公关人员最起码的要求。

1. 公关新闻写作的基本要求

作为传播消息的新闻，除必须具备何事（what）、何人（who）、何时（when）、何地（where）、何因（why）和何果（how）六个基本要素之外，还要遵循以下基本要求：其一，内容要真实。其二，要用事实说话。公关新闻的来源是事实，公关新闻是公关工作中具体的、客观的事实报道。其三，题材要新。“新闻是现在新的、活的社会状况的写真。”其四，注意迅速及时。任何新闻媒介都应把时效性放在首位；其五，具有典型性。公关新闻报道要及时报道公关工作中发生的真实新鲜的事实，还必须是突出的、具有普遍意义、有代表性的事实。其六，运用新闻语言。新闻语言的特点主要有三：第一，具体实在；第二，简练精确；第三，通俗易懂。

2. 公关消息的写作技巧

消息，是新闻的主体，是对新近发生的具有社会意义的客观事实的简要报道，它体现新闻的特点最为突出。在公关活动中比较常用的消息有四种。动态消息，是迅速及时地反映现实生活中新事物、新动向、新变化和新成就的简短报道，其突出的特点是“短”、“快”、“新”；综合消息，是对一个时期内发生在某一地区、某一系统中带有全局性的多个新闻事实的综合报道；经验消息，是反映某一地区、某一组织在某一方面取得明显效果和成功经验的一种报道形式；述评消息，是一种夹叙夹议、边叙边评的新闻体裁。

一般而言，消息由标题、导语、主体、背景材料和结尾五个部分组成。

标题。标题是新闻的眉目。好的标题能简明、准确地把新闻内容的精华概括出来，具有强烈的吸引力和感染力。消息的标题一般由引题、正题和副题三部分组成。但并非每一条消息的标题都应三题具备。标题形式的选定应依据消息的内容而定，只要做到鲜明、醒目，能点明主题吸引公众注意即可。

导语。即引起公众阅读的话题，通常是消息的第一个自然段。它首先用极简要的语言，概括消息的主要内容，揭示消息的主旨，唤起公众的注意。

主体。消息的主体是导语的展开部分。它通过对导语的展开叙述，进一步完整地深化消息的主旨。写消息主体时要注意把握好以下四方面：应紧扣导语；段落分明，层次清楚；内容要充实、具体；尽量避免与导语内容重复。

结尾。并非每篇消息必备结尾。若主体部分已将事实一一交代清楚，就不必画蛇添足。需要结尾时，应力求简短，做到言尽而意未尽，以发人深省或设置悬念，为以后的继续报道埋下伏笔。消息的结构（消息中新闻事实的安排顺序）方式主要有三种：倒金字塔结构、时间顺序结构（也叫"编年体结构"）和总分结构。

3. 公关通讯的写作技巧

通讯，是及时、具体、生动地报道典型人物和新闻事件的一种新闻体裁，也称"专稿"、"特稿"或"特写"。它是消息的扩展和延伸，比消息提供的内容更详细、更具体。它的题材广泛，既可论事，也可写人；既可歌颂先进人物，也用来抨击不良社会现象。在写作时，经常运用叙述、描述、议论、抒情等方法，因而可以自由地采用文学作品的表现方式，增强新闻的感染力。通讯的形式很多，常见的有人物通讯、事物通讯、工作通讯、风貌通讯和旅游通讯等。这些形式在公共关系新闻写作中也经常应用。

（二）公关公文写作技巧

公文，即公务文书，指组织在处理各种事务时形成的各种文件。它有广狭两义之分：广义的公文包括一个组织在相互往来、联系事务时发出的所有的书面材料；狭义的公文指组织在处理各种事务中形成的体式完整、内容系统的书面材料。我们所指的公关公文即后一种，指的是那些表明组织意图、陈述意见、记载事务活动的比较正规的书面材料。它一般着眼于上情下达、下情上呈、互通信息、沟通联络渠道。它有法定的作者、特定的格式、现实的效用，有强烈的政策性和权威性。

(1)公关公文的主要种类。2001 年 1 月 1 日起执行的《国家行政机关公文处理办法》中，将现行公文的种类分为 10 大类 15 种中，这 10 大类 15 种，许多也是公关公文的主要文种：命令、指令；决定、决议；指示；布告、公告、通告；通知；通报；报告、请示；批复；函；会议纪要。

(2)公文写作的一般要求。不同种类的公关公文有不同的写作要求，但一般都应做到以下几点：其一，要符合党和国家的方针政策、法律法令以及上级的有关规定；其二，条理清楚、格式完整、篇幅简短；其三，文字要实在，措词要准确地反映客观实际，符合工作规律，不讲外行话；其四，符合文法、标点正确、逻辑严密，不用模糊语言。

（三）公关信函的写作技巧

信函，通俗而言，就是一种书面交谈，是一种人际交往的重要工具。由于其简便、灵活、易于制作且费用低廉，成为公共关系活动中被广泛应用的公关媒介。西方的一些公关人员认为，一封格式、语言和风格都十分讲究的公关信函，“能在纸面上产生一个有效的形象”，“这不仅是写作者的才能、知识和打字员的能力、技巧的反映，也是一个组织的整体形象的反映”。信函有公函和便函之分。公函实际上是一种以信件方式表示的特殊公文，格式要求较严格；便函较为随便灵活。在公关实际运用中，据信函中所表达内容的不同，可以分为下面几种。

(1)慰问信。常用在对方组织遭受诸如自然灾害等变故的情况下。可表示慰问、关怀、宽解、思念等意思，能使对方感到慰藉。

(2)感谢信。常用于对方组织给本组织提供了一定的关心、支持或帮助的情况下，是用以向对方组织表示谢意的。

(3)祝贺信。一般用在对方组织遇到喜庆之事时。此时本组织给对方组织写信表示祝贺，可以达到巩固友好关系、增进相互交往的目的。

(4)询问信。一般用在本组织和公关人员对某事情一时不清楚，需询问与此事有关的组织的时候。

(5)交涉信。在各种繁复的社会交往中，涉及租务、财务、咨询、答辩等，需要与对方组织进行交涉时，常使用这类信函。

（四）解说词和文字说明的写作技巧

在公共关系实务中，电视、电影、幻灯等手段是经常需要运用的。由此产生的解说词、文字说明，也就成为公关人员需要经常运用的应用文形式。口头解说的语言，用文字的形式记录下来，便成了解说词；对某事物进行注释和介绍的文字，如风景名胜照片上的注释、文物介绍卡、图片说明等叫文字说明。

解说词和文字说明除了具备一般说明文的特点之外，在写作时，还需注意以下几点：其一，要紧密结合画面和展品来写，并以此作为撰写的核心和依据；其二，要注意口语化，以自然、亲切、平易的态度，缩短讲解者与公众之间的距离；其三，要根据画面和展品的内容需要确定写作风格。

二、内部型公关应用文写作技巧

内部型公关应用文主要联系内部公众，如本组织内的员工、股东等与组织有着密切而直接关系的公众，但这种联系也并非绝对。

正如联系外部公众的公关新闻内部公众也可以收听收看一样，联系内部公众的墙报、黑板报、宣传窗等,外部公众同样也可以看。该类应用文主要有简报、调查报告等。

(一)公关简报的写作技巧

公关简报,是公关部门汇报内部和外部公关工作,反映公关问题,向领导提供信息的一般性文件。它具有简明、准确、快速、连续和新颖等特点。

通常情况下,公关简报的基本格式包括报头、正文和报尾三部分。

编写公关简报,一般要遵循以下要求:第一,选材要恰当;第二,应实事求是;第三,要简明扼要;第四,要注意时效;第五,注意保密。

(二)公关调查报告的写作技巧

调查报告是工作中常用、报刊中常见的一种文体。对某一个或某一类事物、问题及现象进行调查研究后所归纳总结出来的书面文字材料都叫调查报告。

公关调查报告,无论是反映基本情况的,还是反映公众意见的,基本形式都应包括三部分:导语、调查的基本情况和调查的结论。

撰写公关调查报告应遵循以下基本要求:首先,应真实全面地反映情况,无论在什么情况下,撰写调查报告都要尊重事实;其次,应综合分析所得材料,从中找出规律性的东西,研究出事物的本质;第三,语言应力求简练和准确,尽量多用朴实、大众化的语言,以增强调查报告的真实感和可读性。

三、混合型公关应用文写作技巧

混合型公关应用文联系的对象较广泛,既可以是内部公众,又可以是外部公众,有时也同时包括内部和外部公众。常见的有柬帖、演讲词和规则性公关文书等。

(一)规则性公关文书的写作技巧

从公共关系角度而言的规则性公关文书,主要是指那些在广泛的公共关系活动中对当事各方有法律效力和约束力的一类文书,常见的有以下几种。

(1)组织章程。它是社会组织关于自身组织机构、活动形式和行为准则的规范性文书。它们的作用在于,以规范性条文将组织的一些重大问题固定下来,要求成员为组织服务,保证组织的宗旨和成员的权利不被侵犯,使组织的活动正常化、制度化。起草这类文书,要求广泛听取成员意见,一经形成,就应保持一定的稳定性;用语上要规范,表述要清楚。

(2)员工守则。它是组织对内部员工在业务活动中的行为规范方面的具体要求,其作用在于通过守则来规范员工在业务活动中的行为,并以此作为依据对员工进行奖励和惩处。起草这类文书,要求文从字顺、行文严谨、条理清楚、易记易懂,保持一定的稳定性,便于考核和检查。

(3)公约。这是指在公众之间就某种问题相互约定的条文。它是各种社会组织之间、组织内部部门之间、员工之间为了维护公共利益,经集体讨论,把约定的、要进行的一定行为和不进行的一定行为明确地写成若干便于共同遵守的条文。公约通常分为三部分:一是标题,要求标明公约内容、性质等;二是正文,是公约的主体部分,要求分条列款地写出公约的具体内容;三是结尾,一般要在正文下方写上订立公约的组织和个人名称(若标题中已标明,此处则不必再写)、订立公约的日期。

(二)柬帖的写作技巧

柬帖,是各种社会组织在日常生活中为适应不同社交场合的需要而使用的一种礼仪性传统文书。它通过简明的文字表明组织或个人的意见、情感。它是信函的一种特殊的、郑重的表现方式,一般只有遇到具有特殊意义的事情或庄重的场合才使用。

柬帖的种类很多,但在形式上却有共同点。一般而言,都是长方形。讲究一点的有"双书"(对折)、"品字封"(打开后形状为一个品字)等,简单一点的单叶亦可。由于篇幅有限,一般印在上面的文字很少。柬帖在格式上一般应包括标题、受柬人姓名、问候语、正文、结尾语、署名、日期等。但不同种类的柬帖在格式上并不完全相同。

常见的公关柬帖有以下几种。

(1)请柬:也叫请帖,是为邀请某组织或个人参加某项活动而发出的通知书。它常用于组织举办纪念会、联谊会、舞会、宴会、座谈会、讨论会、展览会、新闻发布会等场合。

(2)庆吊柬帖。它包括两种:庆典柬帖,是组织有了重大的、值得喜庆的事情时用以表示祝贺的一种帖子,一般要派专人送达或邮寄;丧吊柬帖,是一种致哀吊丧的专门帖子,与讣告类似,一般由故者所在单位或治丧委员会发出,要写明故者姓名,身份,因何逝世及逝世的日期、地点、终年岁数,举行丧务活动的时间和地点等。

(3)贺卡、贺年卡。贺卡一般是用于组织内部员工遇有喜庆之事(如生日、新婚以及入党、入团、金婚、银婚纪念日)时,组织用以表示美好祝愿的帖子;贺年卡的发送对象既可对有关组织,也可以对有关人士和本部门员工,通常是逢元旦、春节表示节日祝贺时所用。柬帖,作为一种传统文书,其作用类似书信,因此,与书信在写作的要求上有共同点，但也有一些特殊的要求：第一，要做到严谨、准确、简练，活动内容务必交代清楚；第二，要注意气氛；第三，语言应典雅；第四，发送时间应适中，太早，接收人容易遗忘；而太迟又可能贻误时机。第五，要注意柬帖设计的创意。

第四节　其他公关实务运作技巧

在本节，我们继续探讨其他一些公共关系实务活动的技巧问题，这些活动在公共关系具体业务中占有较为重要的地位。

一、公关决策技巧

公关决策的特点，在于围绕组织塑造"高大、高效、完美"的整体形象，来制订总体发展战略；围绕"知名度、美誉度"的组织公关整体目标，制订有效的政策、策略；在遵守国家法制的前提下，制订公共关系的特殊政策和灵活措施。具体而言，公关决策的一般要求表现在以下三方面。首先，公关决策要求树立正确的公关战略思想，具体包括两方面：其一，应提高组织形象的整体性和全面性；其二，公关战略应体现经济效益、生态效益和精神效益的完美统一。

其次，公关决策应体现业务关系、社区关系和政府关系的协同性，即公关工作一要协调与同行业竞争对手和跨行业合作者的原料供应、科技协作、产品销售等方面的业务关系，以争取支持，保证经营活动的顺利进行；二应协调好社区关系，对社区环境做出贡献，帮助社区解决劳动就业问题，支持社区文化教育事业等；三是协调企业与财税、工商、银行和政府主管部门的关系，模范遵守国家法令和政策，经常研究政治经济形势和政府有关政策法令对企业经营活动的影响，谋求切实可行的改善对策，并争取更大的支持。

第三，公关决策应体现产品质量、服务质量以及新技术、新产品开发的同步性。

二、来访接待技巧

来访接待，是公共关系活动中的一项重要的日常性工作。一个组织由于各种原因而来的人很多，如，来访的记者、协作单位、股东、上级主管部门、投诉的顾客、社区团体、索取赞助者、参观团体、参会人员、远道而来的外宾等。对于来访接待，公关人员绝不能掉以轻心，而应充分认识到该项工作的重要性。即，第一，它是公众了解组织的第一步,也是组织给公众的第一印象,它直接关系到组织的社会声誉和形象;第二,来访接待工作是公众与组织的直接而具体的接触活动,它不仅涉及公众的利益,同样也涉及公众的尊严、情感等问题;第三,“见微知著”,平凡而日常性的接待工作,也能反映出一个组织的风格和作风;第四,接待工作既是公众了解组织的窗口,也是组织了解公众的窗口。因此,公关人员应认真做好来访接待工作。

要做好来访接待工作,应把握好以下几方面技巧。

第一,做好接待的准备工作。接待的准备工作从两方面进行。其一,公关人员自身的准备工作;其二,接待环境的准备工作。

第二,对所有来访者都应以礼相待,切忌“以衣帽取人”或“以事由取人”。在做外宾的接待工作中,应特别注意有礼有节、不卑不亢。

第三,对所有来访者都应热情周到,处处替客人着想。

第四,对所有来访者都应真诚相待。

三、开放参观技巧

公共关系开放参观,是组织对外部公众开放,让其到组织内部观察了解组织的机构、设施、生产活动和各种成果的一项经常性活动。它对于组织的长远利益和公关工作是很有价值的。要组织好开放参观活动,一般要求做好以下几方面工作:第一,应突出开放参观活动的主题;第二,应确定好开放参观时间;第三,妥当安排参与活动的人员;第四,应认真规划好开放参观活动的路线;第五,应妥善安排好开放参观活动的细节;第六,准备适当的小型纪念品。开放参观活动,是组织与公众直接接触,展示自己特点,表达自己意愿的最佳机会,同时,也是一个组织的负责人听取公众意见和意愿的极好机会,应很好地把握住这一机会,虚心征求公众意见,不断改进经营管理,提高组织的社会地位和信誉度,使开放参观活动获得多重效果。

四、会议的组织技巧

会议,是公共关系实务工作的一种重要的沟通方式,是施展公共关系工作技巧的最好场所之一。美国的一位公关专家曾说:“会议是公共关系活动的窗口。”会议的种类很多。不同类型的会议,安排和主持的技巧各有特色。但无论何种会议,一般都应注意把握好以下原则和要求。

第一,会议的主题必须鲜明突出。即是说,每一个会议都应有一个或几个明确的主题,会议所要达到的目的也必须是清楚的。

第二，会议的内容必须是与会者共同感兴趣或者是与他们密切相关的事情。

第三，会议时间应尽量缩短。时效观念是现代组织活动水准的一个重要指标。为了节省会议成本，一要将可开可不开的会议省去，填平“文山会海”；二要尽量开短会。

第四，根据会议的阶段，应把握好会议的进程和特点，争取最好的会议结果。会议一般分为导入、讨论、结论三个阶段。

第五，会议应尽量做到生动、活泼，富于人情味。

五、仪式庆典活动组织技巧

仪式庆典活动，是社会组织自身重大事件的仪式活动和组织所处社会环境中相关的节日庆典和大事庆典活动的总称。仪式庆典活动，由于其异乎组织平常活动的特殊性和隆重性，常常成为组织开展公共关系专题活动的契机。组织可利用仪式庆典活动来渲染组织形象，扩大组织的知名度和提高组织的美誉度；可借助其广交朋友，化解积怨的功能打下为其今后发展的基础；还能有助于组织树立自己更丰满、更完整的形象。

公关人员在组织仪式庆典活动时，一般应注意以下技巧问题。第一，应明确仪式庆典活动的主题，并围绕主题来设计安排活动的内容。

第二，应拟定好仪式庆典活动的程序，落实有关任务，具体明确相关人员的职责与分工，做到有条不紊、忙而不乱、井然有序，以保证活动的顺利进行并取得较好的效果。

第三，应拟定好邀请的宾客的名单并保证其能准时、心情舒畅地赴会。

第四，尽可能地为仪式庆典活动安排一些能渲染气氛和促进理解的活动。

第五，尽量争取新闻报道，以扩大仪式庆典活动的社会传播面和影响面。

六、自办刊物技巧

报刊，在新闻学中，是指面向公众发行的定期出版物。在公共关系学中，社会组织自己印制的、针对组织特定公众的各类定期和不定期发行的印刷品，即称为“自办刊物”。自办刊物是社会组织与各种特定公众进行沟通的最为重要和有效的媒介之一。它一般都能受到组织的完全控制，能根据组织的公关方案进行经常性、计划性和步骤性的宣传，对所要沟通的公众的选择性和命中率都很高，同时，制作简便、快捷，便于传递。

自办刊物的种类很多，可从不同的角度进行分类。按其形式，可分为：杂志、报纸、企业通讯、墙报、黑板报、宣传窗等;按读者对象和范围,可分为:组织、企业内部刊物和组织、企业外部刊物以及混合型刊物(不分对内对外,针对所有公众)。

在编写和制作自办刊物时,有许多技巧性问题需要公关人员仔细考虑。第一,应明确自办刊物的出版目的;第二,要明确读者对象;第三,应确定好发行的周期;第四,应确定好刊物的名称、印刷形式和编排形式;第五,应考虑刊物的散发、发行的方式;第六,要确定刊物的计划和资料获取方式;第七,还应经常收集读者意见,并有针对性地及时反馈员工的各种思想、情感以及他们的要求,以提高刊物的质量,更好地发挥自办刊物的功效。

七、举办展览活动技巧

展览,是通过实物、文字、图片和图表来展示组织成就的公共关系传播形式。一般展览活动的目的是介绍产品和服务,并据此促进业务发展;而公共关系利用展览的目的在于介绍组织和组织的成就,促进公众对组织的了解。

一般而言,展览活动有以下几个特点:第一,它是一种复合型的传播方式,其传播效果十分理想;第二,它是一种非常直观、形象和生动的传播方式,能给出席展览的公众留下深刻印象;第三,它能给某一组织或企业提供与公众进行直接的双向沟通的机会;第四,它是一种高度集中和高效率的沟通方式;第五,它是一种综合性的大型活动,往往能成为新闻媒介的追踪对象,是新闻报道的好题材,对社会公众的影响效果很大。

组织展览活动,应把握好以下几方面的技巧问题:第一,应明确展览活动的主题和目的;第二,应明确参观公众的类型;第三,应选择好展览地点;第四,应培训展览活动的工作人员;第五,应成立专门发布新闻的机构,负责与新闻界进行联系的一切事务;第六,还应准备好展览活动所用的各种辅助宣传资料,如幻灯片、录像带、各种小册子、目录卡等,设计好展览的徽章,准备有关的纪念品并确定展览活动的费用预算等;第七,应注意采用有助于使展览活动办得有声有色、生动活泼的手段。

要成功地举办好展览活动,除应把握好以上技巧外,还应特别注意:切忌展览滥而不精;不能以展览为名推销滞销、积压甚至伪劣的商品。

八、提供社会赞助活动技巧

赞助活动可以使组织的名称、产品、商标和服务获得新闻媒介的广泛报道,有利于扩大组织的知名度,并在公众心目中留下深刻印象;可以树立组织关心社会公益事业的良好形象；可以培养组织和公众之间的良好感情，赢得公众的理解和支持；可以表明组织追求社会效益和对社会具有高度的责任感，使公众对组织产生信任感。毫无疑问，赞助活动的这些作用将有利于组织的生存和发展。尽管不同的组织提供社会赞助活动的目的可能有所差别，但其终极目标——树立组织的良好形象，赢得公众的好感和支持，却是一致的。

在现代，赞助的范围和种类很多，常见的有以下几类：赞助各类体育活动；赞助各类文化活动；赞助教育事业；赞助社会福利事业；赞助各类出版物；赞助社区活动；赞助有关学术理论活动；赞助建立某一职业奖励基金，以推动该职业的发展等。鉴于如此众多的赞助种类，只要公关人员留心，是能够找到最有利于本组织树立良好形象的赞助活动的。

在提供赞助的活动中，公关人员必须充分考虑的是，如何使有限的经费发挥出最好的社会效益，这就要求公关人员应把握好以下技巧问题。

第一，应明确自己提供赞助的目的，选择最能达到这一目的的赞助活动，并以此确定本组织对外提供赞助的主要对象、款项比例和基本原则。

第二，应对赞助活动的需求情况进行调查和深入研究，将赞助项目和基本原则预先通知一切可能向组织请求赞助的对象，要求其在赞助的年度计划制订前提出申请。

第三，应对请求赞助的项目和活动进行可行性研究，了解赞助对象的基本情况，看其目的是否正当，是否值得支持，所需款项费用是否合理，能否负责，能否有助于建树组织的良好形象等。

第四，在制订赞助的年度计划时，有几个原则性问题应考虑：一是尽量使赞助活动与组织的活动"合拍"；二应尽量照顾社会公益事业；三是机动款项只能用于临时的重大活动；四是一定要量力而行，有效才做，有利才做。

第五，应及时对所提供赞助项目的效果进行测定。

第六，对遭到拒绝和不可能满足其要求的赞助请求对象，应坦率而诚恳地解释组织的有关赞助原则，坦诚告之自己的难处，委婉地表示减少赞助费和不宜参与赞助的意向。

第十二章　部门公共关系

第十二章　部门公共关系

前面各章所论述的有关公共关系的原理、职能、组织机构、工作程序以及人员选拔与培训等方面的基本内容，都是从一般意义上来论述的，它对于任何类型的社会组织都是适用的。但是，由于主体或部门间各有差异，所以不同类型的组织或部门的公共关系也会呈现出各自不同的特点、内容和方式。为此，本章将各种组织区分为三种不同的类型或部门，并对各自的公共关系工作进行简要的介绍。

第一节　企业公共关系

公共关系诞生于企业，并且已经成为现代企业经营管理的重要环节。在企业中，从上到下树立正确的公共关系思想，是企业取得经营成功的基础。由专业的公共关系部门或公共关系人员开展得力的公共关系工作，是保证企业经营管理取得成功的条件。而不同类型的企业针对本企业的实际情况，在开展具体的公共关系活动的时候，将会表现出不同的特点和内容。

一、生产型企业的公共关系

(一)生产型企业公共关系的特点

随着改革开放的深入发展，我国生产型企业发生了两个深刻变化：一是由产品生产者而成为相对独立或独立的经济实体，成为自主经营、自负盈亏的商品生产者和经营者，成为具有一定权利和义务的法人；二是由原来的主要是行政机构的附属物转变成为拥有许多社会公众的社会组织。这样的变化便意味着生产型企业已不再是单纯的技术经济合成体，而是整个社会大系统中的有机组成部分；企业的生存和发展，也不再仅仅取决于技术和经济的协调与平衡，而且还取决于企业与整个社会系统的协调与平衡。企业与社会系统的协调与平衡的工作就主要依靠公共关系来完成。因此，生产型企业的公共关系主要体现出这样几个特点。

(1)以社会公众利益为出发点，注重社会整体效益，从而谋求企业利益。任何一个生产型企业都要追求利润，讲究经济效益。但是，作为现代企业，不仅要讲究企业自身的经济效益，更要注重社会的经济效益、社会的整体效益。只有把企业的经济效益同整个社会的经济效益、整体效益结合起来，企业才有可能塑造一个良好的形象，才能立于不败之地，从而推动企业利益的实现。企业是整个社会的一个组成部分，企业的经营管理活动不仅给企业本身带来效益，同时也将对社会产生积极或消极的影响。它的经营活动不仅将为社会生产出各种产品、提供各种服务，而且也将给社会的自然环境、人际关系、精神文明和社会经济效益等带来不同程度的影响。

因此，生产型企业公共关系要以求得企业利益与社会整体利益一致作为其出发点和归宿，这是生产型企业公共关系的一个重要特点。

(2)以良好的工商关系为中介，争取和扩大市场优势。生产型企业的中心任务是扩大生产，取得更大的经济效益。要达到此目的，没有广阔的市场是不行的。由于市场对生产型企业的重要程度，因而被人们喻为“企业生命的摇篮”。这不仅是因为企业在市场上获取原材料、供销信息，而且更是因为企业是通过市场来面对它的消费者销售产品的。如何争取和扩大市场是生产型企业面临的一个十分重要的课题，从公共关系角度讲，关键就是要处理好与经销商的关系。在现代社会分工的环境中，多数生产型企业是通过经销商之间转手来销售产品的，所以经销商在把产品由企业传送消费者的过程中起着重要作用。处理好与经销商的关系是企业开拓市场、争取消费者的关键，是生产型企业公共关系中极为重要的因素。

(3)以加强内部公共关系为动力，促进企业全面发展。企业要发展必须依靠企业内部团结协作，这已成为企业工作的重要指导思想。要争取企业内部的团结协作，从公共关系的角度来看，就必须建立良好的员工关系、股东关系，最终形成完善的内部公共关系。

(二)生产型企业公共关系的主要内容

生产型企业公共关系的内容是多种多样、十分庞杂的，但主要内容有以下几个方面。

(1)树立企业形象。按照生产型企业的公共关系思想，帮助企业建立良好的内部和外部形象，通过发布新闻稿，制作新闻纪录片、录像片等多种手段向外界宣传并保持企业的良好形象。

(2)建立信息网络。设计并制订企业内部的信息流通模式，加强企业领导层同职工的联系；运用新闻传播理论和大众传播工具建立企业同社会之间的信息传播网络，使企业与社会互相沟通。

(3)处理与公众的关系。在双向信息交流的基础上，开展正规的社会交往活动，处理好企业内外的各种公众关系，如，工人关系、干部关系、股东关系、董事关系、用户关系、原料供应者关系、新闻界关系、社区关系、政府关系等。

(4)监测社会环境。生产型企业的所有活动及其生存、发展都受到社会环境的制约和影响。公共关系必须不断地监测社会环境的变化，其中包括政策、法令的变化，社会舆论的变化，公众兴趣的变化，自然环境的变化，市场的变化等。

(5)分析发展趋势。生产型企业公共关系根据对政策法令、社会民意、时尚潮流等重要外界因素的监测和分析，向企业预报有重大影响的近期或远期发展趋势；预测企业的重大行动计划可能遇到的社会反应，以便企业未雨绸缪，防患于未然。

(三)生产型企业公共关系的常见方法

生产型企业公共关系人员的一项重要本领,就是要善于结合经营管理的全过程,把公共关系思想和活动渗透到整个企业中去,要通过多种形式和方法来达到公共关系目标,其常见的方法有五种。

(1)通报舆论调查或民意测验的结果。向领导层通报本企业、其他企业或报纸杂志开展的民意测验、舆论调查结果,让领导层及时了解舆论的动向和社会的变化。

(2)摘发公众来信。定期或不定期地摘发各种公众中有代表性地批评、建议。如,在企业中可摘发干部、工人、家属、顾客、当地居民的来信,让企业全体人员了解公众的意见和要求。

(3)摘编新闻媒介的言论。为有关负责人摘编新闻媒介上有关本企业或机构的评论,为各部门的负责人摘编新闻媒介有关本企业和有关竞争者的新闻报道。

(4)印发公共关系内部通讯,宣传公共关系人人有责的思想。企业的信誉和形象,不仅同其产品或服务有关,而且同其每一个成员的表现有关。因此,只有人人注重公共关系,才能有成功的公共关系。印发企业内部的公共关系通讯,就是要介绍公共关系的知识,交流公共关系的经验,确立公共关系的思想。

(5)组织有意义的公共关系活动。把企业或组织内部不同类型的群众吸引到一起,形成人人搞公共关系、个个注重公共关系的气氛和环境。如,在企业中组织青年职工联谊会,退休工人、离休干部联欢会,企业形象讨论会等。

二、商业服务型企业的公共关系

商业服务型企业是在商品经济的条件下发展起来的专门从事商品交换和直接为顾客服务的独立经济组织的统称。商业服务型企业最基本的特点就是以工作人员与顾客直接接触来开展经营活动,往往在产品由生产者到消费者的转移过程中起着桥梁和纽带作用。随着商品市场的日益繁荣和人民消费水平的日益提高,商业服务型企业间的信誉竞争已成为现代市场竞争的主要方面。因此,以塑造形象、提高企业信誉为主要内容的商业服务型企业的公共关系,已成为这类企业谋求生存和发展的重要途径。总的来看,根据商业服务型企业的特点,其公共关系的主要内容包括这样几个方面。

(1)确立优质服务、顾客至上的原则。首先,要使每一个工作人员都明白自己所在组织的经济效益只有通过最大限度地满足顾客需要才能取得,而这种满足在很大程度上取决于组织成员的面对面的服务经营水平;其次,是要千方百计地扩大货源，增加花色品种，提供种种便利的服务措施（如，送货上门、实行三包等），以吸引顾客不断光顾。

(2)抓住有利时机，开展宣传攻势。商业服务型企业的工作以直接满足人们生活需要为内容，而人们生活需要有着很强的时机性，因此，如何利用时机的转换、到来及时地开展宣传攻势就构成了商业服务型企业公共关系的又一重要内容。从实践来看，任何一个国家的具体部门一般都把推出新项目、提供优惠服务作为重点来宣传，这也说明抓住时机开展宣传在商业服务型企业的公共关系中具有普遍的意义。

(3)捕捉市场信息，领先占领市场。这里的市场主要是指人们满足生活需要的消费能力、消费水平、消费质量、消费后备力的总和。由于商业服务型企业的生存发展与人们消费状态密切相关，因此，捕捉任何一种足以引起市场变化的人们消费倾向变化的信息就成为商业服务型企业公共关系的另一个主要内容。从某种意义上说，这方面的工作效果较易体现，但也最难挖掘，它需要长期实践的积累与系统的分析才能为成功奠定基础。

总之，商业服务型企业的公共关系要充分利用各种传播媒介和交流方式，运用灵活多样的形式进行广泛的内外沟通，让各类公众充分了解组织、支持组织，进而形成有利于组织发展的社会环境，促进商业服务型企业的顺利发展。

第二节　事业单位公共关系

事业单位主要是指为适应社会需要而由国家提供资金设立的专门性机构，如，军事单位、教育部门、人民团体以及体育、卫生和科研系统。事业单位的公共关系与工商企业等组织的公共关系有许多共同之处，但由于其自身的特点，又具有一些不同之处和自己的特色。

一、事业单位公共关系的一般特点

事业单位是上层建筑的重要组成部分，它有着管理、协调等多种功能，在整个社会系统中占有举足轻重的地位，起着其他组织不可替代的作用。和工商企业组织相比，事业单位的公共关系有着自己的特点，我们可以从其职能与工作方式两个方面来加以认识。

第一，事业单位的公共关系要保证整个组织的工作体系的循环始终处于和谐、稳定的状态。

社会是一个交互作用的整体，事业单位与公众、与社会都是相互依存的。为了保证本组织在纷繁复杂的社会生活中能够科学地决策，任何事业单位都需要获得各种舆论和民情的可靠资料与依据，在对这些资料进行科学的汇总分析的基础上，做出对实际情况的客观判断，并进而采取行之有效的措施。这一切都需要事业单位的公共关系在组织、公众与社会的三者当中充当中介因素，来解决好各方面的矛盾，与各类公众建立、保持联系，沟通各种信息，定期对各方面的工作进行调查研究，提高工作的主动性和预见性，从而保证整个工作体系的循环始终处于和谐、稳定的状态。

第二，事业单位的公共关系要保证整个组织管理体系的完善与协调。

事业单位往往与某一部分或某一类社会公众有着密切的联系。这就需要在社会公众中树立自己的良好形象和信誉，使自己的各项措施得到民众的理解与支持。由于它的管理活动涉及的面十分广泛，内容也纷繁复杂，所以必须建立一套科学的、完整的工作程序，使组织工作做到制度化、规范化、民主化。事业单位的公共关系部门就有责任制订各项条例、制度，完善组织内部的工作程序，做到办事有章可循、责任分明、各尽其责，从而保证整个组织管理体系的完善与协调。

第三，事业单位的公共关系要协调社会各界、各方的利益及相互关系，保证建立正常的社会秩序和环境。随着我国改革开放的进一步深入和扩大，事业单位的公共关系工作，需要及时了解各社会阶层、社会群体和利益集团的状况、问题、需要以及满足程度，以便及时而适当地协调各种利益和关系，保证正常的社会秩序和环境的建立，保证社会主义现代化建设的顺利进行。

在工作方式上，事业单位公共关系的特点更为明显。由于经费的限制，开展公共关系主要是利用各种传播媒介进行宣传，宣传的中心内容包括：本组织致力于社会高尚目标的宗旨、为社会服务所做的贡献和已经取得的成果、今后的打算和计划等。这些宣传的目的在于获取社会各界公众的支持和帮助，树立本组织致力于社会服务的形象，扩大本组织的社会影响，发展、壮大、完善组织机构与组织措施。在具体的工作方法上，主要有这样几种：一是通过自己的会刊、学报、机关报等传播媒介直接传播信息；二是通过发言人、召开新闻发布会、邀请记者采访或向新闻界提供有关材料等方式，充分利用大众传播媒介，树立自己的良好形象；三是通过兴办社会公益事业，开展社会公益活动来吸引社会注意，争取社会各界的广泛支持。

二、军事单位的公共关系

军事单位的公共关系主要是指人民解放军、武装警察部队等的公共关系。这是一种运用有效传播手段，沟通军队与社会公众之间的联系，取得公众的理解、信任与支持的活动。

军队公共关系的公众主要包括：普通公民，现役与预备役军人，退役军人，部队的因非军事人员以及服务于部队的国防工业、建筑业的非军事人员，政府机构和其他与其相关的人员与部门。军队公共关系的主要任务是：

(1)发布有关军队活动与发展的各种信息(须保密的除外)；

(2)邀请社会各界人士参观，报告军队的基本情况，介绍有关军队战斗、训练、支援国家建设的情况；

(3)为学校开设军训课，开办军事夏令营或少年军校，训练地方民兵，并与退伍军人组织保持密切的联系；

(4)积极参加地方民间集会、游行、文娱与体育活动，应地方之邀派人员进行有关传统与英模事迹讲演；

(5)搜集民间对军队的意见，以调整军政关系与军民关系；

(6)报道军人的英雄模范事迹，在公众中树立军队和军人的光辉形象；

(7)为社会提供军事知识咨询和各种社会公益服务；

(8)展开征集兵源的公关活动，在国民中营造"为国尽义务人人有责、当兵卫国光荣"的气氛，以保证兵源的数量和质量。

在新形势下，加强军队与人民群众及社会各界的联系，开展有中国特色的军队公共关系工作，具有十分重要的意义。今天，军队公共关系工作要特别注意处理好三个方面的关系。一是军政关系。要协调好军政关系，军队必须熟悉地方政府的组成机构，与有关部门保持良好而畅通的联系渠道，经常主动地向政府汇报、介绍军队工作及变动情况，以便取得政府首脑的支持，进而获得全社会的支持。二是军队与社区关系。军队总是驻扎在特定的地理区域中，它同所在社区之间必然会发生千丝万缕的联系。要协调好军队与社区的关系，军队必须教育自己的干部、家属在社区中做合格公民，要对地方兴办的公益事业积极予以协助等。军队与社区关系直接影响到军队的日常生活和后勤保障，也直接影响到军队在社会中的形象，因此，军队与社区的关系最为密切。三是军民关系。在新形势下，协调军民关系要从人民军队的本质出发，多为人民利益着想，可以采用"军民共建"的形式，在军民之间架设桥梁，共同开展有益双方、有益社会的活动。如，召开军民座谈会、联欢会，听取群众的意见,使军民关系能够进一步地相互理解和沟通。

三、教育部门的公共关系

教育部门主要是指各类综合性大学、专门性学院、电视大学、业余大学、党校、干部管理学院、中专、技校以及普通中小学等。由于教育部门的需要来自整个社会的了解与支持,因此,教育部门必须与外界建立良好的公共关系,通过塑造自己良好的社会形象,引起政府的高度重视,获得进一步发展的精神与物质条件,以便能吸引更多的生源,提高整体教育水平。教育部门通过塑造形象,希望获得社会各界更多的支援和帮助,加强教师、学生、家长之间的联系与合作。教育部门的公共关系应进行这样几个方面的工作。

(1)加强网络联系。学校向社会寻求支持,同时学校也有自己的优势。学校是最大的思想库,学校的毕业生遍布社会各地和各行业,社会关系广泛,教育部门的公共关系就是要加强同社会各界的感情联系,充分发挥学校联系面广的优势,以保证学校各项工作的顺利进行。

(2)取得社会支持。在任何国家,教育都是一项庞大而紧迫的事业,必须得到全社会的关注与支持,才能促进教育理想的传播与实现,成为社会发展的重要组成部分。因此,教育部门要运用公共关系的多种方式,积极与社会各界保持广泛的联系,注意树立自己的形象,提高自己的信誉和扩大自己的名气,力争取得社会的大力支持,推动教育事业向前发展。

(3)赢得公众信任。学校要得到社会的支持,就必须实行开放性办学,不断地将学校的功能和活动通过各种有效途径传达给社会,并通过提高在公众中的声誉,赢得公众的信任。学校要尽可能地对地方公共事务做出贡献,提供有价值的社区服务,赢得公众的普遍尊敬和拥护,这样也必然有助于学校声誉的提高。

(4)加强联谊活动。学校是培养人的地方,企事业单位和行政部门是用人的机构,彼此间通过联谊活动进行的交流,也就是人才的交流。联谊的方式是多样的,联欢会、座谈会、体育比赛、文艺活动、集体旅游等都是可行而有效的形式。学校的公共关系还可以通过成立教育家与企业家联谊会、退休教师职工协会、家庭教育研究会、家长协会等,与内外部公众保持密切的联系。

四、群团组织的公共关系

现代社会生活的显著特征之一,就是各种类型的群众团体越来越多。这些团体几乎遍及社会各个阶层,包罗了各种职业和行业的人群,诸如,工人团体(工会)、农民团体(农协)、教师团体(教师联合会)、专业学术团体(经济学会、公共关系学会)、妇女团体(妇联)、宗教团体等。这些群众团体既不是党派,也不是政府机构,其本身就与各类社会公众有着天然的联系,它们所具有的超越各种差异的联合性,决定了其工作对象的可容性、广泛性以及在公共关系方面的优势。有各种人才、有众多信息、有畅通的对话渠道、有广泛的联系网络,这些都是群团组织从事公共关系的有利条件。为了达到增进了解、建立信誉、影响社会、提高效益等目的,群团组织主要应从以下几个方面开展公共关系活动。

(1)畅通民主对话渠道。随着我国经济建设和社会民主政治建设进程的加快,社会公众的民主意识、参政议政的要求,将在国家政治生活中体现出来。各群团组织作为政府联系人民的中介和桥梁,要努力畅通民主对话的渠道,发挥本团体成员在参政议政中的积极作用,在中央、地方和基层三个不同层次上建立并健全社会协商对话制度。

(2)在社会舆论中保持和发挥自身的独特优势。群团组织在社会利益格局中处于较超脱的地位,它对于社会的各种问题的看法往往受到社会各方面的重视,并成为社会舆论的主要倾向。因此,群团组织公共关系可以在两方面显示作用:一是通过参政议政来显示自身价值,争取社会各界的理解与承认;二是以身作则,在社会各界公众中带头建立一种良好的社会行为作风,并对不良风气给予抨击。

(3)积极参与和组织各类社会活动。这类社会活动主要围绕某个公益目标进行,参加原则是自愿、平等,而且又没有什么功利色彩,所以公众对此有着普遍接受的心理基础。群团组织一般财力有限,在活动中它主要起领导、发起、组织、联络的作用。这类活动既使广大社会公众受益,又扩大了组织自身的影响,而且还能在与社会各界公众的沟通中得到帮助和支持。

第三节 政府公共关系

政府机构,是指建立在社会经济基础之上的上层建筑的核心机构,主要是指行使行政、立法、司法、国防、外交、经济、文化、教育等各项职权的政权机构,包括各级人民政府、立法机关、检察机关、司法机关等等。在我国,由于共产党的执政党性质以及党政关系的密切程度,在论述公共关系时,其中也包括了各级党组织的公共关系活动。现代社会,政府机构在社会生活中的影响和作用已到了须臾不可缺少的程度。政府公共关系有三层含义:第一,它是一种传播手段,是沟通政府与社会公众之间关系的一种手段;第二,它是一种社会活动,是促进政府与社会公众相互理解、支持和信任的活动;第三,它是一种管理职能,即是政府管理中的一项重要职能。

一、政府公共关系的意义

我国各级政府开展公共关系活动,与社会公众形成功能齐全的双向沟通系统,建立相互了解和信任的关系,树立政府的良好形象,取得社会公众的理解和支持,是时代发展的需要,是改革开放的需要,也是建设社会主义民主政治和提高政府工作效能的迫切需要。

(1)政府公共关系有利于经济体制改革,有利于增强企业活力,促进社会主义市场经济体制的确立。

在我国,改革带来了社会生产和社会生活的深层发展,客观要求政府机关的组织、管理、指导、服务、协调、监督、保卫等职能有相应的发展,要求增加政府的管理效能和透明度,更好地为人民服务。党的十一届三中全会以来,我国广泛开展了以增强企业活力、实行政企职责分开为中心环节的经济体制改革。在这种情况下,要协调好政府同企业的关系,单靠行政命令已经不行了,必须求助于公共关系。要通过各种信息传播渠道或媒介,将政府的经济政策、调控指令和各种经济技术情报信息传递给企业,将企业的意见、要求和困难反馈回来,形成双向信息交流,才能使政府和企业相互理解、相互适应。既保证企业真正成为相对独立的经济实体,成为自主经营、自负盈亏的商品生产者和经营者,具有自我改造和发展的能力;又保证政府对企业的宏观指导、管理、调节、检查和监督,使整个国民经济协调发展。

(2)政府公共关系提供促进政府行政管理民主化的有利条件,它能密切政府同人民群众的联系,有利于社会主义民主政治建设。

行政管理民主化的主要内容可以概括为两个方面:一方面是最大限度地吸引广大人民群众参与国家管理;另一方面是使行政管理中的一切行政行为符合广大人民群众的意愿。政府公共关系为这两个方面内容的实现创造了条件和可能。政府公共关系可以通过双向信息交流、各种传播手段,更为真实地了解和汇集人民的意愿,反映公众的呼声,获得公众更为广泛的了解和支持,从而调动人民群众的积极性和创造性以及参政、议政的自觉性。

(3)政府公共关系为政府职能的顺利执行打开了通道,它有利于协调各种关系,创造良好的社会关系,促进政府管理的科学化、现代化。

随着社会的发展和科学的进步,现代社会生活和社会管理日益复杂,特别是在改革开放和社会主义现代化建设的过程中，这种情况更为明显。在错综复杂的社会关系中，政府机构始终处于核心地位，它与上下左右、前后内外、方方面面都有着立体化的关系。政府机构运用公共关系理论和方法，及时沟通各个方面的联系，有助于缓和矛盾，消除冲突，协调关系，创造一个良好的内外关系环境，促进政府工作的进行和现代化建设。

(4)政府公共关系也是反腐倡廉、加强党风廉政建设的重要手段。

政府要得到人民的支持和拥护，就必须密切同人民群众的联系，保持清正廉洁。而政府工作人员的腐败行为既严重损害了政府形象，败坏了社会风气，同时又阻塞破坏了政府与社会公众的沟通渠道。政府公共关系所要求的是以诚恳的态度、实事求是的作风，借助于诚实无欺的对外宣传，在政府与人民群众之间实现真诚的双向沟通。通过政府公共关系的开展，有利于带来一种以诚相见的合作气氛以及和谐、友善、健康、正常的人际关系，有利于社会文明程度的提高，因而政府公共关系的开展对社会发展起着积极的促进作用。

二、政府公共关系的特点

政府公共关系与企业公共关系等相比较，具有以下几个显著特点。

第一，在目标上更注重追求社会整体利益。

政府公共关系不以谋求某一组织、某一方面的局部利益为目标，而是以国家、社会和公众的整体利益为目标。政府机构公共关系，不能违背社会的根本利益公众的根本利益和社会的整体利益，这是检验政府机构的公共关系成功与否的根本标准。

第二，在任务和内容上更要求提高民主化程度。

政府具有权威性，它可以制定政策，颁布法令，强制它管辖内的人民去执行这些政策、法令，由于政府拥有这种权威，它往往容易产生官僚主义和命令主义。所以，政府公共关系的重要任务和内容就是要提高民主化程度，增强透明度，公开办事制度，公开办事结果，依靠群众监督，以取得公众对政府的理解和支持。

第三，在公众对象上更加广泛。

政府机构所服务的对象是全体社会公众，它包括政府机构内部的，如上下级、各部门等；政府机构外部的，如党组织、人大、政协、司法机关、群众团体、企事业单位及个人等。一个政府机构的社会公众包括各阶层、各方面的人员和各种社会组织。

三、政府公共关系的任务

政府公共关系的任务主要有以下几方面。

第一,协调政府与社会各方面的关系。

政府工作的一个重要职能就是组织协调。公共关系对政府实施组织协调有着重要作用。首先,政府要利用公共关系做好内部协调工作,包括工作人员之间、上下级之间和职能部门之间的关系协调,要培养工作人员的归属感、认同感,增强政府的凝聚力,形成和谐、融洽的人际关系,使工作人员处于轻松愉快的工作环境之中,从而积极主动地做好本职工作。其次,要协调处理好政府与企业的关系,这是加强政府宏观调控、转变职能的需要。最后,要处理好政府与外部环境的关系了在市场经济条件下,政府要冲破"区域封锁"、组建大市场,就必须加强广泛的经济合作,发展外向型经济。对外合作就需要协调和沟通,而政府公共关系正是沟通上下左右关系的"催化剂"和"润滑剂"。

第二,为政府提供咨询建议,积极参与政府决策。

政府公共关系部门是政府联系社会公众的桥梁和纽带。因此,政府公共关系部门的一个重要任务就是了解民意,帮助政府正确决策。要通过建立多渠道、多层次的公共关系网络,通过建立和实行科学化的民意调查制度,广泛收集社会公众对政府工作的意见,全面了解社会公众对政府政策和行动的反应,认真研究社会公众的态度、意见、建议和要求,做出正确的判断,提出正确的建议,以便帮助政府首脑修改或制定出新的、更加符合实际情况和人民利益的政策。

第三,加强政府民主和廉政建设,增进政府与人民群众的联系。

我国政府机构的各类公职人员都是为人民服务的。因此,人民有权力知道国家的各种有利和不利情况,以便更好地管理国家事务,管理经济和文化事业,管理社会事务。这就要求建立良好的政府公共关系,增强政府活动的公开性和透明度,提高政府决策民主化和科学化的水平,推动民主政治的建设。政府的公共关系,就是要促进政府机构和公众的双向沟通,把政府的工作置于人民群众的监督之下,从而有助于克服官僚主义、不正之风和腐败现象,加强廉政建设,增进政府与人民群众的联系。

第四,获取和传播信息,促进友好合作。

政府公共关系的一个重要目的就是使政府与社会公众之间进行有效沟通,使社会公众对行政管理活动予以支持和理解,因此,这就离不开信息的获取和传播。信息是政府管理过程中促使主客体之间有效沟通的中介。获取信息,就是公共关系部门经过收集、加工、传递、存贮,为政府管理提供各种所需信息,促使政府与其管理对象之间的关系更加和谐一致。宣传传播信息主要有两方面的内容:一是把政府内部的信息需有效地、有目的地、有步骤地向社会输出,以获得社会各方面的理解和支持;二是教育引导,经常教育行政人员重视政府形象和信誉,使自己的一切行为自觉地维护政府形象。

主要参考书目

[1]翟向东主编.中国公共关系教程.中国商业出版社,1994
[2]居延安等著.公共关系学(第三版).复旦大学出版社,2005
[3]范铨远等著.公共关系学.四川大学出版社,2003
[4]刘玉玲主编.新编现代公共关系学.中国社会科学出版社,1992
[5]熊源伟主编.公共关系学(第三版).安徽人民出版社,2003
[6]翁世荣,徐幸起主编.公关之路.上海人民出版社,1991
[7]张克非等著.公关策划与谋略.青岛出版社,1994
[8]能源伟等著.公共关系策划.中山大学出版社,1991
[9]林汉川著.公关策划学.复旦大学出版社,1994
[10]中国社会科学院课题组.公共关系学概论.科学普及出版社,1986
[11]王凤璋等著.公共关系实务.湖南文艺出版社,1988
[12]王乐夫等著.公共关系学.辽宁人民出版社,1994
[13]居易主编.公共关系手册.安徽人民出版社,2002
[14](美)罗伯特·罗雷尔著,李累泰等译.管理公共关系学.南开大学出版社,1990
[15](美)奥格威著.一个广告人的自白.中国物价出版社,2003
[16](美)W·宣伟伯著.传播学概论.中国展望出版社,1985
[17]蒲永川著.公关写作艺术.四川大学出版社,1992
[18]潘肖珏著.公关语言艺术(第三版).同济大学出版社,1998
[19]赵宏主编.公共关系指南.法律出版社,1991
[20]汪秀英著.公共关系学原理与应用.中国商业出版社,1991
[21]吴友富.中国公共关系20年发展报告.上海外语教育出版社,2008

尚有一些未能逐一列出的资料,在此谨向各位作者致谢。

后记

在我国,公共关系起步较晚。但是,由于实践的迫切需要,公共关系学的理论研究却发展很快。“面对蓬勃发展的大好形势,我们应该干点儿什么?”这是我们几位原西南师范大学从事公共关系学教学和研究工作的教师一直在思考的问题。1994年底,我们终于提起了笔,编写《现代公共关系学》。

为了对读者负责,对公共关系学这门学科的健康发展负责,我们力求在本书中既认真地总结、借鉴国内外先行者们的成果和经验,又严肃地在体系、内容方面写出一点儿新意、一些特色。至于效果如何,说实话,当时我们没有太大的把握。

本书的初版编写工作是这样完成的:秦启文统筹设计了本书的体系、编写大纲,负责全部书稿的统改定稿,并撰写了第一、二、三、五章;邓卓明撰写第六、十章;郑明鹏撰写第四、十二章;伍叶琴撰写第七、八章;黄军撰写第九章;梁光志撰写第十一章。

本书初版以来,受到了众多讲授公共关系学的老师及其他读者的支持与厚爱;已先后重印了近20次。借这次改版的机会,秦启文又对书中的部分内容与文字进行了修改。参与这次修改的还有柳燕、王婧等。

由于我们水平有限,书中定有谬误之处,恳请各位专家、同行和广大读者不吝指正。

本书的初版、再版得到了西南大学出版社有关领导,特别是卢渝宁女士的大力支持与无私合作。在此,我们深表谢意。

作　者

2012年5月